第 **18** 辑

金晓晨 主编

首都
法学论坛

中国政法大学出版社

2022·北京

图书在版编目（CIP）数据

首都法学论坛.第18辑/金晓晨主编.—北京：中国政法大学出版社，2022. 11
ISBN 978-7-5764-0826-3

Ⅰ.①首…　Ⅱ.①金…　Ⅲ.①法学—文集　Ⅳ.①D90-53

中国版本图书馆CIP数据核字(2022)第257936号

出　版　者　　中国政法大学出版社

地　　　址　　北京市海淀区西土城路 25 号

邮寄地址　　北京 100088 信箱 8034 分箱　邮编 100088

网　　　址　　http://www.cuplpress.com（网络实名：中国政法大学出版社）

电　　　话　　010-58908441（编辑室）58908334（邮购部）

承　　　印　　北京九州迅驰传媒文化有限公司

开　　　本　　720mm×960mm　1/16

印　　　张　　17.75

字　　　数　　290 千字

版　　　次　　2022 年 11 月第 1 版

印　　　次　　2022 年 11 月第 1 次印刷

定　　　价　　79.00 元

P序

　　《首都法学论坛》自 2005 年出版以来，迄今已经出版了 17 辑。作为首都经济贸易大学法学院主办的学术出版物，其致力于将理论研究与法律实践相结合，紧跟学术前沿，聚焦实务见解，关注法治热点。十余年来，《首都法学论坛》致力于服务我国社会主义法治建设事业，始终紧跟法治建设的步伐而不断成长，也得到了业界同仁的一致认可。

　　本辑《首都法学论坛》设置了"破产法专论""公司与证券法前沿""经济法理论研究""经贸学苑""法学教育"五个主题，作者主要为高校学者以及青年学生。

　　近年来，伴随供给侧结构性改革推进和优化营商环境工作的开展，破产法成为理论与实务界关注的热点领域。本辑在"破产法专论"部分，汇聚了 7 篇该领域的专门研究成果，撰稿人既有知名破产法学者，也有在读的破产法专业博士生、硕士生。这些文章分别研究了破产重整中重整融资债权的清偿规则、破产财产的网络拍卖变价处置、日本破产法上的保全管理人制度、预重整中的信息披露、后疫情时代的破产法体系、破产免责的法理基础、破产程序电子化建设等破产法领域的前沿问题。作者们展现出了各自独到的选题视角，体现了他们积极回应破产立法、司法实践，潜心破产法治研究的学术热情和学术深度，其中不乏令人耳目一新的观点和见解，颇富启迪。

　　公司法和证券法一贯是民商法学的热点研究领域，本辑"公司与证券法前沿"部分收录了国内高校学者所撰写的 4 篇文章，分别探讨了证券发行中专业服务机构的勤勉义务、特别代表人诉讼、党的领导与国有企业治理有机融合、独立董事的实效性改革等经济社会发展中的前沿法律问题。作为财经类大学法学院，我们也长期关注经济法理论的研究。本辑专设"经济法理论研究"主题，收录了 3 篇文章。其中一篇是学者对自由贸易港营商环境法治建设的思考，一篇是讨论人类命运共同体下的世界经济法治体系构建问题，第三篇讨论了全国人大宪法和法律委员会的功能定位。"经贸学苑"部分收录3篇文章，展示了部分硕士生的研究成果，以体现对青年学生的肯定与鼓励。"法学教育"部分收录1篇文章，主要探讨新时代法学专业本科课程设置所面临的问题及其对策，这也是法学院当下面临的重要工作。前述稿件合计18篇，组成本辑的《首都法学论坛》，供法学界各位同仁批评指正。

　　本辑《首都法学论坛》最终付梓，得到了首都经济贸易大学法学院、中国政法大学出版社的鼎力支持。十余年来，受制于经费，虽然出版工作断断续续，但是我们一直在坚持。因此，请允许我们对所有向《首都法学论坛》供稿的作者以及长期以来支持帮助首都经济贸易大学法学院的有关人士表示由衷的感谢，你们的支持是我们坚持下去的重要力量。

《首都法学论坛》编委会

2021 年 10 月

目录
Contents

经济法理论研究

经贸学苑

法学教育

破产法专论

重整融资中的利益平衡：我国重整融资债权清偿规则的体系性建构

胡利玲[*]

一、重整中融资的重要性及重整融资债权[1]清偿地位确定的两难

重整程序启动后，债务人企业保持继续营业至关重要，为维持其营业，就必须能够获得新资金的支持，这决定着债务人企业重整的成败，故可将重整融资视为向重整企业"输入生命之血"。但因为重整债务人已缺乏信用，新资金提供者将面临很高的债权回收风险，所以通常都会要求其债权能获得最优先的清偿保障以确保其最大受偿率。[2]如果新融资债权得不到特别保障，债务人就很难获得资金，除非贷款人甘愿冒险。

但是，给予重整融资债权特别保障的任何制度安排，都可能会影响到原已存在的权利人的权利，包括担保债权人的权利或先前已对资产确立了权益的人的权利，以及无担保债权人的权利，从而引发新债权人与相竞利益者之间的利害冲突。因为任何对无担保财产的使用和处分，都会使新债权人与既有债权（包括有担保债权和无担保债权）人之间形成清偿利益的冲突，彼此在债务人有限的财产上进行争夺，任何对已设定担保的财产的使用和处分，

---

*　胡利玲，女，民商法学博士，中国政法大学民商经济法学院教授，研究方向：破产法、公司法。

〔1〕　公司重整融资的方式有多种，本文研究的重整融资仅指在重整中为继续营业而借款，故属于狭义上的重整融资。故本文所指"重整融资债权"是指在破产重整中为债务人继续营业借款而产生的请求权。此外还需一并说明的是，基于本文主要从权利人的角度讨论重整融资，故文中更多情况下使用"共益债权"，对应破产债务人负担的"共益债务"。

〔2〕　[美] 杰伊·劳伦斯·韦斯特布鲁克等：《商事破产：全球视野下的比较分析》，王之洲译，中国政法大学出版社 2018 年版，第 118 页。

则都会引发新债权人与既有担保权人行使担保物处分权之间的冲突。即使是赋予新融资债权优先性也存在多样化的安排，如果不能明确优先性的顺位和边界，还会引发新一轮的利益冲突。所以必须考虑在如何鼓励、保护重整融资债权的同时，不损害其他破产债权人尤其是有担保债权人的利益，以防止利益失衡，并最大程度地维护交易参与者的预期和维护交易的稳定性。

由于债权人不可能像经营者那样了解企业的经营和财务，加之本身固有的风险厌恶倾向，说服他们同意贷入资金的谈判成本将可能十分高昂。因此，立法者采取必要的干预手段，给予重整企业的经营者以借款的授权并给予新贷款的债权人以强有力的法律保障，就显得非常重要。[1]"公共池塘理论"和"囚徒困境模型"[2]已经很好地解释了破产法相较于全体债权人自由协商达成集体契约可以节约债权人彼此之间的竞争成本，因为债权人作为私利主体难以形成个体约束的自觉，依靠个别债权人为引进新融资让出清偿顺位的结果可能只会给其他债权人带来利益，所以建立法定的重整融资债权清偿规则就成为各国普遍的选择。但是，"在债务人信用缺失的情况下，如何加大融资力度同时避免对现有债权人的损害，是一个颇费思量的问题。"[3]

二、重整融资债权的不同清偿地位

为吸引融资，许多国家通过破产立法给重整融资债权以特别保障，赋予其清偿上的优先性，但是在实现优先性的方式上和具体优先程度上却并不相同。以下本文以具有代表性的美国和日本的破产法作为主要观察对象进行比较法上的说明。

（一）美国：分层递进式不同优先权

根据美国联邦破产法典，管理人（或经管债务人）有权获得授信或者举债，即代表破产财团向他人借款或者赊购货物。为了消除贷款人的顾虑，国会特意设计了美国《破产法典》第364条——"调整破产财团的所有信用获取与债务负担"的专门规定，对于重整申请后信贷的提供者，创建了一个从1"管理费

---

〔1〕 王卫国："论重整企业的营业授权制度"，载《比较法研究》1998年第1期。
〔2〕 ［美］理查德·A. 波斯纳：《法律的经济分析》（上），蒋兆康译，中国大百科全书出版社1997年版，第525页。
〔3〕 王卫国：《破产法精义》（第二版），法律出版社2020年版，第258页。

用优先权"（administrative priority），即一般破产管理费用，2"超级优先权"（super-priority），即第一清偿顺位的破产管理费用，3"新担保贷款"（non-priming liens），即次级担保，至4"优先担保贷款"（priming liens），即"头等优先权"或"第一担保优先权"的四级优先清偿顺位体系，以提供层层递进的激励机制，并保护债权人免受债务人不计后果而过度举债带来的风险。[1]通常情况下，融资越困难，贷款人拥有的优先权层级就越高（如下图所示）。

美国《破产法典》第 364 条

管理费用优先权，即将重整融资债权作为破产管理费用[2]（administration expense），从而使其获得除担保债权以外的第二优先清偿顺位。此为第一种激励方法。根据美国《破产法典》第 364 条（a）的规定，如果该借款未设定担保，且用于债务人正常经营范围内，则无需法院授权，该借款自动作为管理费用受到保护。该法典第 364 条（b）规定，如果该借款未设定担保，但非用于债务人正常经营范围，则须经法院公告并召开听证会后可以将借款作为管理费用而受到保护。虽然管理费用债权仍属于无担保债权，而非担保债权不能优先于担保债权人，但优先于普通债权人，并在税款或社会保障债权等其他任何法定优先权之前优先受偿。[3]

超级优先权，即赋予重整融资债权优先于其他破产管理费用的"超级优先顺位"，从而获得"超级优先权"。此为第二种激励方法。根据美国《破产法典》第 364 条（c）（1）的规定，如果债务人不能通过上述"管理费用优先权"的方式获得借款，则法院在公告和听证后，可以授予该借款优先于其他任何管理费用受偿的权利。即借款的性质虽仍然是管理费用，但在各管理费用中具有最高优先性。超级优先权是相对于一般管理费用债权而言的，故

---

〔1〕［美］查尔斯·J. 泰步：《美国破产法新论》（第 3 版）（下册），韩长印、何欢、王之洲译，中国政法大学出版社 2017 年版，第 1170—1171 页。

〔2〕美国采破产费用和共益债务合并制，统称为管理费用。

〔3〕何欢、韩长印译：《美国破产重整制度改革调研报告》，中国政法大学出版社 2016 年版，第 78 页。

其性质上仍属于无担保债权，因而仍须劣后于有担保债权。在 Crouse Group 一案中，法院对该贷款优先权设定了三个条件：①债务人必须证明其无法获得其他等级的贷款；②该贷款对于维护债务人财产系必需；③贷款的有关条件公平合理。[1]实践中"对于超级优先顺位贷款的批准，法院极为抗拒，无担保债权人也往往予以反对……因此，只有在未获得超级优先顺位贷款，重整有可能彻底崩盘的情况下，法院才可能批准。另有一部分法院则坚持，放贷人须同意将在其超级优先顺位中'部分拆分'（carve-out）给专业人员的报酬与开支，否则破产财团的管理就可能陷入停滞。"[2]

新担保贷款，即用破产财团的无负担财产或在财产的剩余价值上为重整融资债权设立次级或优先顺序较低的担保权。此为第三种激励方法。根据美国《破产法典》第 364 条（c）（2）（3）的规定，如果债务不能通过上述"管理费用优先权"中的方式获得借款，则法院在公告和听证后，可以授予该借款在债务人没有设立过担保的财产上设立担保，或者在已经设立过担保的财产上设立担保，但顺位劣后于在该财产上已经存在的担保权。无论采取哪一种方法，其基本原则是，原已存在的担保债权人的权利应受到保护而不致受到损害。因此用未担保的债务人财产设定担保，或者用已经担保的财产提供的担保，是次级或者优先顺序较低的担保权。在批准为放贷人提供担保权之前，当事人必须向法院证明：仅仅提供管理费用的承诺不足以取得债务人所需要的贷款或授信、为何需要使用该笔资金及其用途。债务人至少须证明预期融资符合债权人的最佳利益。

优先担保贷款，即赋予重整融资债权以"头等优先权"，或称"第一担保优先权"。此为第四种激励方法。根据美国《破产法典》第 364 条（d）的规定，如果超级优先顺位与次级担保权仍然不足以取得必要的重整申请后贷款，则经管债务人可以在破产财产上设立"头等优先权"，即新融资债权优先于所有在先成立的担保权的第一优先权［364（d）（1）］。但对于因此降级的担保权人，应当给予一定形式的"充分保护"（adequate protection）［364（d）（1）（B）］。如果债务人能够提供证据向法院证明，除该重整借款人外，没

---

〔1〕 In Re Crouse Group, Inc., 71 B. R. 544.

〔2〕 ［美］查尔斯·J. 泰步：《美国破产法新论》（第 3 版）（下册），韩长印、何欢、王之洲译，中国政法大学出版社 2017 年版，第 1176 页。

有任何别的渠道可以获得相应的资金，且对于特定财产上已经存在的担保债权人，提供了充分保护，则法院在公告和听证后，可以授权该借款在该特定财产上设立担保，且担保权的顺位优先于或者平行于该特定财产上的原担保债权人。在该种激励机制下，由于赋予新融资债权以"头等优先权"，必然对既有担保债权人的权利造成损害，因此必须以对既有担保债权人提供"充分保护"为前提（条件），且经管债务人负有举证责任。根据美国《破产法典》第 361 条关于"充分保护"的规定：其一，债务人可以用现金对权利受到影响的担保权人全部清偿，包括一次性清偿或分期清偿；其二，债务人可以对权利受到影响的担保债权人提供与所受影响价值相当的补充担保或者替代物担保。仅仅把权利受到影响的担保债权人的债权作为管理费用进行保护，不足以构成充分保护。由于设立头等优先权会给原有的优先权带来极大风险，也可能对其财产权造成不当干涉，实践中法院很少会根据美国《破产法典》第 364 条（d）设立头等优先权。[1]

关于上诉无意义规则。除上述保障以外，美国破产法还通过"上诉无意义规则"，即上诉不影响融资债务、任何优先顺位或优先权的有效性，为申请后债权人提供了额外保护。为防止针对重整融资裁定的上诉法院将融资批准裁定撤销，完全打消放贷人的顾虑，美国《破产法典》第 364 条（e）规定，只要放贷人的行为善意（放贷人对此负有举证责任），即使上诉审将融资授权裁定推翻或修改，也不会对融资债务、任何优先顺位或优先权的有效性产生影响，除非融资授权裁定在上诉期间已被冻结。简言之，只要债权人的借款行为系善意，其所取得的优先顺位或担保权的有效性均不因重整程序终止而受到影响。这种被称为"上诉无意义"的规则，被认为是债务人最强有力的武器。[2]

（二）日本：重整融资债权为共益债权

日本就重整融资债权之顺位的内容，规定于日本《民事再生法》第 119 条第 5 款、第 120 条、第 121 条之中。日本《公司更生法》对共益债权的规

---

〔1〕〔美〕查尔斯·J. 泰步：《美国破产法新论》（第 3 版）（下册），韩长印、何欢、王之洲译，中国政法大学出版社 2017 年版，第 1178 页。

〔2〕〔美〕查尔斯·J. 泰步：《美国破产法新论》（第 3 版）（下册），韩长印、何欢、王之洲译，中国政法大学出版社 2017 年版，第 1179 页。

定则与日本《民事再生法》几乎一致〔1〕。依日本《民事再生法》第119条第5款的规定，在重整程序启动后的新融资应作为共益债权清偿。该条具体表述如下："下述请求权为共益债权……5. 有关再生债务人财产的，再生债务人等在再生程序开始后基于借入资金或其他行为所生之请求权。"而根据日本《民事再生法》第121条第2款，共益债权优先于再生债权获得清偿。日本学者谷口安平认为，共益债权的性质虽很难明确定义，但其基本意义指的是对再生债权全体有利的费用支出相关的债权。〔2〕

此外，与传统共益债权理念不同的是，日本《民事再生法》第120条从时间范围上对共益债权进行了扩张，规定在再生程序申请后到再生程序开始之间，经法院或者法院赋予许可权限的监督人的许可，借款、购买原材料及其他继续营业所必需的原因产生的债权也可以作为共益债权。该条具体表述为："再生债务人，在再生程序申请后开始前，在为继续再生债务人的事业所必需的资金借入、原材料购入等行为下，法院可对因此种行为所生之相对方所享有之请求权做出视为共益债权之许可。法院可将此种许可之权限交由监督委员行使。再生债务人在获得第一款之许可以及第二款之承认下，行使第一款所规定之行为时，因此行为所生之相对方之请求权，视为共益债权。保全管理人基于有关再生债务人的业务及财产之权限，借入资金或其他行为所生之请求权，视为共益债权。"但考虑到共益债权的无限制扩大将会损害其他普通债权人的权利，因此，日本《民事再生法》将其限缩为重整程序申请后裁定前的这一段期间内发生的借款可以属于共益债权，同时还要求此借款不可或缺并获得法院或监督人同意。〔3〕

（三）比较与思考

由上可见，赋予重整融资债权享有清偿上的优先性是两国破产立法的一致立法政策，但是，两国破产法在实现优先性的方式和具体优先程度上却有

---

〔1〕 日本《公司更生法》分别在第127条和第132条规定了共益债权的内容和清偿顺位，在第128条对共益债权的范围进行了扩张性的认定。日本《公司更生法》规定的共益债权的范围大于日本《民事再生法》，前者还包含一定范围内的租税债权、工资债权等。具体可参见日本《公司更生法》第129条和第130条。

〔2〕 ［日］谷口安平主编：《日本倒产法概述》，［日］佐藤孝弘等译，中国政法大学出版社2017年版，第283页。

〔3〕 ［日］山本和彦：《日本倒产处理法入门》，金春等译，法律出版社2016年版，第294页。

很大差异。美国破产法根据债务人重整融资的难易程度，以分层递进方式为重整融资债权规定了不同级别的优先清偿地位，而日本破产法则以单一式赋予重整融资债权"共益债权"的清偿地位。具体而言：

美国《破产法典》建立了以第 364 条为规范基础的针对新融资清偿的层层递进优先顺位清偿体系，提供了包括最基本的管理费用优先顺位（优先于普通无担保债权）、超级优先顺位（优先于其他所有管理费用）、在无负担的破产财产或负担财产剩余权益上设立的担保优先权、超级担保权（优先于所有在先成立的担保）的四种不同清偿顺位，对重整融资债权人的保护力度依次增强，尤其以第四种"超级担保权"（头等优先权）对新债权人的保护力度最强而最具吸引力，同时更有"上诉无意义规则"的加持和额外保护，系统地为重整融资的债权人提供了一系列强有力的保障措施，故被认为是以多层级的优先顺位方式最大限度地适应了不同重整案件中当事人的特定需求与特别情况[1]，不仅为债权人提供了层层递进的激励机制，而且可以保护债权人免受债务人不计后果而过度举债所带来的风险。[2]为取得破产申请后的信贷融资，平衡信贷人与其他优先债权、担保权人之间的利益，提供了一个非常精细化的规则体系，通过这一规则体系的运作，可以实现相关利害关系人利益的精细平衡。[3]

而日本破产法对于重整融资债权的规定最显著的特征是：其一，采取单一层级的优先顺位，一律将新融资债权确认为"共益债权"，赋予其随时清偿、优先于普通无担保债权清偿，但劣后于担保债权的清偿地位。其二，从时间范围上对共益债权进行了扩张，将新融资债权的范围从裁定后延伸至申请后，使可以作为共益债权被赋予优先清偿地位的新融资债权不仅包括裁定重整程序后发生的借款，还包括当事人提出重整申请到法院作出重整裁定期间的借款。从而形成了另外一种融资激励，本文将其称为"共益债权+"型。

究竟应给予重整融资债权何种优先清偿地位？如前所言："在债务人信用

---

〔1〕 〔美〕杰伊·劳伦斯·韦斯特布鲁克等：《商事破产：全球视野下的比较分析》，王之洲译，中国政法大学出版社 2018 年版，第 117 页。

〔2〕 〔美〕查尔斯·J. 泰步：《美国破产法新论》（第 3 版）（下册），韩长印、何欢、王之洲译，中国政法大学出版社 2017 年版，第 1171 页。

〔3〕 最高人民法院民事审判第二庭编著：《最高人民法院关于企业破产法司法解释（三）理解与适用（条文·释义·原理·实务）》，人民法院出版社 2019 年版，第 53 页。

缺失的情况下，如何加大融资力度同时避免对现有债权人的损害，是一个颇费思量的问题。"联合国国际贸易法委员会《破产法立法指南》曾建议各国"破产法应确定可为启动后融资提供优先权，至少应确保对启动后融资提供者的偿付优先于普通无担保债权人，包括那些拥有破产管理费优先权的无担保债权人。"世界银行则在其《营商环境报告》项目中，将破产程序开始后是否能够获得融资以及该融资相对于无担保债权和有担保债权是否具有优先性作为评估"破产力度框架指数"中"管理债务人资产指数"之一，如果启动后融资没有在破产法的框架内得到足够的保护，在该指数上将是 0 分；如果提供贷款的债权人对于普通无担保债权人享有优先权，得 1 分；如果享有优于在先有担保债权，则得 0.5 分。由此可见，重整融资的清偿顺位是否优先以及如何优先已经成为判断各国破产法完善程度的重要指标。

"允许在重整程序开始后向债务人提供融资的债权人享有优先受偿的做法，实际上是对债务人整体财产追加负担。"[1]给以重整融资债权何种程度的优先清偿地位，中心问题是这种权利的范围。如果采用的解决办法影响到原已存在的担保债权人的权利，或先前已对资产确立了权益的那些人的权利，则关于程序启动后融资的规定，就需平衡若干要素，包括维护商业交易、保护债权人先前存在的权利和优先权，以及尽可能减少对获取信贷特别是获取有担保贷款的不利影响，此种不利影响有可能产生于打乱原已存在的担保权和优先顺序。还必须考虑对无担保债权人产生的影响。所以，不同的清偿顺位虽然对重整融资的债权人的保障力度不同，但同时也意味着对因此受到影响的债权人的范围和利益冲突的程度不同。

必须承认这种融资安排对无担保债权人构成了新的威胁，从而造成既有债权人与为债权人经营继续提供资源的债权人之间的利益之争。重整已经使其传统上追偿债务的手段因冻结措施而不能行使，现在重整程序又意味着必须劣后于新债权人，债务人所剩无几的财产将可能被重整融资债权人尽数吞噬，而一旦重整失败，债权人将一无所获。对于既有担保债权人而言，如果一国立法允许新融资债权优先于既有担保债权人受偿，则意味着既有担保债

---

〔1〕〔美〕杰伊·劳伦斯·韦斯特布鲁克等：《商事破产：全球视野下的比较分析》，王之洲译，中国政法大学出版社 2018 年版，第 117 页。

权人对设有担保的债务人财产（担保物）将失去绝对控制权。[1]而担保权是债权人为确保债权得以清偿，预先在物上或者权利上设定了优先受偿的权利。如果担保债权的优先性不被尊重，担保对于债权的保护将成为空谈，交易的稳定性和当事人的信赖利益也将受到损害，最终动摇民商事法律制度的根基。因此在现代重整制度下，对于突破这种优先地位的做法应受到严格限制，以避免对既有债权人的受偿利益带来太大冲击。

三、我国现行破产立法有关重整融资债权的清偿规则与不足

我国首先在《中华人民共和国企业破产法》（以下简称《企业破产法》）中允许破产管理人为新融资债权提供担保，进而通过 2019 年《最高人民法院关于适用〈中华人民共和国企业破产法〉若干问题的规定（三）》（以下简称《破产法司法解释三》）第 2 条进一步规定，为继续经营而进行的借款可以参照适用"共益债务"的规定，优先于普通无担保债权清偿，从而为重整融资债权提供了两种不同的优先清偿地位。

（一）《企业破产法》：允许为新融资设立担保

《企业破产法》第 75 条第 2 款规定："在重整期间，债务人或者管理人为继续营业而借款的，可以为该借款设定担保。"据此，为债务人继续营业之需要，立法保障新贷款债权，即重整中可以融资，而且可以为该融资债权提供担保，从而使其成为有担保债权，并取得基于担保债权的优先受偿地位。尽管该条款规定非常简单，但是体现了立法者对重整借款债权人利益的倾斜保护，至此，获得担保成了重整融资债权的重要保护方式。

但是《企业破产法》没有明确规定为新融资所设的担保物权与既有担保物权在清偿上的先后顺位，也没有明确规定在债务人企业未提供担保的情况下，因重整融资而形成的债权的性质及其清偿顺位，因此为理论界和实务界带来了长期的困扰，其中最大的困扰就是，为重整融资所形成的债务是否属于共益债务，从而由债务人财产随时清偿？具体而言，是否可以将重整借款

---

〔1〕［美］杰伊·劳伦斯·韦斯特布鲁克等：《商事破产：全球视野下的比较分析》，王之洲译，中国政法大学出版社 2018 年版，第 118 页。

纳入《企业破产法》第 42 条[1] "共益债务" 所列举之第 4 项 "为债务人继续营业而应支付的劳动报酬和社会保险费用以及由此产生的其他债务" 中的 "其他债务" 的范畴?[2] 由于立法不明确具体,法院对此类借款的定性及清偿顺位的裁判也不一致。例如,在深圳市亿商通进出口有限公司与东莞市清溪金卧牛实业有限公司破产债权确认纠纷一案中,对于案涉破产企业重整期间的借款究竟如何定性和清偿,两审法院就作出了完全不同的认定。[3]

(二) 2019 年《破产法司法解释三》第 2 条:可 "参照" "共益债务" 优先于普通债权清偿

为改善营商环境,最高人民法院于 2019 年 3 月 27 日首次发布了《破产法司法解释三》,其中第 2 条规定:"破产申请受理后,经债权人会议决议通过,或者第一次债权人会议召开前经人民法院许可,管理人或者自行管理的债务人可以为债务人继续营业而借款。提供借款的债权人主张参照企业破产法第四十二条第四项的规定[4] 优先于普通破产债权清偿的,人民法院应予支持,但其主张优先于此前已就债务人特定财产享有担保的债权清偿的,人民法院不予支持。管理人或者自行管理的债务人可以为前述借款设定抵押担保,抵押物在破产申请受理前已为其他债权人设定抵押的,债权人主张按照物权法第一百九十九条规定的顺序清偿,人民法院应予支持。" 根据最高人民法院的权威解读,"本条旨在对破产案件受理后为债务人继续营业而借款在破产程

---

[1] 《企业破产法》第 42 条规定:"人民法院受理破产申请后发生的下列债务,为共益债务……(四) 为债务人继续营业而应支付的劳动报酬和社会保险费用以及由此产生的其他债务……"

[2] 有人认为,该项并不能直接得出 "借款" 属于 "其他债务" 的结论,但有人直接将该项概括为 "为债务人继续营业而产生的债务"。参见付翠英:"论破产费用和共益债务",载《政治与法律》2010 年第 9 期。

[3] 一审法院认为,《企业破产法》第 42 条明确规定的几种共益债务中并未包括破产企业重整期间所借款项,虽然案涉借款协议有关于款项用途的约定,但该约定不能改变案涉款项系借款的性质,且该款项最终是否实际用于协议约定的用途并无证据证实,因此案涉借款不属于共益债务。但二审法院的裁定与之完全相反。法院认为,该笔借款系为维护全体权利人和破产财产利益而发生,属于《企业破产法》第 42 条第 4 项规定的 "为债务人继续营业而应支付的劳动报酬和社会保险费用以及由此产生的其他债务" 情形,依法应当认定为共益债务。而且其优先清偿顺位不因破产重整程序转换为清算程序而失去效力。一审:广东省东莞市中级人民法院 (2013) 东中法民二初字第 3 号民事判决书,二审:广东省高级人民法院 (2014) 粤高法民二终字第 2 号民事判决书。同时参见李震东:"重整中的新融资债务属于破产程序中的共益债务",载《人民司法》2014 年第 24 期。

[4] 《企业破产法》第 42 条第 4 项是指作为共益债务情形之一的 "为债务人继续营业而应支付的劳动报酬和社会保险费用以及由此产生的其他债务"。

序中的权利性质、清偿顺位，及为借款而设定担保的债权人与此前已经设定担保的债权的清偿顺位作出具体解释。"[1]

其核心内容是：①权利性质和清偿顺位。即破产申请受理后为债务人继续营业而发生的融资借款，在符合相应的实体和程序条件下可以认定为属于《企业破产法》第 42 条第 4 项之"由此产生的其他债务"，作为"共益债务"；在清偿顺序上，则根据《企业破产法》第 43 条和第 113 条的规定，共益债务应优先于无担保普通债权清偿。为保护受到影响的无担保债权人的利益，同时规定了债权人会议对重整借款行为的同意权，即破产申请受理后，是否借款由债权人会议决定，或者第一次债权人会议召开前经人民法院许可。②与既存担保债权的清偿顺序。重整融资债权的清偿不得优先于此前已经存在的担保债权。尽管《企业破产法》没有明确共益债务与既存担保债权之间的清偿顺位，但是根据《企业破产法》第 109 条对破产债务人特定财产享有担保权的权利人，仅对该特定财产享有优先受偿权的规定，基于体系解释，破产受理后新产生的融资债权不得影响既存担保债权的清偿利益。从而对借款债权的优先清偿予以了限制。③与相竞担保权的清偿顺序。允许为新借款设定抵押担保，但是抵押物已为其他债权人设定抵押的，新借款的抵押权实现应当遵守原《中华人民共和国物权法》第 199 条（现《中华人民共和国民法典》第 414 条[2]）规定的清偿顺序，即不得影响登记在先的抵押权的优先清偿顺位，故其抵押权的实现须以在先抵押权实现后的抵押物剩余价值或在先抵押权因清偿或其他原因而消灭为条件。

（三）现行破产立法规定的不足

综合《企业破产法》和 2019 年《破产法司法解释三》的规定可知，我国现行立法已经为重整融资债权确立了两种优先地位：一是为重整融资债权设立担保物权，使其在所设定担保的财产价值范围内优先清偿；二是通过"参照"适用，作为"共益债务"，使其优先于无担保债权清偿。既不同于美国，

---

[1] 最高人民法院民事审判第二庭编著：《最高人民法院关于企业破产法司法解释（三）理解与适用（条文·释义·原理·实务）》，人民法院出版社 2019 年版，第 42 页。

[2]《中华人民共和国民法典》第 414 条规定："同一财产向两个以上债权人抵押的，拍卖、变卖抵押财产所得的价款依照下列规定清偿：（一）抵押权已经登记的，按照登记的时间先后确定清偿顺序；（二）抵押权已经登记的先于未登记的受偿；（三）抵押权未登记的，按照债权比例清偿。其他可以登记的担保物权，清偿顺序参照适用前款规定。"

也不同于日本。必须肯定的是，现行《企业破产法》第 75 条、第 42 条以及 2019 年《破产法司法解释三》第 2 条的规定为促进获得融资、保护融资债权人和保护因融资受影响的现有债权人提供了重要的规范基础，也大大改善了营商环境。但现行立法仍存在不足，主要体现在：

第一，没有直接确定未设定担保的重整融资债权的法律性质。其一，尽管 2019 年《破产法司法解释三》第 2 条以"参照"适用的方式，进行了法律内的法的续造，一定程度上构成了对我国现行《企业破产法》相关问题上的漏洞的填补[1]，根据全国人大常委会法制工作委员会《立法技术规范（试行）（一）》对"参照"适用的说明[2]，将重整中"为债务人继续经营而借款"涵摄于"共益债务"下之"为债务人继续营业而产生的其他债务"也不存在逻辑问题，但是由于没有直接确定重整融资借款的法律性质，重整融资债权人的债权是否最终能够获得共益债权的清偿地位并不确定，而是取决于债权人是否通过诉讼主张和法院是否裁定支持，未能为重整融资的债权人提供明确的预期。其二，为继续营业而借款系重整中各方当事人的重大关切行为，已为《企业破产法》第 75 条专门规定，并系由债权人会议集体决定的重大事项（2019 年《破产法司法解释三》第 2 条第 1 款），也是《企业破产法》第 69 条列举的破产管理人需要特别报告的重大事项之一，故从规范的体系性要求出发，法律应当将其作为法定类型明确列举于"共益债务"中，而非经由"扩张解释"完成。

第二，没有规定重整程序终止或转入清算程序后重整融资债权的优先性是否继续有效。重整随时面临着失败的可能，如无法按时提交重整计划、重整计划草案未获通过或法院批准、重整计划执行失败等，都会导致债务人被宣告破产从而转入破产清算程序。此时提供借款的"继续营业"目的已不复存在，那么新融资债权因参照适用共益债务而获得的清偿优先地位是否继续有效？其所受清偿和所设担保是否继续保有？未受清偿部分能否继续得到优先偿付？实践中重整融资债权人对此不无顾虑，但司法解释却未予规定。[3]

---

〔1〕 [德] 卡尔·拉伦茨：《法学方法论》，陈爱娥译，商务印书馆 2003 年版，第 246 页。

〔2〕 其中第 18.3 条规定："'参照'一般用于没有直接纳入法律调整范围，但是又属于该范围逻辑内涵自然延伸的事项。"

〔3〕 目前，仅《企业破产法》第 93 条对终止重整计划执行转入清算程序的法律效果进行了规定，其核心内容是：①重整计划中的债权调整失去效力；②债权人因执行重整计划所受的清偿仍然有效；③债权未受清偿的部分作为破产债权参加破产清算程序，但只有在其他债权人同自己所受的清偿达到同一比例时，才能接受分配；④为重整计划执行提供的担保继续有效。

如果这些问题没有在立法上得以明确，投资人的法律风险就难以得到有效控制，也就难以达到真正有效地鼓励和促进融资的效果。

第三，关于可设定的担保类型问题。2019 年《破产法司法解释三》第 2 条第 2 款规定："管理人或者自行管理的债务人可以为前述借款设定抵押担保，抵押物在破产申请受理前已为其他债权人设定抵押的，债权人主张按照物权法第一百九十九条规定的顺序清偿，人民法院应予支持。"依此规定，可知重整融资债权设定的担保类型被限于"抵押担保"而未涉及质押，盖因我国现行法没有关于重复质押的规定。但与《企业破产法》第 75 条第 2 款"在重整期间，债务人或者管理人为继续营业而借款的，可以为该借款设定担保"的规定比较，人为缩减了可以为重整融资提供担保的类型，减少了对融资债权人的保护手段。在现行《中华人民共和国民法典》对担保类型扩张之下，2019 年《破产法司法解释三》的有关担保类型的规定明显缺乏开放性。

此外，还有人指出，《企业破产法》与 2019 年《破产法司法解释三》的规定过于机械和僵化，对重整融资债权人的保护不足，没有将进入破产程序前为债务人继续经营提供的借款作为"共益债权"，也缺乏特殊情况下"超级优先权"（注：学者所称"超级优先权"，对应美国的"头等优先权"）制度的适用，即重整融资债权优先于已经在先存在的担保债权清偿。尽管笔者对上述两项主张并非全部都赞同，但对于这些实践中被关切的问题，立法修改中也需要思考并给以回应。

四、我国重整融资债权清偿规则的完善

基于前述对重整融资债权清偿规则在比较法上的考察以及对我国现行破产法及司法解释关于重整融资债权清偿规范的总结和反思，本文认为，应从体系性构建出发，对我国重整融资债权的清偿规则进行系统规定。

（一）应明确规定未设立担保的重整融资债权自动为"共益债权"，优先于所有无担保债权清偿

立法应明确规定未设立担保的重整融资债权自动属于"共益债权"，使其确定地具有优先于所有无担保债权的清偿地位。

对重整融资债权的性质明确加以规定，可为融资债权人提供明确的法律预期，会大大增强其参与重整的信心，也有利于减少不必要的拖延和纠纷，

提高重整的效率。避免基于法律规定不明确而在解释适用上产生额外成本。由于共益债权可由债务人财产随时清偿，一旦确定未设担保的重整融资债权属于共益债权，在我国破产法上其受偿顺位也就因此而确定，即重整融资债权优先于所有无担保债权（包括职工债权、税收债权和社会保险费用、其他无担保债权），但劣后于有担保债权、法定优先权和破产费用之后清偿。以此为重整融资债权提供最基本、最低的清偿保障。

将重整融资债权确立为共益债权，必然对无担保债权人的清偿利益造成挤压，因此必须为无担保债权人提供保护。其中判断借款是否符合继续营业之目的以及是否具有必要性应当交由特定的权力机关，并符合程序要件和实体要件，前者是指确定何种权力机关依照何种程序作出许可，后者则是明确继续营业的目的范围。比较法上对于重整中的借款的决定权限主要有两种路径：一是由法院或者法院选任的机构决定借款事项，借款优先性的确定无特定程序[1]；二是是否借款自主决定，但借款的优先性须经法院许可。[2]我国在2019年《破产法司法解释三》第2条中对程序要件进行了修订，确立了债权人会议对借款行为的同意权（第一次债权人会议召开前由法院许可），如果新的借款对破产财产保值增值并无实益，而对债权人的清偿利益有所损害，债权人会议可以不予通过。较之于其他国家公权力的直接介入，我国采用债权人会议决定的方式更具正当性。因为进入破产程序后企业的剩余索取权归债权人所有，所以理应由债权人处分自己的利益。

重整程序开始前为债务人继续营业提供的借款是否允许纳入"共益债权"优先清偿？将重整程序开始前为债务人继续营业提供的借款纳入"共益债权"优先清偿，是日本破产法有关重整融资债权清偿的特点之一。近年来，也有人主张我国应效仿日本法引入该制度，以鼓励和提高贷款人在企业濒临破产期间向债务人提供资金的积极性。笔者认为，我国《企业破产法》虽然未对共益债务作概括性界定，而是采用封闭列举的方式，但根据共益债务产生的原理，构成共益债务必须符合两个要件：一是目的要件，即共益债务须具有共

---

〔1〕 如日本《民事再生法》第41条规定，法院认为有必要的，再生债务人的借款、共益债权的认可应当经法院许可。

〔2〕 如美国《破产法典》中为借款设定管理优先权、新设担保或者设定优先担保都要求法院在经过通知与听证后作出裁定。

益性——为全体债权人的共同利益[1]；二是时间要件，即共益债务须发生在破产程序开始后，时间要件的意义主要在于程序之前的债权须受集体清偿程序规制。故共益债务是在破产程序中为全体债权人的共同利益而由债务人财产负担的债务。虽时间要件并非绝对，但原则上不应突破，否则破产程序的集中清偿原则和公平清偿原则将受到极大的破坏，也容易诱发道德风险。故笔者建议对该等债权不直接赋予其共益债务的性质，而是参照共益债务处理。但必须将该借款限于重整申请后和法院受理重整申请前的阶段发生，必须为企业重整所必不可少，并经债权人会议的事后"追认"或者经法院批准。由此可避免对共益债权判定要件的干扰。

重整融资债权能否优先于其他共益债权？有学者主张，经债权人会议通过及法院批准，可以在我国现行破产法上为新融资债权设立优先于其他共益债权和破产费用的优先顺位[2]，从而设置与美国《破产法典》中优先于其他管理费用的"超级优先权"相同的优先权。其理由是新融资对于重整目标的实现具有重要性。但是，本文认为，我国《企业破产法》第42条规定的其他共益债权按照发生原因可以分为法定与意定之债。其背后都有共益性作为优先清偿的基础并兼有其他价值取向的考虑，破产法不应当通过债权人会议或者法院许可等方式对其予以突破。因此，除非其他共益债权人放弃其共益债权地位，否则不得直接赋予新融资债权人优先于其他共益债权的地位。

（二）应明确规定重整融资债权不得优先于既存担保债权，并不应允许有例外

如上所述，一旦确定未设担保的重整融资债权属于共益债权，在我国破产法上其受偿顺位也就因此而确定，即重整融资债权优先于所有无担保普通债权（包括职工债权、税款、其他社会保险费用、其他无担保普通债权），但劣后于担保债权、（在债务人特定财产上的）法定优先权和破产费用清偿。

近年来，一个颇值研究的问题是：是否允许在特殊情形下重整融资债权优先于既存担保债权获得清偿？2019年《破产法司法解释三》第2条对新融资债权的优先清偿进行了明确限制，规定融资债权不得优先于此前已经就债

---

[1]　日本对全体债权人作为共益主体直接予以确认。日本《民事再生法》第119条规定：为了再生债权人的共同利益产生的裁判上的请求权为共益债权。

[2]　梅慎实、谢江东、梁昕："破产债权清偿顺序亟须优化"，载《董事会》2019年第9期。

务人的特定财产享有担保权的债权获得清偿。从而对在先担保权人给予必要保护。但是鉴于实践中融资难问题突出，于是近年来有人提出，应当在我国确立"超级优先权"（对应美国法上的"头等优先权"），允许在特殊情况下，重整融资债权优先于既存的担保债权受偿。

笔者对此主张并不赞成，而是认为新融资债权的优先性应以不损害既有担保债权为限度，即不允许融资债权人与在先设立的担保权进行优先性的争夺。理由是：其一，如果允许优先于既存担保权，将会造成对破产法外担保权制度的严重冲击，并使担保债权人在破产程序内外无法得到一致的保护；其二，将会造成对既有担保债权人地位的损害，使其作为担保债权人的期待落空；其三，不利于维护交易秩序的稳定，并造成对信贷市场的损害。2019年《破产法司法解释三》第 2 条第 2 款明确规定新融资债权的清偿顺位不得影响既存担保债权的优先顺位，在这一问题上坚持恪守了物权法的基本原则，其立场值得肯定。正如前所述，即使在确立该"头等优先权"顺位的美国，其适用要件也十分严格，而且在实践中很少获得法院的批准。尽管在信用缺失的情况下，加大融资的力度有利于鼓励债权人提供资金，但是同时也应尽力避免对现有债权人的过度损害。

（三）明确在同一担保物上存在相竞权利时，应一体遵循民法有关物权担保的优先顺位规则[1]，并扩张可设定担保的类型

允许为重整融资债权设立担保权，是吸引资金和保护重整融资债权的另一种更为有力的做法。对此《企业破产法》第 75 条第 2 款早有规定。在我国现行法的规定下，有担保的重整融资债权将获得如下优先地位：不仅优先于无担保债权人，而且优先于破产费用、共益债务清偿。但是由于为新借款设定担保的财产，既可以是尚未设定担保的财产，也可以是已设定担保的财产，它必然会引发新融资债权人与既有无担保债权人和有担保债权人之间的冲突。

在以未担保财产为重整融资债权设定担保时，由于这种担保实际增加了有担保债权的数额，减少了无担保债权人的受偿率，在新担保债权人与原有的无担保债权人之间存在一定的利益冲突。为了尽可能减少无担保债权人因此所遭受的损失，立法有必要为债权人提供必要的预防措施。除前述 2019 年

---

〔1〕 就竞存权利之间的顺位规则体现在《中华人民共和国民法典》第 414 条、第 415 条、第 416 条、第 456 条、第 768 条。

《破产法司法解释三》第 2 条所确立的债权人会议对借款行为的同意权外，对管理人或者债务人在新借款及设定担保的过程中的不当行为须加以控制，应明确将其纳入《企业破产法》第 78 条第 2 项规定的"其他显著不利于债权人的行为"，允许债权人作为"利害关系人"向法院请求终止重整。

在已经设有担保的财产上为重整融资债权设定担保时，如果担保资产的价值足以超过原已存在的附担保债务的数额的情况下，一般不需要对原已存在的担保债权人提供特别保护，因为其权利不会受到消极影响[1]，但如果用于担保的资产价值贬损，或者重复担保下，新担保债权人与既有担保债权人之间的利益冲突就会非常明显。因此新借款的担保权实现应当遵守我国《民法典》规定的有关物权担保的优先清偿顺位规则。对此 2019 年《破产法司法解释三》第 2 条虽然已有一定规定，但是值得注意的是其将担保类型仅限于"抵押"，而没有采用"担保"的表述，人为限缩了可以采取的担保类型，尤其是在《中华人民共和国民法典》采取担保形式主义与功能主义相结合的立法政策，除典型担保外，将所有权保留、融资租赁、让与担保、保理等"其他具有担保功能的合同"作为非典型担保也纳入动产担保类型的情况下，"法律应当最大限度地允许债务人利用其财产本身的全部价值来获取信贷。"[2]故破产法也应采用"担保"这一范围更大的概念表述，以涵盖更多的担保形式。

（四）明确重整融资债权清偿的优先性不因破产重整程序的终止或转换而失去效力

如前所述，重整并非一定成功，当重整失败转为清算程序时，新融资债权在重整中确立的优先清偿顺位是否继续有效，应当在立法上予以明确，以消除重整融资中债权人的后顾之忧。为此各国通常会规定，重整融资中债权的优先清偿性不因程序终止或转换而受到影响。如前述美国《破产法典》第 364 条（e）规定，依照本条规定出借资金而享有优先权的债权人，如系善意，则法院对该授权的撤销或变更并不影响该优先权。[3]联合国国际贸易法委员会《破产法立法指南》也建议，破产法应规定，在重整程序转为清算程序的情况下，在重整中给予启动后融资的任何优先权均应在清算中继续得到

〔1〕 贸易法委员会：《破产法立法指南》，2006 年版，第 105—106 页。
〔2〕 高圣平："民法典动产担保权优先顺位规则的解释论"，载《清华法学》2020 年第 3 期。
〔3〕 11 U.S.C § 364（e）.

确认。我国《企业破产法》也应明确规定，即使重整失败转换为清算程序，根据第 75 条增设的担保应当继续有效，作为共益之债清偿的新融资债权在清算程序中的性质与清偿顺位不变。

五、结语

融资对于进入破产重整的企业意义重大，决定着企业重整的成败。然而重整企业已无从事正常交易的信用基础，资金提供者必然面临较高的债权收回风险，进而会要求对其债权提供特别保障，在破产法上即体现为赋予此类债权优先清偿的地位。但对新融资债权给予特别保障的任何优先安排，都会引发新融资债权人与既有不同债权人之间的利益冲突。所以如何在债务人信用缺失的情况下，既能激励投资又可避免对现有债权人的过度损害，即对于重整融资债权给予何种程度的特别保障，其优先清偿顺位如何确定，是破产法上非常棘手的问题。

目前赋予重整融资债权清偿以优先性已经成为各国破产法的普遍政策，但是具体的优先清偿顺位并不相同，这些不同的做法对新融资债权的保护力度不同，对既有债权人的影响程度也不同。我国《企业破产法》和 2019 年《破产法司法解释三》也赋予了重整融资债权优先性，尤其是 2019 年《破产法司法解释三》第 2 条的规定一定程度上弥补了我国企业破产法在重整融资债权清偿规则上的不足，已经基本形成对重整融资债权优先清偿保护的体系——作为"共益债权"和"设定担保权"。但仍有不足，包括：没有直接确定未设定担保的重整融资债权的法律性质、没有规定重整程序终止或转入清算程序后重整融资债权的优先性是否继续有效，以及可设定的担保类型缺乏开放性等。此外，《中华人民共和国民法典》已对担保制度进行了重大改革，企业破产法必然面临如何衔接和适用这些新的规范的问题。

为此，本文通过对比较法上的考察及对我国现行法律规范的研究，提出未来企业破产法修改中对重整融资债权清偿规则应注意体系性构建。其一，应明确规定未设定担保的重整融资债权自动视为"共益债权"，优先于所有无担保普通破产债权清偿（包括税款、其他社会保险费用、职工债权）。对进入重整程序前为债务人继续营业的借款，不应直接赋予其共益债务的性质，而是可参照共益债务处理。但须将该借款限于重整申请后和法院受理重整申请前的阶段发生，须为企业继续经营所必需，并经债权人会议事后"追认"，由此可避免对共益债权判定要件的干扰。其二，应明确规定重整融资债权不得优先于既存担保债权，并不应允许有例外，以维护对担保制度信用支持功能的信赖和预期。其三，明确在同一担保物上存在相竞权利时，须统一适用民法典有关物权担保的优先顺位规则，以保持与民法规范的协调；同时，扩张为重整融资债权设定担保的类型（包括典型担保与非典型担保），而不限于抵押担保，既呼应民法典中担保类型的改革，也可为吸引融资提供更多手段。其四，明确重整融资债权的优先清偿地位不因重整程序的终止或转换为清算程序而失去效力。

破产财产变价处置法律问题研究

徐阳光　　曾志宇*

变价处置破产财产是让财产从非货币形态转换为货币形态，进而公平清偿所有债权的关键环节。破产财产的货币转化率越高，也就意味着可供清偿债权的现金越多，有利于提高债权清偿率。财产转化为货币的过程存在处置周期，一般情况下，处置周期越短，越有可能及时发现市场需求，降低处置成本。反之，则可能增加错失发掘财产市场价值的风险，徒增处置成本，有损债权人的利益。

由此可见，采用最能实现财产价值最大化、高效的方式处置财产应为全体债权人的共同目标。[1]但当若干类顺位先后不同的债权竞存时，情况便不总是如此。以担保债权为例，其往往对应破产财产的大部分，且债权顺位在无担保债权之前，如果清偿担保债权后财产变现所得所剩无几，则何时、怎样处置担保财产等问题就变得与普通债权人无关紧要。吊诡的是，根据《中华人民共和国企业破产法》（以下简称《企业破产法》），很容易解读出：对于担保财产的变价处置方案，原则上需经占无财产担保债权总额的二分之一以上的参会债权人通过。因此破产实践中不乏有担保财产的处置受制于破产程序整体进程，而担保债权人不能要求随时变价财产并就变价所得第一时间获得分配的情况发生。

网络拍卖已日益发展成经常使用的财产处置方式，近年来被多地破产实践推崇。不同于破产程序中的网络拍卖，最先发端于执行程序的网络司法拍

---

* 徐阳光，男，中国人民大学法学院教授、博士生导师，中国人民大学破产法研究中心副主任兼秘书长，北京市破产法学会副会长兼秘书长；曾志宇，女，中国人民大学法学院法律硕士。

〔1〕《全国法院破产审判工作会议纪要》，法〔2018〕53 号，2018 年 3 月 4 日发布，第 26 条。

卖有最高人民法院先后发布的《关于人民法院网络司法拍卖若干问题的规定》《关于司法拍卖网络服务提供者名单库的公告》《关于人民法院确定财产处置参考价若干问题的规定》等规范，而通过网络拍卖处置破产财产时，目前尚无全国范围内的统一规范。这在一定程度上导致了以网络拍卖处置破产财产或者不考虑破产程序处置财产的特殊性，一味固守网络司法拍卖的规定，拖延了财产处置进程和增加了处置成本。

财产变价成交后的税费负担问题不可避免且素有争议，主要在于买受人承担所有税负之包税条款是否有效。此外，包税条款在实际履行时也会碰到因增值税、所得税等税种本身特点带来的实践操作障碍。

一、担保财产处置问题及建议

破产财产作为破产程序中最核心的价值来源，含义经历了与债务人财产混用[1]到与债务人财产自破产宣告后的清晰界分，同时范围也从不包括担保财产演变为包括担保财产。《企业破产法》中，"破产宣告"一节将宣告破产后的债务人财产明确界定为破产财产。而债务人财产则是指破产申请受理起至破产程序终结前属于债务人及债务人取得的财产。《企业破产法》第 61 条第 1 款第 9 项的"通过破产财产的变价方案"，从文义解释出发，指的是对宣告破产后的财产的变价方案，因此，在企业未被宣告破产前，似乎并不具备变价财产的条件。针对处于重整阶段的企业之财产实施的处置行为，尤其是"将债务人具有活力的营业事业之全部或主要部分出售让与他人"[2]的出售式重整可能无法可依。此外，《企业破产法》对别除权人在破产重整程序中优先受偿权的行使有所限制[3]，暂停行使担保权的期间，别除权人完全处在被动地位。担保债权人在变价处置环节的权利行使障碍主要表现在以下方面。

（一）重整程序中变价处置担保财产的问题分析及建议

在《企业破产法》原则上限制别除权人于破产重整程序中行使优先受偿

---

[1] 1986 年发布的《中华人民共和国企业破产法（试行）》并无债务人财产这一概念。参见王欣新：《破产法》，中国人民大学出版社 2019 年版，第 125 页。

[2] 王欣新："重整制度理论与实务新论"，载《法律适用》2012 年第 11 期。

[3]《企业破产法》第 75 条第 1 款规定："在重整期间，对债务人的特定财产享有的担保权暂停行使。但是，担保物有损坏或者价值明显减少的可能，足以危害担保权人权利的，担保权人可以向人民法院请求恢复行使担保权。"

权的背景下,《全国法院民商事审判工作会议纪要》对别除权人在重整程序中要求处置担保财产并及时受偿的问题予以了补充:即便在重整程序中,若担保财产并非重整所必需,则管理人或自行管理的债务人应及时处置该担保财产,并将变价所得优先清偿别除权人。

该规定在一定程度上有助于保障别除权人行使担保权,但仍有以下问题:首先是效力位阶问题。以上规定出自会议纪要,约束力有限,因此实践中不加判断、默认担保财产为重整所必需而径直暂停别除权人要求变价担保财产的现象仍存在,甚至有部分别除权人也没有意识到自己其实有权知道担保权被暂停行使是否正当。其次,在多长时间内将"是否为重整所必需"的判断结果告知别除权人符合"及时"目前尚无明确规定,所以别除权的行使仍会在一段不确定的时间内被暂停,加之若未及时告知会有何后果亦无规定,实际上会导致担保权的暂停行使贯穿于整个重整程序。[1]最后,别除权人对以上判断结果如有异议,也缺乏救济渠道,因为《企业破产法》明确规定只有当担保财产因有被损坏或者价值明显减少以致危害别除权实现之虞,才有法定理由要求法院恢复行使其担保权。

从域外立法例考察,日本《破产法》第65条第1款规定:别除权可以不依破产程序而自由行使。破产程序中,抵押权人可直接向执行裁判所申请行使抵押权,并可以从拍卖的价款中受偿。[2]采用中止措施酌定适用模式的德国[3],其《破产法》第78条规定了取消债权人会议决议的规则,而可能危及债权人之优先受偿权属于取消决议的事由之一,此外,还有满足"存在强势债权人的投机表决"时,法院必须进行干预的规则。[4]采用"自动中止"模式的美国《破产法》规定:在自动中止的同时,债权的延迟期限或者冻结期间,在一定期限以内由管理人或法院判断该担保财产对于重整程序的重要性,并判断是否需要延长期限或者赎回担保财产,如果该冻结期限届满即可执行担保。[5]另外也值得关注的是,担保债权人还可以在该申请程序中质疑

---

〔1〕 王欣新:"论破产程序中担保债权的行使与保障",载《中国政法大学学报》2017年第3期。

〔2〕 [日] 山本和彦:《日本倒产处理法入门》,金春等译,法律出版社2016年版,第78页。

〔3〕 徐阳光:"破产法视野中的担保物权问题",载《中国人民大学学报》2017年第2期。

〔4〕 [德] 乌尔里希·福尔斯特:《德国破产法》(第七版),张宇晖译,中国法制出版社2020年版,第43页。

〔5〕 丁文联:《破产程序中的政策目标与利益平衡》,法律出版社2008年版,第150页。

重整的现实可行性，以此作为恢复行权的理由。也就是说，即使担保财产确有留存之必要，但如果重整从根本上不具有成功的可能性，那么担保债权人解除自动中止的诉求也可得到法院支持。[1]

在修改我国《企业破产法》的契机下[2]，本文建议将《全国法院民商事审判工作会议纪要》关于重整期间担保财产变价处置问题的规定上升至企业破产法，在修法时针对以上问题予以回应。应对判断担保财产是否确为重整所必需的时间明确规定，并增加因未及时做出判断而损及担保财产价值最大化应承担的后果。在别除权人的救济途径方面，相较我国《企业破产法》[3]，德国《破产法》及美国《破产法》均有可供借鉴之处。德国《破产法》在对债权人之权利救济方面，至少从程序上给予债权人，尤其是担保债权人较充分、及时的救济渠道——只要债权人在会议上提出申请，破产法院就应当取消该决议。而美国法中明确规定冻结期，期限届满后可执行担保，并且考虑不具有重整成功可能性时即便确为重整所必需的担保物也不应被中止行使权利。

此外，在破产重整实践中尤其应注意：其一，限制担保权人行使权利的前提是判断担保财产系重整所必需的物质基础；其二，若担保财产已经由物质形态转换成了货币形态，则也就没有任何理由能够阻止担保权人行使优先受偿权，在担保债权获得全额清偿前，管理人不得将此款项用于任何其他支出或债权清偿，包括生产经营费用的支付、破产费用和共益费用的支付、职工债权的清偿等。企业破产法对重整企业的优先保护，不是损害担保权人合法权益的借口。[4]

（二）清算程序中变价处置担保财产的问题分析及建议

破产清算程序中，担保债权的行使会因为对《企业破产法》第 107 条、第 109 条采用文义解释的方式被理解为：别除权人对设定担保的破产人之特定财产行使担保权应跟随集体清偿程序，由债权人会议就变价方案表决后方

〔1〕 李忠鲜：“担保债权受破产重整限制之法理与限度”，载《法学家》2018 年第 4 期。

〔2〕 见《全国人大常委会 2021 年度立法工作计划》（2020 年 11 月 27 日第十三届全国人大常委会第 78 次委员长会议原则通过，2021 年 4 月 16 日第十三届全国人大常委会第 91 次委员长会议修改）。

〔3〕《企业破产法》第 64 条第 2 款规定："债权人认为债权人会议的决议违反法律规定，损害其利益的，可以自债权人会议作出决议之日起十五日内，请求人民法院裁定撤销该决议，责令债权人会议依法重新作出决议。"

〔4〕 王欣新："论重整中担保权的暂停行使"，载《人民法院报》2015 年 7 月 1 日，第 7 版。

可开始处置担保财产，而对于担保财产的变价所得，亦需待整体分配方案作出并表决通过后方能受偿。别除权人所享有的由民法典所确立的强势地位在破产清算程序中被迫转向对财产处置方案无法全面行使权利的弱势境地[1]——别除权人仅能行使部分表决权。决议的通过需由出席会议并享有表决权的债权人过半数通过，并且该部分投票同意的债权人所代表的债权额需占无财产担保债权总额的二分之一以上。以上表决规则将导致别除权人投票时，只能被计入表决人数，而其债权金额不能计入表决权数。

破产清算程序也限制担保债权人要求随时处置担保财产，除了通过生硬解读《企业破产法》的以上条文能为其找到依据外，这种做法既与全国层面的破产审判纪要精神相悖，亦不符合地方已频频出现的破产审判实践：其一，《全国法院破产审判工作会议纪要》为别除权人在破产清算及和解程序中主张及时处置担保财产并获得分配而不受债权人会议表决等程序之限制提供了成文依据[2]；其二，《深圳市中级人民法院关于破产程序中网络拍卖财产工作指引》规定宣告破产前，担保物权人依法要求行使担保物权的，管理人应当立即启动网络拍卖工作[3]，而《北京市高级人民法院关于破产程序中财产网络拍卖的实施办法（修订）》亦规定担保财产处置不损害财产整体价值的，管理人应及时启动拍卖，不得以需经债权人表决等事由予以拒绝或拖延。[4]

鉴于审判纪要及地方法院发布的指引及办法等，容易遭到"并非正式法源""效力位阶低"等关于法之权威性的挑战或法之空间效力的质疑[5]，本文建议将实践中已经成文化的、符合破产实践并有利于提高破产财产处置进程的以上规定在修订后的《企业破产法》中予以体现。

---

[1] 李忠鲜："担保债权受破产重整限制之法理与限度"，载《法学家》2018年第4期。

[2] 《全国法院破产审判工作会议纪要》，法〔2018〕53号，2018年3月4日发布，第25条：在破产清算和破产和解程序中，对债务人特定财产享有担保权的债权人可以随时向管理人主张就该特定财产变价处置行使优先受偿权，管理人应及时变价处置，不得以须经债权人会议决议等为由拒绝。但因单独处置担保财产会降低其他破产财产的价值而应整体处置的除外。

[3] 《深圳市中级人民法院关于破产程序中网络拍卖财产工作指引》，深中法〔2020〕145号，第9条、第10条。

[4] 《北京市高级人民法院关于破产程序中财产网络拍卖的实施办法（修订）》，2021年4月2日施行，第10条。

[5] 《最高人民法院关于裁判文书引用法律、法规等规范性法律文件的规定》，法释〔2009〕14号，2009年10月26日发布，第4条。

(三) 担保财产在变价处置过程中的问题分析及建议

进入变价环节后，通过处置担保财产进而实现担保债权仍将面临新的困境：谁有权决定选择怎样的变价方式？对此，《企业破产法》第64条、第65条、第111条虽然有明确规定，但仍存问题，破产资产包组成是否合理对处置价值有很大影响。[1]举例说明：在常见的房地产企业破产中，当担保财产由多套商业地产构成且每一层均有独立的产权证时，拆分还是整体拍卖会对整体破产财产的价值以及担保权人造成微妙的影响。因为单个担保权人的利益可能与全体（普通）债权人的利益相悖：对于拥有独立权证的担保财产而言，若其所处朝向或楼层较好，则单独拍卖往往能更快成交；若管理人从资产整体变现的角度考虑，要将其他因楼层、朝向等原因导致本不太容易卖出去的财产与前述抵押物捆绑拍卖，则位置较好的破产财产拍卖成交的概率就会降低，但若打包出售就能够成交，就会使得整体破产财产变价所得大为增加，也即能够提高其他债权人的受偿率。不难看出，别除权人自然希望能够将其抵押财产尽快单独挂拍，但其他债权人却有足够的动机要求将若干套资产捆绑拍卖。

承前所述，《全国法院破产审判工作会议纪要》规定别除权人就担保财产单独行使优先受偿权是基本原则，唯一的例外情况是"单独处置担保财产会降低其他破产财产的价值"。对此应注意：对破产财产整体处置应建立在有充分证据证明可以真正实现担保财产和非担保财产价值的增加，或者在不损害担保债权人利益的前提下避免其他破产财产价值降低的基础上。若将市场价值较高的担保财产与价值较低的其他财产整体处置，再通过按比例分配的方法，从变价款中剥夺担保债权人的部分清偿利益以补偿无担保普通债权人的处置方式属于公开或变相侵害担保债权人的合法权益，与《全国法院破产审判工作会议纪要》的精神相悖。[2]

在变价后的分配环节，《企业破产法》规定，未放弃优先受偿权的别除权人对破产财产的分配方案不享有表决权。这便在一定程度上导致了担保财产即便已经变价，别除权人也不能第一时间受偿。例如，当抵押物为多套房产，且分别对应多个不同的抵押权人时，即便部分抵押权人的担保财产在破产拍

---

〔1〕 朱森蛟、王鹏权、范平淹："企业破产语境下财产处置的路径与衡平"，载王欣新、郑志斌主编：《破产法论坛》（第十九辑）(下册)，法律出版社2020年版，第1161页。

〔2〕 王欣新："论破产清算程序中担保债权人优先受偿权的个别行使"，载《人民法院报》2021年2月4日，第7版。

卖程序中成交，该抵押权人及时获得分配的要求也无法被满足。对此，管理人的考虑是：其一，如果这部分成交房产的变价款在分配给其抵押权人后尚有剩余，那么剩余的变价款在分给其他债权人时就很难确定分配比例，因为这些"其他债权人"有的是其他尚未成交的房产的抵押权人，他们是否可以以及以多少债权金额参与对前面这部分剩余变价款的分配不无争议；其二，暂时不将担保物变价所得进行分配是出于对提高整体受偿率或者先解决职工债权、人数众多的小额债权人等法外问题的考虑。

而《企业破产法》规定担保债权人对破产财产分配方案无表决权的考虑是，担保债权人在破产程序中行使的是个别清偿权利，故其要求分配的权利与在集体清偿程序才会存在的债权人会议及其决议无关。[1]若因担保债权人不享有对分配方案的表决权，便以分配方案未表决通过、需整体分配为由不当拖延担保债权人的受偿时间则是与立法本意背道而驰。在全面、彻底清理破产企业债务时，遵守破产法外对各类权利的既定顺位规定，就不可避免地会对不同类型的债权有相应的清偿方案，相当比例的债权无法获得全额清偿亦与国际破产实践相符。[2]易言之，对于担保财产而言，何时变价、以何种方式处置，以及是否能够第一时间受偿变价所得，实际上都与担保权人的优先受偿权有密切关联。"一个理性的人是自身利益的最佳安排者"[3]——理智的债权人有能力根据市场的反应做出让自己利益最大化的抉择，而这些抉择无需被其他对该担保财产不享有优先受偿权的债权人左右。

对以上问题，原因可归结为两个层面：一是部分管理人对现有规定尚未完全知晓；二是他们了解现有规定，但仍做出与立法本意相悖的行为。对此，除制定专门的破产审判规程[4]、工作指引外，本文建议可适当参考英国关于管理

---

〔1〕 王欣新："论破产清算程序中担保债权人优先受偿权的个别行使"，载《人民法院报》2021年2月4日，第7版。

〔2〕 以美国《破产法》为例：许多大型的企业在进入第11章重整程序时，都没有足够的资产来全额清偿担保债权人。参见 Melissa B. Jacoby & Edward J. Janger, "Ice Cube Bonds: Allocating the Price of Process in Chapter 11 Bankruptcy", 123 *Yale L. J.* 862 (2014).

〔3〕 郑晓剑："比例原则在民法上的适用及展开"，载《中国法学》2016年第2期。

〔4〕 各地法院针对破产审判出台的专门指引类文件包括但不限于以下：《北京市高级人民法院企业破产案件审理规程》，京高法发〔2013〕242号，2013年7月22日发布；《广东省高级人民法院关于审理企业破产案件若干问题的指引》，粤高法发〔2019〕6号，2019年11月29日发布；《云南省高级人民法院破产案件审判指引（试行）》，云高法发〔2019〕3号，2019年5月20日发布；《重庆市高级人民法院关于破产案件简化审理的工作规范》，渝高法〔2019〕208号，2019年12月31日发布。

人职业资格考核的做法。[1]英国的破产职业资格统一考试（Joint Insolvency Examination）是所有希望成为破产法中规定的破产从业者的人都必须参加的一个准入资格的考试。考试测试的实际知识和技能是一个有执照的破产从业人员将在日常工作中获得的知识和技能。此外，英国破产从业者协会每年都会对被授予执业资格的破产从业者进行评估考察，每3年进行一次针对专业水准、专业质量和价值的检查。[2]此外，中共中央、国务院印发的相关文件亦提及行业自律组织应进行自律性管理。故可结合行业特点，制定统一的行业规则和标准，以约束入会主体行为，提升行业市场竞争力。因此，本文建议各破产管理人协会定期开展旨在促进管理人知识更新、技能拔高和经验分享的培训。

二、变价处置过程中的主要问题分析及建议

如果破产财产的处置得以建立全国层面的统一规范是实现财产价值最大化的制度保障，那么以尊重市场规律为前提，采用商业化处置方式无疑是实现财产价值最大化的重要途径。通过网络拍卖方式处置破产财产已经凭借数字经济本身的技术优越性打破了时空限制，以操作过程的高效和低成本显示出巨大优势，在财产处置实践中创造高溢价率的成功拍卖案例不计其数。但国内仍存在破产财产的实际处置过程不能脱离固有的价格发现方法、处置方式未充分运用市场规律和网拍平台发展失衡等问题。

（一）部分地区价格发现仍依赖评估

尽管最高人民法院在2018年就规定将网络询价、当事人议价等评估外的其他方式作为确定财产处置参考价的替代方式[3]，并且广州、深圳、北京等地亦在各自的破产财产网络拍卖规范性文件中提到沿用"强制清算程序、执行程序中已经完成的评估、鉴定或者审计报告"[4]"沿用执行程序中的定价

---

[1] 李曙光、贺丹："破产法立法若干重大问题的国际比较"，载《政法论坛》2004年第5期。

[2] 徐阳光：《英国个人破产与债务清理制度》，法律出版社2020年版，第70—72页。

[3] 《最高人民法院关于人民法院确定财产处置参考价若干问题的规定》，法释〔2018〕15号，2018年8月28日发布，第2条："人民法院确定财产处置参考价，可以采取当事人议价、定向询价、网络询价、委托评估等方式。"

[4] 广州市中级人民法院关于印发《破产程序中财产处置的实施办法（试行）》的通知，穗中法〔2020〕29号，第11条。

依据""管理人估价"等其他替代评估的起拍价确定方法[1]，但在缺乏地方具体指引的地区，评估作为确定估值对象价值的常用方法，仍被管理人甚至债权人视为十分必要且不可替代的价值确定方法。价格发现依赖评估，在一定程度上就意味着评估作业周期长、评估费用高等一系列弊端不可避免，而这对于本就无力偿债，需要尽快将财产变价处置的破产企业而言无疑是雪上加霜。

在已有当事人议价、定向询价、网络询价、沿用执行程序中的评估价或流拍价、从"房地产评估价格查询系统"获得市价、由管理人提出起拍价建议并由债权人会议决定、采用计税基准价、政府定价或者政府指导价等定向询价、网络询价、管理人估价等市场化定价方式的背景下，多地破产实践中为何还如此偏爱通过评估确定处置参考价，本文分析大概有以下原因：其一，市场化定价方式缺乏对破产程序的指引力。在确定处置参考价时，最高人民法院虽然对市场化定价方式有明确规定，但该规定是针对民事执行程序处置财产制定的，并非直接针对破产财产变价处置的规定。此外，个别地方专门针对破产财产确定起拍价方式的规定并不能在全国范围产生约束力。其二，市场化定价方式缺少破产实践的支撑。因缺乏法律依据导致破产实践主体不敢轻易采用市场化定价方式，因不敢用而用得少，又因为用得少，进而市场对其陌生。因此，实践中即便采用了市场化的定价方式得出的结论也可能不被信任并被异议。其三，不乏金融机构债权人表示其只能投票同意评估，因为评估是符合惯常实践的做法，更不易受到来自机构内部的追责。

前已提及，广州、深圳、北京等地已经明确规定破产程序中确定处置参考价可以采用市场化定价方式替代评估。然而不可否认的是，对尚未出台类似办法的地区，用市场化定价方式确定财产处置参考价确实需要敢为人先并勇于担当。诚如伯尔曼所言："没有信仰的法律将退化成为僵死的教条，而没有法律的信仰将变成狂信"，让法律实践主体有法可依，立法机关责无旁贷。在有法可依，且司法支持的背景下，市场化的价格发现方式才能够真正被实践接受并采用。基于此，本文建议在将市场化定价方式体现在全国统一立法

---

[1] 《深圳市中级人民法院关于破产程序中网络拍卖财产工作指引》，深中法〔2020〕145号，第16条、第17条；《北京市高级人民法院关于破产程序中财产网络拍卖的实施办法（修订）》，2021年4月2日施行，第17条。

的同时，把通过恰当运用市场化定价方式缩短处置周期、减少处置成本的做法作为典型案例进行宣传。

（二）处置破产财产未充分考虑市场需求

破产程序的启动一定程度上预示着债权难以通过货币资金全额受偿，尽管如此，穷尽一切可能提升受偿率仍是处理破产案件所追求的高阶目标，"在此意义上，破产程序本质上是一个发现财产价值，并让债务人财产价值最大化的司法程序。而让财产价值最大化的最有效的途径就是市场化的处置方式。"[1]近几年，国内破产案件呈现激增态势，但在处置破产财产方面，仍缺乏成功经验的积累，市场化处置破产财产尚未摸索出成熟的做法。尽管我国已经推广了网络拍卖这种市场化的处置方式，也不鲜见数倍溢价的成功案例[2]，但实践中未能根据财产特点采取个性化处置方式的问题依然严峻。[3]

财产处置实践中，将工业用地、厂房和内部的机器设备作为整体一起拍卖，容易发挥财产作用、提升价值进而提高成交率，这符合物尽其用的基本规律。但并非所有类型的资产都适合不加区分地整体捆绑拍卖，例如：当抵押物为房产，尤其是商业地产时，每套房屋所处的楼层、面积大小、朝向、户型、结构等可能都不一样，因而每套房屋的价值也会不同。试想如果将几十套甚至数百套商铺在同一天全部挂到网上拍卖，很有可能发生同质化拍品内部的恶性竞争进而导致大部分财产以流拍告终。而将商场的若干层捆绑在一起拍卖，又将会因为整体资产的价格过高使本有意愿购买其中个别几层的潜在买家因无力整体拍下资产只能放弃参与竞标。固守整体拍卖的方案，可能导致原本价值较高的资产一再流拍，价格一降再降。

管理人不考虑财产实际状况，用一刀切的方式整体挂拍资产或许有处置实践中的切实困难。部分担保财产（以房产为例）已经改变了原本的建筑结构，房间之间打通并重新装修导致不同抵押债权人间的抵押物在物理上无法

---

[1] 徐阳光："新时代破产财产处置的发展趋势"，载《法制晚报》2018年2月6日，第A20版。

[2] 唐中明："重庆法院拍卖破产财产 溢价率最高达931.23%"，载《都市热报》2019年10月29日，第6版；朱来宽、曹尧瑶："宿城网拍破产财产 首单溢价815万"，载《江苏经济报》2017年7月19日，第B01版。

[3] 衢州市衢江区人民法院课题组："关于破产案件资产处置情况的调研报告——以衢江区人民法院破产案件资产处置实践为样本"，载程品方主编：《人民法院企业破产审判实务疑难问题解析》，法律出版社2016年版，第162—163页。

有效区分，面对这样的破产财产，究竟怎样挂拍更合适需要投入精力去研究。然而即便管理人花费时间、精力对不同的破产财产充分了解情况后拟定变价方案，也仍可能遇到众口难调的问题：有的抵押债权人希望自己的抵押物按照产权证分套、独立拍卖，而有的抵押债权人则倾向于按照物业的实际使用状态拆分、组合拍卖。退一步讲，即便以上问题都得到解决，财产最终得以挂拍，倘若几经拍卖依然流拍，则为这部分工作所付出的努力就难得到回报。[1]

另一个原因是，从破产管理人的行业分布看，律师事务所占半壁江山，其余则为会计师事务所、清算公司及资产管理公司等。在以上机构执业的人员一般具有法律或会计背景，市场营销、企业管理等则非其专业所长。而破产程序并非简单的流水线工作，单纯的法律背景或财务知识难以出色完成错综复杂的管理任务。完全寄希望于破产管理人使出浑身解数将破产财产卖高价，于破产管理人而言确有强人所难之嫌，同时也没有充分让更有能力使资产实现价值最大化之专业人士发挥作用。

对此，本文建议根据各类财产特点，对应采取如拍卖、追收、协议转让、向债权人分配、核销等不同的处置策略。此外，对于特殊用途的财产（如零部件等），因行业更新迭代速度快等原因，应合理预计到其价值会大打折扣，同时也应积极寻找相同或类似行业的用户市场，尽快让该类财产出售、变现。在核查财产状况阶段，应充分运用信息化手段，将财产的法律状态（包括所有权情况、担保权利负担情况）、实物现状（包括财产是否有物理瑕疵、损耗情况等）、同类财产的可比价格状况等买受人决定是否购买资产通常所需的尽可能详细的信息有效传输到市场，以减少需求端的时间及精力成本，从而降低买方交易的总成本，提高成交概率。同时，建议变价处置破产财产时，根据需求聘请如网络辅助拍卖机构等其他社会中介机构或者专业人员协助管理人实现财产的价值最大化。[2]

---

〔1〕 根据《最高人民法院关于审理企业破产案件确定管理人报酬的规定》，法释〔2007〕9号，2007年4月12日发布，第13条："管理人对担保物的维护、变现、交付等管理工作付出合理劳动的，有权向担保权人收取适当的报酬……"但最终是否能够获得报酬以及能够获得多少报酬存在不确定性。
〔2〕 具体可参见成都市中级人民法院《网络司法拍卖辅助工作管理办法（试行）》，2021年3月9日发布。该办法虽然针对网络司法拍卖，但对于提高破产财产处置效率、实现财产价值最大化同样具有借鉴意义。

（三）网拍平台发展不均衡

目前全国有包括淘宝网、京东网在内的七个网络服务提供者被纳入最高人民法院网络司法拍卖平台名单库。[1] 本文从平台针对破产财产拍卖的收费情况以及历史破产财产拍卖交易量两个维度对七个网拍平台进行分析[2]，结果分示如下：

七个网拍平台收费情况

序号	网拍平台	服务费（或佣金/技术服务费）收费标准	服务费（或佣金/技术服务费）支付方式
1	淘宝网	成交价 0.5%（上限 50 万元）	竞拍成功后，买受人另付技术服务费
2	京东网	成交价 0.5%（上限 50 万元）	成功获拍后，买受人另付技术服务费
3	人民法院诉讼资产网	无拍卖佣金/服务费	不适用
4	公拍网	成交价 3%	拍卖成交后，买受人需另付拍卖佣金
5	中国拍卖行业协会网	成交价 5%	拍卖成交后，拍卖人向买受人收取拍卖佣金，拍卖佣金在拍卖保证金中直接扣除
6	工商银行融 e 购	需支付技术服务费（未披露收费比例）	成交后另行支付服务费
7	北京产权交易所	成交价 5%	成交后另行支付服务费

从上表可以看出，目前除人民法院诉讼资产网不收费外，其他六个网拍平台均收取服务费，收费比例基本在成交价的 0.5%—5%，其中淘宝网和京东网明确说明服务费上限为 50 万元，其他收费平台暂未公开披露是否有收费上限。

---

[1] 2016 年 11 月 25 日发布的《最高人民法院关于司法拍卖网络服务提供者名单库的公告》公布了以下五个司法拍卖网络服务提供者：淘宝网（网址为 www.taobao.com）、京东网（网址为 www.jd.com）、人民法院诉讼资产网（网址为 www.rmfysszc.gov.cn）、公拍网（网址为 www.gpai.net）、中国拍卖行业协会（网址为 www.caa123.org.cn）；2019 年 6 月 1 日发布的《最高人民法院关于司法拍卖网络服务提供者名单库新增入库公告》增加了以下两个司法拍卖网络服务提供者：工商银行融 e 购（网址为 mall.icbc.com.cn）和北京产权交易所（网址为 www.cbex.com.cn）。

[2] 以上七个网拍平台除人民法院诉讼资产网外，其余均单独开辟了针对破产财产拍卖的通道。

七个网拍平台 2020 年度破产财产拍卖交易量[1]

序号	网拍平台	破产财产拍卖交易量（挂拍记录）	交易量占比	交易期间（以挂拍时间为统计口径）	交易类型
1	淘宝网	59 336	81.364%	2020 年 1 月 1 日至 2020 年 12 月 31 日	已结束[2]
2	京东网	7774	10.66%	2020 年 1 月 1 日至 2020 年 12 月 31 日	已结束
3	人民法院诉讼资产网[3]	95	0.13%	2020 年 1 月 1 日至 2020 年 12 月 31 日	已成交+流拍[4]
4	公拍网[5]	75	0.103%	2020 年 1 月 1 日至 2020 年 12 月 31 日	已成交+流拍
5	中国拍卖行业协会网	5531	7.584%	2020 年 1 月 1 日至 2020 年 12 月 31 日	已成交+流拍
6	工商银行融 e 购	2	0.003%	2020 年 1 月 1 日至 2020 年 12 月 31 日	已结束
7	北京产权交易所	114	0.156%	全部交易期间[6]	已结束
	总计	72 927			

不难发现，在现存的七个网拍平台中，淘宝网和京东网 2020 年度破产财产拍卖交易量约占到所有平台交易量总和的 92%，其中淘宝网占据 81.364% 的交易份额。通过上述两个表可见，不收费的人民法院诉讼资产网并非交易量最大的平台（其交易份额只有 0.13%），费率在 3%—5% 的中国拍卖行业协

---

〔1〕 该表的七个网络拍卖平台的交易量情况总结于 2021 年 2 月 4 日。

〔2〕 淘宝网、京东网、工商银行融 e 购和北京产权交易所均将已结束的拍卖归类为"已结束"。

〔3〕 人民法院诉讼资产网未开通破产财产拍卖专用通道，通过搜索"破产"筛选而得到破产财产的拍卖交易情况。

〔4〕 人民法院诉讼资产网、公拍网和中国拍卖行业协会网针对已经结束的拍卖分为"已成交"和"流拍"两类。

〔5〕 截至 2021 年 2 月 4 日，公拍网"已成交"中仅上海和四川有记录，"流拍"中仅上海、山西、山东、河南有记录。

〔6〕 北京产权交易所无法通过锁定日期将交易期间控制在 2020 年度，截至 2021 年 2 月 4 日，因为所有交易记录只有 114 个，故未细分时间。

会网、北京产权交易所和公拍网三个网拍平台中，中国拍卖行业协会网的费率高达5%且未公开说明收费上限，但其交易份额相比另外两个平台占比最高，据此可初步判断：拍卖平台是否收费及收费数额大小并非影响交易量大小的决定因素。

淘宝网和京东网经过十余年的发展和沉淀，在客户数量、产品数据等方面有强大的优势，在网络司法拍卖制度正式出台之前，这两家平台就已经在电商领域叱咤多年，并形成了稳定的网络生态效应[1]，在完成初始用户积累的同时还用自身的移动支付等先发优势维持了很高的用户黏度。[2]简言之，目前交易份额占据绝大部分的网拍平台本身就有先天的技术及流量优势。网拍平台收费实则是其针对所提供之服务的兑价。传统行业中价格是交易的核心参数之一，但大数据市场普遍采取"免费"（或收费极低）的商业模式。[3]若进一步分析，所谓的"免费"，实质是以个人数据和用户注意力等为兑价的。[4]因此，针对以互联网为依托的网拍平台的监管应重点关注经营者提高服务质量和隐私保护水平、降低用户使用成本、防止非大型网拍平台进入壁垒过高及形成新的数据流量入口垄断等方面。[5]

处在利用网拍平台处置破产财产第一线的法院和管理人，有责任为保护网拍平台市场充分竞争进而保障财产价值最大化的实现做出努力。对法院（尤其是最高人民法院）而言，因为其具有"一定程度的规则制定权"，故可以根据对网络拍卖数据是否界定为必要设施的结果、考虑重新认定并采用"必要设施原则"衡量网拍平台是否实施了拒绝数据接入行为[6]，进而决定是否要求平台提供设施（如是否要求具有数据优势的平台向其他平台提供财产的流拍和成交价格、拍卖时间、挂拍次数、打折幅度等数据）。在破产财产

〔1〕 杨东："论反垄断法的重构：应对数字经济的挑战"，载《中国法学》2020年第3期。

〔2〕 李天昀："2015年中国互联网产业发展报告"，载《现代传播（中国传媒大学学报）》2016年第8期。

〔3〕 由前文的各网拍平台的收费情况表可见，占据绝大部分交易份额的网拍平台仅仅收取0.5%的服务费，并且以50万元为收费上限。

〔4〕 John M. Newman, "Antitrust in Zero-Price Markets: Foundations", 164 *University of Pennsylvania Law Review* 149 (2015).

〔5〕 殷继国："大数据经营者滥用市场支配地位的法律规制"，载《法商研究》2020年第4期。

〔6〕 Inge Graef, "Rethinking the Essential Facilities Doctrine for the EU Digital Economy", 53 *Revue Juridique Themis* 33 (2019).

网络拍卖中，法院更多处在监管角色中，因此其更需要将监管转向构建事前、事中监管和事后监管（弱化事后处罚措施）并重、法律和技术共治的适应数字经济新时代的模式。[1]

管理人在破产财产的网拍中是执行者，起到主导作用，但缺乏大型网拍平台的技术优势，也不容易获得公权力支持，因此应在参与财产拍卖的过程中主要防范通过自己行为就可以避免的风险。其一，应将选择在哪个平台拍卖的决定权留给债权人，在告知债权人各拍卖平台的特点后[2]，由债权人根据需求决定在哪个平台拍卖；其二，考虑交易相关方的隐私安全，如拍卖应收账款时对债务人个人信息的披露应谨慎，隐去不必要的手机号码、家庭住址等敏感信息；其三，在能够保障财产成交率甚至溢价率的前提下同时考虑建议债权人选择服务质量高的网拍平台[3]；其四，在发现平台具有类似通过调控和分配自身海量和高黏性的流量和数据，实行"扶持"或"打压"等排除或限制竞争行为时，应及时固定证据并向法院和相关监管部门报告、提出监管建议。

三、变价处置后包税条款的合法性分析及操作建议

破产财产经网络拍卖成交后，交易双方均需承担因转让财产而产生的税款。然而拍卖公告中常见"所涉及的一切相关的税、费均由买受人自行承担"这样的包税条款。"包税条款"可寻迹于目前一份仍有效的国家部委联合通知中[4]，其他已经失效的规范性文件中亦有出现[5]，但其含义尚无准

---

[1] 杨东："论反垄断法的重构：应对数字经济的挑战"，载《中国法学》2020年第3期。

[2] 从能让债权人更高效地了解平台进而决定在哪里拍卖的角度看，各平台可以定期推出自己的"破产财产拍卖白皮书"，将自身平台在各类地域、各种资产的拍卖数据进行类型化、历史化、可视化的分析和总结，这既能帮助债权人高效抉择，同时也可以快速找准平台自身的市场定位。例如，公拍网的破产财产处置其实主要集中在上海地区，各平台可以将自身这种具有高度识别性的特征向市场公布。

[3] 如同类资产的可比价格自动生成功能、一旦有人报名参拍即可实时提醒功能等会便于在挂拍资产前就能对市场价格有初步预估，也有利于管理人、债权人等及时掌握待拍卖资产的交易情况。

[4] 《国家税务总局、文化部、国家体委关于来我国从事文艺演出及体育表演收入应严格依照税法规定征税的通知》，国税发〔1993〕089号，1993年9月27日发布，第3条。

[5] 《国家税务总局关于中国银行海外分行取得来源于境内利息收入税务处理问题的函》，国税函〔2001〕189号，2001年3月8日发布；《国务院办公厅转发商务部等部门关于进一步规范对俄贸易秩序若干意见的通知》，国办发〔2004〕70号，2004年9月15日发布。

确定义。一般认为包税条款，尤指买方包税条款，是合同双方约定对于交易过程所涉及的一切税费由协议的一方，特别是买受人承担的条款。本文在处置破产财产的语境下，为行文简便使用"包税条款"或"税费转嫁"[1]，所指含义与"一切税费由买受人承担"并无二致。包税条款虽有减轻破产企业税费负担、省去破产管理人在拍卖公告中列明税款计算方式之烦琐等"优势"，但实际履行该条款时却常出现因对条款内容的不同理解、买方实际承担税负过重而产生争议。下文将以破产企业通过网络拍卖处置房地产为切入点，研究包税条款的合法性，分析房地产交易中主要税种在适用包税条款时遇到的困境并提出相应建议。

（一）包税条款的合法性分析

尽管《最高人民法院关于人民法院网络司法拍卖若干问题的规定》对于网络司法拍卖中的税费负担明确规定，应根据法律法规由相应主体承担[2]，国家税务总局亦在 2020 年发布的"答复"中明确表态，建议由交易双方按照税法规定，各自承担因拍卖不动产而产生的税费是合理的做法[3]，但关于包税条款的合法性评价，司法裁判、实务和理论研究尚未达成一致意见。加之《最高人民法院关于人民法院网络司法拍卖若干问题的规定》和国家税务总局的答复皆直指网络司法拍卖，并无力直接管辖破产财产的网络拍卖，因此在破产财产变价处置的语境下，对该问题的研究显得更为薄弱。下文将结合破产财产网络拍卖自身的特点论证包税条款的合法性。

1. 近几年的裁判观点

本文在案涉事实均提到拍卖公告写明"一切税费由买受人承担"的前提下，筛选出关于网络拍卖中包税条款之效力的裁判观点如下表所示：

---

[1] 徐战成在《企业破产中的税收法律问题研究——以课税特区理论为指导》一书中用到过税费转嫁这一说法。

[2] 《最高人民法院关于人民法院网络司法拍卖若干问题的规定》，法释〔2016〕18 号，2016 年 8 月 2 日发布，第 30 条。

[3] 《国家税务总局对十三届全国人大三次会议第 8471 号建议的答复》，2020 年 9 月 2 日发布。

关于网络拍卖中包税条款效力的司法裁判观点〔1〕

序号	裁判日期	审理法院	是否认可包税条款的效力	案由类型	案号
1	2021-1-21	广东省中山市第一人民法院	认可	行政	（2020）粤 2071 行初 1353 号
2	2020-12-8	广东省中山市中级人民法院	认可	行政	（2020）粤 20 行终 1309 号
3	2020-11-5	最高人民法院	认可	民事	（2020）最高法民申 5099 号〔2〕
4	2019-11-8	山东省烟台市中级人民法院	认可	民事	（2019）鲁 06 民终 5621 号
5	2019-9-2	河北省沧州市中级人民法院	认可	民事	（2019）冀 09 民终 5641 号
6	2019-9-2	北京市第三中级人民法院	认可	民事	（2019）京 03 民终 12171 号〔3〕
7	2019-8-28	河北省沧州市中级人民法院	认可	民事	（2019）冀 09 民终 5645 号
8	2019-8-28	河北省沧州市中级人民法院	认可	民事	（2019）冀 09 民终 5647 号
9	2019-8-28	河北省沧州市中级人民法院	认可	民事	（2019）冀 09 民终 5650 号
10	2019-6-28	广州铁路运输第一法院	认可	行政	（2019）粤 7101 行初 536 号
11	2019-6-17	广东省中山市中级人民法院	认可	行政	（2019）粤 20 行终 330 号

---

〔1〕 本表只选取了 2019—2021 年的裁判观点：以"《中华人民共和国税收征收管理法实施细则》第 3 条"作为关键词，经检索"北大法宝司法案例数据库"，结果显示有 938 篇裁判文书符合条件，在该检索结果页面增加"拍卖"关键词进一步精炼，得到 96 篇裁判文书，其中包含刑事类裁判文书 3 篇、国家赔偿类裁判文书 7 篇、行政类裁判文书 52 篇、执行类裁判文书 8 篇、民事类裁判文书 28 篇（个别案件涉及多份裁判文书，导致各分项统计口径的加总数据与总体统计数额有出入）。

〔2〕 该裁决书是关于破产财产网络拍卖中关于包税条款的最新裁判文书，由最高人民法院作出。

〔3〕 该裁决书是关于破产财产网络拍卖中关于包税条款的裁判文书，为"中国 2019 '年度影响力税务司法审判案例'"。

序号	裁判日期	审理法院	是否认可包税条款的效力	案由类型	案号
12	2020-11-3	四川省西昌市人民法院	不认可	执行	（2020）川 3401 执异 27 号
13	2020-1-8	山东省潍坊市中级人民法院	不认可	执行	（2019）鲁 07 执复 121 号
14	2019-2-15	福建省福州市仓山区人民法院	不认可	执行	（2019）闽 0104 执异 5 号

由上表可见，2019—2021 年的裁判文书中，78.57% 的法院认可包税条款在网络拍卖中的合法性。在破产财产的网络拍卖中，北京市第三中级人民法院和最高人民法院同样认可包税条款的效力。值得注意的是，最高人民法院（2020）最高法民申 5099 号民事裁定书是在前述国家税务总局的答复之后作出的。而该裁定书认可了原审判决的以下观点：本案通过司法网络平台所拍卖的财产乃依破产程序需依法处置的破产财产，原审法院（陕西省高级人民法院）是在破产程序中依据债权人之请求而对外委托进行网络司法拍卖，并非人民法院依执行程序强制处分财产之行为。因此，原审据此通过判决认定在破产程序中以网络拍卖处置财产不等同于司法强制拍卖，并无不当。由以上说理部分可以看出，最高人民法院认为，虽然国家税务总局在"答复"中认可应依照税法规定由交易各方承担由交易产生的相应税费，但执行程序中的网络司法拍卖与通过网络拍卖处置破产财产不可等量齐观，后者具有更明显的意思自治特征，交易双方自行约定税负的实际承担，并未违反法律法规的强制性规定。

2. 对包税条款合法性的分析

第一，对包税条款是否违反强制性法规的分析。目前对包税条款进行分析的法律依据主要是《中华人民共和国税收征收管理法》第 3 条和《中华人民共和国税收征收管理法实施细则》第 3 条。认为包税条款无效的核心理由之一是《中华人民共和国税收征收管理法》和《中华人民共和国税收征收管理法实施细则》中的以上两条明确体现出税收法定原则。而拍卖公告约定由其中一方（即受让方）承担因转让破产财产产生的所有税费便会因该约定违背税法关于纳税义务人之强制性规定而无效。认为《中华人民共和国税收征收管理法实施细则》第 3 条包含了纳税义务人必须亲自履行纳税义务这层含义，是对税收法定原则的错误理解。在税收法定原则中，仅严格限制了纳税主体必须由法律规定，而负税人并不在税收法定原则的涵摄范围内。负税人实际就是包税条款中描述的在经济上承担了另一方之税负的主体，而自行对负税人进行约定并不被税收法定原则禁止。

第二，对包税条款中纳税义务是否具有人身专属性的分析。我国目前对纳税义务究竟具有何种性质这一问题尚未形成通说。本文认为公法上的金钱债务更强调债务关系设定的法定性和强制性，也即只有法律可以规定纳税人应承担的纳税义务，其他私主体并无权为彼此创设税法上的纳税义务。而包税条款中的税费转嫁，并非由私主体间约定纳税义务人从一方变为另一方，相反，若依约定应承担负税义务一方（买方）未履行义务，则法定纳税人（卖方）仍免不了承担纳税义务。至于卖方承担纳税义务后再按照包税条款的约定向买方主张违约责任等，则是另外一个法律关系所涉的内容。对此，我国学者陈清秀明确指出：“在税法上，权利与义务不具有高度属人性的情形。税捐债务属于金钱债务的一种，从其性质考虑，税捐债务并非不可由他人替代履行，因此税捐债务可适用于债务的承受。此外，该债务之课征负担的基准系纳税主体之经济上负担能力的高低，故税法强调个别性乃税捐债务之特性，也即约定由第三人承受税捐债务在税法上并无限制。”[1]

第三，对价内税约定包税条款的合法性分析。土地增值税系因转让土地权利进而获得收益的纳税义务人就该部分增值额所应缴纳的一种财产税[2]，且该税种是典型的价内税。如果包税条款约定由买受人承担土地增值税，有观点认为这会导致交易价格失真，并且在还原含税价的过程中易造成应适用的税率提高，而使交易价格不确定。[3]前述问题确实存在，但不能因此主张约定土地增值税由买受人承担违法，因土地增值税的税种特征和计算逻辑造成的操作障碍，并不能成为否定其合法性的理由，该部分内容下文将详述。

（二）包税条款带来的实践操作障碍

实践中包税条款常用以下表述：“因不动产过户产生的一切税、费均由受

---

〔1〕 陈清秀：《税法总论》，法律出版社 2019 年版，第 372 页。

〔2〕 张守文：《税法原理》（第九版），北京大学出版社 2019 年版，第 268 页。

〔3〕 班天可：“涉税的重大误解——兼论‘包税条款’之效力”，载《东方法学》2020 年第 6期。

让方承担"。有的拍卖公告甚至列明一切税费"包括但不限于所得税、土地增值税、营业税及其附加、印花税、契税等"。[1] "一切税费"的表述容易被人误解为凡是应纳税的税种，都被囊括在其中，但如果按照这个逻辑，实际将无法履行，下文分别说明。

1. 所得税无法被囊括其中

以企业所得税为例，计算应纳税额的前提是先要算出应纳税所得，而应纳税所得的计算基础又是该企业一个纳税年度的收入总额。换言之，企业所得税应纳税额的计算基础是应纳税企业整个纳税年度的应纳税所得额，而该企业最终缴纳所得税时的应纳税额中有多少税额是因此次交易而产生的，在客观上难以区分。

2. 增值税没有必要被列入包税条款中

增值税是间接税，由消费者实际最终承担增值税乃该税种之设计初衷。[2]因此再强调一遍由买方承担增值税没有必要。而一旦约定由买方承担增值税，实践中便会产生争议：转让方认为受让方应承担因此次交易产生的销项税额，而受让方认为其应承担的是应纳税额，也即当期销项税额减去当期进项税额后的余额（此处指一般纳税人）。如果根据受让方的以上理解，认为增值税指的是当期应纳税额则会导致客观难以计算应转嫁多少增值税给买方。也即针对单独一笔资产交易，无法计算出该笔交易的当期应纳税额是多少，因为需综合考虑出卖方当期纳税期的全部销项税额和进项税额及可能适用的增量留抵税额有多少，进行统一计算后方可得出当期应纳增值税额。此外，针对卖方尚有留抵税额的情况，甚至有买方会主张增量留抵退税部分的利益。相反，卖方却可能主张买方应在交易价格外额外支付一笔等值销项税额，并声称将这笔收入作为给全体债权人的额外分配，如果买方拒绝而无法向卖方索要发票，又会面临无法过户的困难。[3]

---

〔1〕 参见"佛山市广利华发房地产有限公司管理人竞买公告"，载 https://susong-item.taobao.com/auction/638985481795.htm? spm=a219w.7474998.paiList.7.280a56f0QAmXOr，最后访问日期：2021年3月12日。

〔2〕 王蓓、李芳芳："我国流转税体系跨区域税收分配问题研究——兼论'消费地原则'征税模式的适用性"，载《经济体制改革》2015年第2期。

〔3〕《不动产登记暂行条例实施细则》，中华人民共和国自然资源部令第5号，2019年7月24日发布，第15条第4项、第35条第5项、第37条第5项、第38条第1款第7项。

3. 土地增值税在包税条款中的操作困境

一方面，由买方承担土地增值税会遇到计算障碍。土地增值税是价内税，所计算出的应纳税额原本就应该包含在交易价格中。如果由买方在交易价格外另行承担一笔土地增值税，则该部分税款有可能被税务机关认定为"转让房地产相关的经济收益"进而在计算土地增值税应纳税额时先将以上"经济收益"还原至交易价格中。

此时便会出现问题：其一，如果仍按照包税条款认为土地增值税要单独在价外由买受人承担，那么土地增值税的计算便会出现循环。其二，将买方额外承担的税款还原至交易价格中可能导致本应适用低档的土地增值税税率因增值额的增加而满足了更高一级甚至多级的税率适用条件。因此增加的税费可能完全超出买方对交易全部兑价的预期，同时可能促使其依据重大误解要求撤销交易，甚至当面临撤销交易就失去拍得房产的溢价利益，而继续履行合同又超预算的两难境地时转而选择通过"上访"等途径解决问题。其三，即便税务机关未将单独支付的这笔税费还原至价款中，对于卖方而言，其实际获得了收入，此时又会产生所得税的纳税义务。

另一方面，部分交易无法确定土地增值税的转嫁税额。当破产人为房地产开发企业时，还会面临破产企业需要在先预缴土地增值税，待其开发的项目全部竣工、办理结算后才能进行清算的问题。从法律规定进行清算的条件可以看出，何时进行土地增值税清算具有一定程度的不确定性，因此针对一次交易可能无法准确计算出应转嫁多少土地增值税给买方。

（三）关于包税条款的具体建议

1. 原则上不宜采用包税条款

包税条款虽然在立法层面未突破强制性规定，因而并非违法，但若简单约定"一切税费由买受人承担"确实会给实践带来不小的难题，甚至引发无畏的争议。所得税无法根据一次具体的交易计算出精确的纳税额，因此建议即便坚持税费转嫁，也应将所得税排除在包税条款外。将增值税纳入包税条款时，如果仅指由买方承担销项税额，那么就完全没必要做此约定；如果是要买方承担当期应纳增值税额，那么卖方相当于给自己增加了应将当期能够抵扣的进项税，甚至满足条件的增量留抵退税全部披露给买方的义务，否则买方在没有卖方支持的情况下无法实际履行这个包税条款。至于土地增值税，因将其纳入包税条款会产生循环计算、适用税率跳档或者给卖方产生额外所得税负的问题，同样不建议包含在包税条款中。以网络拍卖房地产为例，其他本应由转让方承担的税费，如城市维护建设税、教育费附加、地方教育附加等税种，均因增值税不列入包税条款而也应被排除在外。而契税本就应由买方承担，因此也无需包含在包税条款内。由此可见，真正适宜适用包税条款的，只剩下印花税，但印花税金额较低，基本可以忽略不计。因此，包税条款从实践操作的角度看，没有存在的必要性。

2. 建议拍卖公告中列明税款明细

关于网络拍卖破产财产中的税费承担，除了包税条款，实践中还常见另外一种做法，即只写"根据法律规定由各方承担相应税费"。该做法虽然不太可能直接造成像包税条款一样的争议，却是一句没错而无用的话。破产财产的网络拍卖公告一般由管理人制作，公告虽有固定模板，但如果固定模板出现这样不能发挥实际作用的条款，管理人有义务予以改进、完善。诚然，正如包税条款的产生可能是因为寄希望于让买方承担税负进而缓解破产企业之困境，或者出于对税额计算的逃避一样，只标注"根据法律规定由各方承担相应税费"大概也是由于回避税额计算的困难，或者系在包税条款被声讨的过程中出现的矫枉过正。但管理人毕竟肩负管理、处置破产财产的职责，认真制定拍卖公告，引导交易各方依法、正确履行纳税义务也应是其义不容辞的责任。

四、结语

破产财产的变价处置通过借鉴本为执行程序设计的网络司法拍卖取得了亮眼的成绩，在看到其具有最大程度发现财产价值和提升处置效率之优势的同时，也应注意到破产财产网络拍卖目前仍无全国层面的统一规范，这是由破产程序所特有的彻底解决所有债权债务、促进市场主体优胜劣汰、重新配置社会资源的使命尚未得到认同所致的，解决这个问题离不开立法的努力，更离不开每一次破产实践的认真践行。目前国内多地的破产实践中，担保债权因在变价处置过程中受阻而在破产程序中仍然无法顺利实现优先受偿权的问题依然严重。管理人需正确理解破产法对于限制担保债权人处置担保财产的立法本意，在破产重整程序中及时判断担保财产是否确为重整所必需，并对非重整所必需的担保财产及时处置，破产清算中管理人同样应尊重担保债权人对处置担保财产的决定权。不论破产重整抑或破产清算，将担保财产变价所得第一时间分配给担保债权人是管理人须切实履行的职责。变价处置破产财产的整个过程，应在符合立法本意之原则的指导下，采用遵循市场规律和商业判断的方式进行。破产财产网络拍卖采用包税条款虽有给破产企业减轻经济负担，甚至提高清偿率等正当理由，但包税条款会增加买受人的税费负担，加之因履行包税条款引发争议后，买受人可能无法以纳税人身份主张权利，其利益若严重失衡且无充分救济保障将反过来致使设立包税条款的目的无法实现。以法治化、市场化原则为指导，正确、积极履行破产程序各主体职责才能让破产财产实现价值最大化，才能让破产法的社会功能充分发挥。

日本破产法上的保全管理人制度及其启示

刘　颖[*]

2021 年 4 月 16 日第十三届全国人大常委会第 91 次委员长会议确定了 2021 年度立法工作计划,《中华人民共和国企业破产法》(以下简称《企业破产法》) 的修改被作为本年度初次审议的法律案。[1]随即,法律草案的牵头起草单位全国人大财政经济委员会在中央和地方紧锣密鼓地展开了破产法实施检查和调研工作。[2]可以预见,我国破产法即将迎来一轮重大修改。在修改所涉及的内容中,既有可能存在对十余年前《企业破产法》立法结果所造成的缺憾之弥补,如引入个人破产制度,又有可能存在对十余年来《企业破产法》实施过程所凸显的问题之应对,如完善管理人制度、重整制度。就后者而言,从破产申请的提出到受理期间,债务人财产因缺乏有效的保全而逸失,业已成为困扰司法实务界的难题。在极端的情形下,甚至出现债务人得知债权人就自己提出破产申请后迅速转移财产,在法院欲裁定受理破产申请时债务人已"无产可破"的状况。造成这一难题的主要原因在于,《企业破产法》第 13 条规定,法院只有裁定受理破产申请的同时才指定管理人。换言之,与在破产申请受理后债务人财产的管理处分权专属于管理人不同,在破产申请受理前存在一段"真空期",完全不存在类似于管理人的角色来对债务人财产进行有效的保全。为了填补这一法律漏洞,便有论者主张我国

---

[*] 刘颖,男,北京航空航天大学法学院副教授、博士生导师,研究方向:破产法学、民事诉讼法。
　基金项目:北京市社会科学基金项目"破产法中的合同规则研究"(17FXC028)。
　〔1〕《全国人大常委会 2021 年度立法工作计划》,载 http://www.npc.gov.cn/npc/c30834/202104/1968af4c85c246069ef3e8ab36f58d0c.shtml,最后访问日期:2021 年 7 月 14 日。
　〔2〕 蔡长春、赵婕:"全国人大财政经济委员会调研企业破产法实施工作——周强徐绍史出席并讲话",载《法治日报》2021 年 6 月 12 日,第 1 版。

应引入临时管理人制度。[1]然而，即便有必要在本轮破产法修改中引入临时管理人制度，对于临时管理人的法律地位、职责和权限以及选任和解任的程序则有进一步深入探讨的余地。从比较法来看，日本破产法通过保全管理人制度较好地解决了从破产申请的提出到受理期间债务人财产的保全问题。有鉴于此，本文将考察日本法上的保全管理人制度及其理论，以求为我国临时管理人制度在立法上的创设和在理论研究上的深化提供有益的参考。

一、日本破产法上保全管理人制度的历史沿革

（一）日本破产制度的生成与发展

只要存在因信用交易而产生的债权债务关系，就有可能出现债务人陷入支付不能的状况，随之便会产生公平地处理全体债权人的债权之必要。因此，早在古罗马时代破产制度就已萌芽，而后在继受古罗马法的欧洲大陆各国破产制度逐渐发展起来，并最终形成近代化的法典。日本的首部近代意义上的破产法典乃是 1890 年公布的旧《日本商法典》，其中设置了"破产编"。由于整部旧《日本商法典》都是以当时的《法国商法典》为蓝本，该"破产编"也带有鲜明的法国法特征。例如，在破产能力上采取商人破产主义，只设置商人的破产清算程序，并且带有强烈的惩戒主义色彩。正是这些特征使得旧《日本商法典》"破产编"在施行后遭到多方面批判。日本旋即启动破产制度的改革作业，其成果便是 1922 年公布的旧《日本破产法》。此法以当时的《德国破产法》为蓝本，从此奠定了日本破产清算程序的基础。同年，日本还公布了以当时的《奥地利和议法》为蓝本的旧《日本和议法》，对和解程序作出了全面的安排。第二次世界大战以后，日本的法律体系又受到美国法的较大影响，进而在 1952 年制定了旧《日本公司更生法》，创设了重整程序。至此，日本的现代破产法律制度体系正式建成，并形成了破产清算、重整、和解等不同类型的破产程序分别立法的传统。

进入 21 世纪以后，为了适应经济结构的变化，日本拉开了全面修改破产法律体系的大幕：先是在 1999 年制定《日本民事再生法》，作为重整程序的

---

[1] 张磊："论我国破产管理人制度之完善——以临时管理人制度为视角"，载《暨南学报（哲学社会科学版）》2012 年第 8 期。

一般法，并在 2002 年制定现行《日本公司更生法》，作为重整程序的特别法；接着在 2004 年制定现行《日本破产法》，作为破产清算程序的一般法；最后在 2005 年制定《日本公司法》，并规定特别清算程序，作为破产清算程序的特别法。因此，现行的日本破产法律体系又被称为"倒产四法"。[1]

(二) 保全管理人制度的引入

尽管在重整制度上日本不可避免地要受到作为制度发源地的英美法系国家的影响，但日本本身还是属于大陆法系，因此，其破产程序与民事诉讼程序一样，奉行严格的职权进行主义。具体而言，日本的破产程序是以法院受理申请权人提出的破产申请为开始[2]，而并非像美国法那样破产程序是因破产申请的提出而开始[3]，并产生"自动冻结"等相应的法律效果。[4]也就是说，破产法是为了保障在债务人资不抵债的情形下其全体债权人能够得到公平受偿而设计的一系列法律效果，如债务人丧失对自身财产的管理处分权、债权人不得进行个别的权利行使等，在日本均是从法院受理破产申请之时，即作出破产清算程序开始的裁定之时起发生。那么，从破产申请的提出到受理期间，如果债务人不当地管理或处分自己的财产，则会提前造成破产财团的散逸或劣化，进而影响破产程序的实效性。在现行《日本破产法》颁布前，《日本民事再生法》第 79 条和《日本公司更生法》第 30 条明文设置了保全管理人制度，即允许在重整型破产程序的申请提出后、受理前概括性地剥夺债务人对自身财产的管理处分权并将之交给保全管理人，其主要目的在于维护债务人的营运价值。[5]与此相对，在清算型破产程序的情形下，程序设计是以债务人的解体清算为前提的，因而维护债务人的营运价值并不是立法者的考量。于是，旧《日本破产法》并没有设置保全管理人制度。但是，现实中提前保全债务人财产的必要性却不容忽视。于是，以 1985 年的丰田商事破产清

---

〔1〕 中岛弘雅＝佐藤铁男『現代倒産手続法』（有斐閣，2013 年）20 頁。

〔2〕《日本破产法》第 30 条。需要指出的是，如上文所述，日本的破产法制采用分立主义的立法模式，清算型破产程序与重整型破产程序分别规定于不同的单行法之中，因此，为行文上的便宜，本文主要以《日本破产法》及其所规定的破产清算程序为考察对象。

〔3〕《美国联邦破产法典》第 301 条、第 303 条。

〔4〕［美］查尔斯·J. 泰步：《美国破产法新论》（第 3 版）（下册），韩长印、何欢、王之洲译，中国政法大学出版社 2017 年版，第 267 页。

〔5〕 山本克己＝小久保孝雄＝中井康之編『新基本法コンメンタール民事再生法』（日本評論社，2015 年）182 頁（印藤弘二）。

算案件为开端，越来越多的法院在破产清算案件中作出保全管理命令，最终 2004 年现行《日本破产法》将这种实务上日渐稳定的操作手法以立法的形式 确定下来。[1]

二、日本破产法上保全管理人制度的法律构造

《日本破产法》第三章 "破产程序的机关" 共设有两节，第一节为 "破产管理人"，紧随其后第二节 "保全管理人" 以 6 个条文分别对保全管理命令、保全管理命令的公告和送达、保全管理人的权限、保全管理人任务结束时的报告义务、保全管理人的代理人及准用等方面作出了明确的规定。

（一）保全管理命令

《日本破产法》第 91 条第 1 款规定："接到破产清算程序开始的申请后，法院在债务人（仅限于债务人为法人的情形）对财产的管理和处分不当时及其他认为为确保债务人的财产而有特殊必要时，可以依利害关系人的申请或依职权责令在法院就破产清算程序开始的申请作出裁定前由保全管理人来管理债务人的财产。"

1. 保全管理命令的对象和要件

依照《日本破产法》第 91 条第 1 款的规定，保全管理人制度仅适用于债务人为法人的情形。其理由在于：首先，法人的财产之存在意义仅在于维持其营业，而个人即便同时是经营者，其财产也具有维持个人及其家属之基本生活的意义，因而现实中很难将个人的财产中用于维持营业和用于维持生活的不同侧面截然分开；其次，把个人债务人在破产清算程序开始后的新得财产作为自由财产，却将其在程序开始之前的财产全部交由保全管理人管理处分是不恰当的。[2]

法院若要作出保全管理命令，必须满足的要件为债务人对财产的管理和处分不当，或者法院认为为确保债务人的财产而有特殊必要。前者包括因债务人的隐匿或浪费而导致财产的直接减少（散逸）、因债务人的管理不善而导致财产的价值下降（劣化）等情形。后者则是指，尽管不能说债务人对财产的管理和处分存在不当之处，但法院出于确保破产财团的保值和增值、防止

---

〔1〕 伊藤眞ほか『条解破産法』（弘文堂，2013 年）653 頁。
〔2〕 伊藤眞『破産法・民事再生法（第 3 版）』（有斐閣，2014 年）160 頁。

破产债权人的权利被侵害，甚至避免因破产程序的开始而有可能造成的混乱等考量，而认为剥夺债务人对财产的管理处分权乃是适当的情形。例如，在证券公司破产的情形下，保全管理人将证券公司代为管理的资金返还给一般投资人。[1]

2. 保全管理命令的内容和效力

保全管理命令的内容主要是，责令由保全管理人来管理债务人的财产。实务中，法院通常还会在保全管理命令中加入禁止个别清偿的内容。在破产申请提出后、受理前禁止债务人处分财产以及个别清偿无效本来是《日本破产法》第 28 条规定的财产保全命令的内容，但由于该法第 91 条规定的保全管理命令是效力最强的保全措施，一旦法院作出保全管理命令，则无需再采取财产保全命令等其他保全措施。[2]也就是说，保全管理命令的意义一方面是剥夺债务人对其财产的管理处分权，另一方面才是将该管理处分权赋予保全管理人，而前一方面的意义也同样重要。

由于保全管理命令只涉及法院接到破产清算程序开始的申请后，就破产清算程序开始的申请作出裁定前的这段时间，一旦法院作出破产清算程序开始的裁定，则保全管理命令当然地失效。相反，倘若法院裁定驳回破产清算程序开始的申请，对此裁定申请人可以进一步上诉，而上诉审法院有可能撤销该驳回申请的裁定，因此，在该驳回申请的裁定确定前，保全管理命令并不失效。[3]

（二）保全管理人

《日本破产法》第 93 条第 1 款规定："法院作出保全管理命令后，管理和处分债务人的财产（无论相关财产是否在日本国内）的权利专属于保全管理人。但保全管理人实施不属于债务人的平常事务的行为，应当取得法院的许可。"第 2 款规定："保全管理人未取得前款但书的许可而实施的行为无效。但不得以此对抗善意第三人。"第 3 款规定："本法第 78 条[4]第 2 款至第 6 款的规定准用于保全管理人。"

---

〔1〕 伊藤眞ほか『条解破産法』（弘文堂，2013 年）654 頁。

〔2〕 伊藤眞ほか『条解破産法』（弘文堂，2013 年）656 頁。

〔3〕 山本克己＝山本和彦＝瀨戸英雄編『新破産法の理論と実務』（判例タイムズ社，2008 年）104 頁（長谷部由紀子）。

〔4〕 《日本破产法》第 78 条是对"破产管理人的权限"的规定。

1. 保全管理人的地位

《日本破产法》第 93 条第 3 款规定，破产管理人的权限的相关规定准用于保全管理人。另外，该法第 148 条第 4 款规定："保全管理人因基于对债务人的财产的权限而实施的行为所发生的请求权为财团债权"。由此可知，尽管破产清算程序尚未开始，但保全管理人实质上已经具备了程序机关的性质，其在法律地位上近似于破产管理人。但需要注意的是，毕竟破产清算程序尚未开始，因此那些积极地引起破产财团增值的行为，如双方未履行双务合同的选择权、破产撤销权等，保全管理人则不得实施。[1]换言之，如果说破产管理人的职责涵盖破产财团的保值和增值，那么保全管理人的职责则仅限于债务人的财产的保值，这也是"保全"的应有之义。

2. 保全管理人的权限

依照《日本破产法》第 93 条第 1 款的规定，一旦法院作出保全管理命令，则债务人的财产的管理处分权专属于保全管理人，保全管理人可以在债务人的平常事务的范围内行使其权限。这里的"平常事务"，是指债务人通常的业务行为，如债权的回收、库存产品的保管、固定资产的保管等，在债务人继续营业的情形下还包括原材料的采购、产品的销售、到期债务的清偿等。[2]至于运营资金的借入，尽管在一般意义上属于平常事务的范畴，但依照《日本破产法》第 93 条第 3 款准用的该法第 78 条第 2 款第 5 项却将"借款"作为必须取得法院许可的事项。另外，新设备的投资、建筑物的改建自然不属于平常事务的范畴，但现有设备的改善是否属于平常事务，则存在疑义。如果现有设备的改善能够比小修小补明显提高破产清算程序开始后破产财团变价的价额，则有将其解释为平常事务的余地。因此可以说，关于是否属于平常事务，应当根据债务人是否营业，营业的情形下其业务的性质、内容及规模，不营业的情形下其业务的内容、规模等因素来具体判断。[3]

保全管理人实施不属于债务人的平常事务的行为，必须向作出保全管理命令的法院提出申请，并取得该法院的许可。法院是否许可的判断标准在于，相关行为是否符合债权人的一般利益。即便相关行为违背特定债权人的利益，

---

〔1〕 伊藤眞『破産法・民事再生法（第 3 版）』（有斐閣，2014 年）161 頁。

〔2〕 山本克己＝小久保孝雄＝中井康之編『新基本法コンメンタール破産法』（日本評論社，2014 年）212 頁（印藤弘二）。

〔3〕 伊藤眞ほか『条解破産法』（弘文堂，2013 年）664 頁。

但只要符合债权人的一般利益，法院就可以作出许可。[1]如果保全管理人未取得法院的许可而直接实施了不属于债务人的平常事务范畴的行为，则依照《日本破产法》第 93 条第 2 款的规定，相关行为无效，但无效的主张不得对抗善意第三人。

另外，依照《日本破产法》第 93 条第 3 款的规定，该法第 78 条第 2 款至第 6 款对"破产管理人的权限"的规定准用于保全管理人。据此，与破产管理人的情形相同，保全管理人实施下列属于法定重要事项的行为时，必须取得法院的许可：①不动产及船舶的变卖；②矿业权、渔业权、知识产权的变卖；③业务或营业的转让；④商品的打包出售；⑤借款；⑥对放弃继承的承认、对放弃概括遗赠的承认及对特定遗赠的放弃；⑦动产的变卖；⑧债权或有价证券的转让；⑨对双方未履行双务合同的履行的请求；⑩诉讼的提起；⑪和解及仲裁协议；⑫权利的放弃；⑬财团债权、取回权及别除权的承认；⑭别除权标的财产的赎回；⑮其他法院指定的行为。但需要注意的是：首先，由于保全管理命令仅适用于债务人为法人的情形，上述第六项有关继承和概括遗赠的事项不存在准用于保全管理人的余地；其次，由于破产清算程序尚未开始，以破产清算程序的开始为前提的上述第九项有关双方未履行双务合同的选择权的事项和第十三项中有关财团债权的事项也无法准用于保全管理人。此外，依照《日本破产法》第 78 条第 3 款第 1 项和《日本最高法院破产规则》第 25 条的规定，尽管破产管理人欲实施的行为属于上述第七项至第十四项的法定重要事项，但行为的标的物的价额在 100 万日元以下的，则例外地无须经过法院的许可。这一点同样适用于保全管理人。

与未经法院许可而实施不属于债务人的平常事务的行为情形相同，依照《日本破产法》第 93 条第 3 款所准用的该法第 78 条第 5 款的规定，保全管理人未经法院而实施的属于法定重要事项的行为无效，但无效的主张不得对抗善意第三人。

3. 保全管理人任务结束时的报告义务

《日本破产法》第 94 条第 1 款规定："保全管理人在任务结束后，应当立即以书面形式进行结算的报告。"本条规定保全管理人的结算报告义务，旨在

---

[1] 伊藤眞ほか『条解破産法』（弘文堂，2013 年）664 頁。

落实保全管理人作为善良管理人的注意义务[1]，确保保全管理人适当地履行其职责和权限。[2]

但需要注意的是，《日本破产法》第 88 条第 1 款要求破产管理人在任务结束后应当立即向法院提交"结算报告书"。与此相对，保全管理人则无须向法院提交形式完备的结算报告书，而只须以书面形式载明其收支的结算内容并提交给法院即可。这也客观上说明保全管理人的职责相较于破产管理人更轻。

4. 保全管理人的报酬

依照《日本破产法》第 96 条第 1 款的规定，该法第 87 条有关"破产管理人的报酬等"的规定准用于保全管理人。也就是说，保全管理人作为实质的程序机关，其可以和破产管理人一样获得费用的先付和法院所确定的报酬。依照《日本最高法院破产规则》第 29 条准用第 27 条的规定，保全管理人的报酬应当与其职责相当。那么，由于保全管理人的职责通常相较于破产管理人更轻，保全管理人的报酬自然也相较于破产管理人更低。

三、日本破产法上保全管理人制度对我国的启示

（一）创设临时管理人制度的必要性

从上文考察可知，旧《日本破产法》也未设置保全管理人制度，但考虑到通过在破产申请的提出后、受理前这段时间保全债务人的财产来确保破产程序之实效性的必要，2004 年颁布的现行《日本破产法》引入了保全管理人制度。鉴于我国《企业破产法》在程序的开始上采用了与日本法相同的受理开始主义，而并非美国法的申请开始主义，笔者认为，我国应当以日本法上的保全管理人制度为借鉴，在未来《企业破产法》修改时引入临时管理人制度，具体理由如下：

首先，我国《企业破产法》欠缺自破产申请的提出到受理的这段破产临界期间对债务人和债权人的事先约束措施，有可能滋生债务人的机会主义行为和债权人的个别权利行使行为，进而直接影响破产程序之目的的实现。具

---

[1]　依照《日本破产法》第 96 条第 1 款的规定，该法第 85 条有关"破产管理人的注意义务"的规定准用于保全管理人。

[2]　伊藤眞ほか『条解破産法』（弘文堂，2013 年）668 頁。

体而言，我国《企业破产法》第 1 条规定，破产法的立法宗旨在于"公平清理债权债务，保护债权人和债务人的合法权益……"据此，一般认为破产程序的目的在于保护债权人的公平受偿和促进债务人的经济再生。[1]破产程序的目的是通过破产程序开始的法律效果来实现的，其主要又分为两个方面：其一，剥夺债务人对债务人财产（破产财团）的管理处分权，并将之交给破产管理人或者具有类似法律地位的经管债务人；其二，禁止债权人个别地行使权利。在美国法下，由于破产程序是以破产申请提出的时点为开端，自此便产生"自动冻结"的法律效果，规制债权人的追偿行为，即便破产申请的提出使债务人的破产危机显现，债权人争先恐后地向债务人催收或者债务人向个别债权人偏颇清偿的情景也不会出现，此后债权人的公平受偿和债务人的经济再生将受到有序的集体债权债务清理的保障。与此相对，在我国现行法下，破产程序以破产申请被法院受理的时点为开端，那么对债务人和债权人的约束措施等破产程序的法律效果自然是在破产申请的受理时点始得发生。例如，我国《企业破产法》第 13 条规定："人民法院裁定受理破产申请的，应当同时指定管理人。"第 16 条规定："人民法院受理破产申请后，债务人对个别债权人的债务清偿无效。"然而，《企业破产法》对法院受理破产申请前的债务人和债权人并未设置任何事先约束措施，这很有可能会在破产申请提出后的破产临界期间放任债权人以先到先得的心理向债务人催收债权以及纵容债务人以破罐子破摔的心理隐匿、浪费财产，无疑将直接影响此后债权人的公平受偿和债务人的经济再生。创设临时管理人制度，在破产临界期间将债务人对财产的管理处分权移交给临时管理人，同时规定债务人私自向债权人清偿无效，便能通过事先约束措施，防止在破产程序开始前出现债务人的机会主义行为和债权人的个别权利行使行为，进而保障此后破产程序的有序进行及其目的的最终实现。

其次，《企业破产法》尽管设置了在破产申请受理后对债务人和债权人的事后约束措施，却无法充分保障破产程序之目的的实现。具体而言，《企业破产法》第 31 条和第 32 条设置了破产撤销权制度，第 33 条设置了破产无效行

---

[1] 李永军：《破产法——理论与规范研究》，中国政法大学出版社 2013 年版，第 8—9 页；邹海林：《破产法——程序理念与制度结构解析》，中国社会科学出版社 2016 年版，第 26 页；韩长印主编：《破产法教程》，高等教育出版社 2020 年版，第 9 页以下。

为制度，通过在破产程序开始后推翻在此前破产临界期间债务人所实施的不当地减损债务人财产的价值等欺诈行为和向个别的债权人提供清偿等偏颇行为的法律效果，以回复债务人财产的价值，进而保障债权人的公平受偿和债务人的经济再生。[1]但需要注意的是，这些事后约束措施固然能够对债务人和债权人产生一定的威慑作用，某种程度上可以减少债务人的机会主义行为和债权人的个别权利行使行为，并且能够在相关行为出现后从法律上否定该行为的效果，但并不能从事实上确保已经从债务人财产中逸失的财产或贬损的财产价值回复到债务人财产之中。例如，债务人在破产临界期间违背《企业破产法》第33条的规定，"为逃避债务而隐匿、转移财产"后，该财产灭失或毁损的，那么，即便否定债务人相关行为的法律效果，相应的财产或财产价值的损失客观上已不可能挽回了。因此，在破产撤销权制度及破产无效行为制度等对债务人和债权人的事后约束措施的基础上，引入临时管理人制度这一对债务人和债权人的事先约束措施，才能从根本上保障债务人财产的充实及在此基础上的破产程序之目的的最终实现。

（二）临时管理人的地位和权限

关于临时管理人的性质或地位，目前尚存争议。有论者在英美法系的视野下理解临时管理人，将其定义为在法院受理破产申请后至破产宣告前这一阶段临时接管债务人的财产并予以占有、管理及处分的人员[2]，进而认为我国现行《企业破产法》中的破产管理人实际上已经承担了临时管理人的功能，因而无须再引入临时管理人。[3]对此笔者无法认同，理由在于：英美法系的破产法律制度在程序的开始上和破产管理人的产生上均与我国存在显著的差异。如前所述，在英美法系国家，破产程序是以破产申请提出的时点为程序的开端，随即产生"自动冻结"的效果，因而不存在通过临时管理人在破产申请被受理前的破产临界期间给债务人和债权人以事先约束的必要。英美法系国家存在临时管理人是因为，其在破产管理人的产生方式上更加偏向当事

〔1〕 邹海林：《破产法——程序理念与制度结构解析》，中国社会科学出版社2016年版，第288页。

〔2〕 赵然："探索实施'准临时管理人制度'的设想"，载《人民法院报》2011年7月6日，第7版；史巍、李东："完善我国破产管理人制度"，载《光明日报》2013年2月26日，第7版。

〔3〕 张磊："论我国破产管理人制度之完善——以临时管理人制度为视角"，载《暨南学报（哲学社会科学版）》2012年第8期。

人主义而非大陆法系的职权主义，破产管理人是由债权人会议推选出的，而从破产程序的开始到债权人会议的召开这段破产管理人尚未产生的真空期，则由临时管理人来填补。与此相对，我国《企业破产法》第 13 条规定，法院在受理破产申请的同时指定破产管理人，换言之，破产程序开始后并不存在破产管理人缺位的真空期。由此可知，英美法系上的临时管理人制度在我国法下既没有存在的必要，也不能解决我国法下的现实问题。相反，我国法律需要的是引入像日本法上的保全管理人那样在破产程序开始前的破产临界期间防止债务人财产的逸失和劣化的临时管理人制度。[1]

如前所述，保全管理人实质上是在破产程序开始前的破产临界期间提前对债务人财产行使管理处分权的程序机关，其在法律地位上近似于破产管理人。以此为借鉴，我国法上的临时管理人也应当具有接近但不完全等同破产管理人的地位。临时管理人的职责是，在破产程序开始前尽可能地确保债务人财产的充实，并在破产程序开始的同时将之移交给破产管理人。因此，在我国《企业破产法》第 25 条规定的破产管理人的职责权限中，临时管理人可以行使"接管债务人的财产、印章和账簿、文书等资料""决定债务人的内部管理事务""决定债务人的日常开支和其他必要开支""管理和处分债务人的财产""代表债务人参加诉讼、仲裁或者其他法律程序"等权限，但不得行使"调查债务人财产状况，制作财产状况报告"，"在第一次债权人会议召开之前，决定继续或者停止债务人的营业"，"提议召开债权人会议"等权限。其理由在于，后几项权限要么超出了保全债务人财产之必要的范畴，要么必须以破产程序的开始为前提。另外，基于相同的理由，临时管理人也不得有《企业破产法》第 18 条规定的对双方未履行双务合同的选择权、第 31 条和第 32 条规定的破产撤销权、第 37 条规定的取回质物或留置物的权利。

---

[1] 相关论者提倡的预重整中的临时管理人即属此类。参见张艳丽、陈俊清："预重整：法庭外重组与法庭内重整的衔接"，载《河北法学》2021 年第 2 期。

预重整信息披露规则探究

王斐民　李　程*

预重整在现行《中华人民共和国企业破产法》（以下简称《企业破产法》）中并未作规定，但自最高人民法院发布《全国法院破产审判工作会议纪要》（2018 年 3 月）、国家发展和改革委员会等 13 部门联合发布《加快完善市场主体退出制度改革方案》（2019 年 6 月）、最高人民法院发布《全国法院民商事审判工作会议纪要》（2019 年 11 月）对法庭外重组、预重整以及法庭外重组与法庭内重整的衔接等制度作出国家政策部署和司法政策推进以来，预重整制度迅速成为实践热点和理论争议焦点。在 2020 年之后，预重整的实践案例在破产审判中广为接纳，一些地方法院纷纷出台了关于预重整这一制度的规定和意见。预重整制度作为衔接庭外重组和庭内重整程序的重要辅助制度，在实践中被一些破产企业运用，取得了良好的效果。但是，由于预重整制度缺乏上位法依据，各地实践的规则不一、做法不同，引发了学界和实务部门对预重整的含义、框架以及信息披露的理论争议。本文在对预重整进行文本界定和理论解析的基础上，深入探讨预重整的信息披露问题与规则塑造路径，以裨益于《企业破产法》的修订和法律实践的高效公平运行。

一、预重整的文本界定与理论解析

预重整最早由美国的破产实践发展而来，其在英文中通常被称为"pre-

* 王斐民，男，法学博士，北方工业大学文法学院教授，北方工业大学银行复苏与处置法治研究中心主任，研究方向为经济法、金融法、破产法；李程，男，北方工业大学银行复苏与处置法治研究中心研究助理，研究方向为经济法、金融法、破产法。本文系瑞盘投资管理（北京）有限公司与北方工业大学合作研究机构银行复苏与处置法治研究中心年度研究成果之一。

packaged bankruptcy", 可翻译为"预先包裹式重整", 含义是指在向法院申请破产重整时所提交申请文件中包裹进了重整计划或协商协议。在中文文献中, "预重整"较早见于《预重整制度的法律经济分析》一文, 该文认为预重整是部分或全部当事人之间在正式向法院申请重整救济之前已经就重整事项进行谈判并达成重整计划(也可能没有达成完整的计划), 然后向法院正式申请重整。[1]在后续研究中, 有学者对预重整进行了系统研究, 认为预重整程序是指在申请重整之前, 债务人与债权人通过法庭外协商制订重整计划, 并获得债权人多数同意后, 借助重整程序使重整计划发生约束全体债权人的效力, 以早日实现债务人复兴的一种拯救机制。[2]笔者认为, 这两种定义在内核上基本一致, 但相比较而言, 第一种定义比较接近于美国的实际或者预重整本来的含义, 第二种定义更为符合中国的实际或者说体现了预重整制度在中国的发展, 即预重整这一制度作为庭外重组和庭内重整的衔接辅助功能, 强调了是以庭外达成的重整计划草案转到庭内来实现重整的强制力。这个定义与联合国国际贸易法委员会发布的《破产法立法指南》所定义的预重整一致, 即"为使受到影响的债权人在程序启动之前自愿重组谈判商定的计划发生效力而启动的程序", 也与有些学者强调预重整是法庭外重组谈判与法庭内重整审查批准重整的两个阶段的衔接与统一的观点相一致。[3]预重整不是纯粹的法庭外重组, 也不是纯粹的法庭内重整, 而是衔接二者并具有一定法律效力和意义的辅助程序。

一些地方法院在实践中出台的有关预重整的指引或规范中, 对"预重整"侧重于从庭外与庭内程序衔接的角度进行定义。譬如:《北京破产法庭破产重整案件办理规范(试行)》(京一中法发〔2019〕437号)(以下简称《北京规范》)第27条规定:"本规范所称'预重整', 系指为了准确识别重整价值和重整可能、降低重整成本、提高重整成功率, 人民法院在以'破申'案号立案后、受理重整申请前指定临时管理人履行本规范第三十六条规定的职责, 债务人自愿承担本规范第三十八条规定的义务, 由临时管理人组织债务人、债权人、出资人、重整投资人等利害关系人拟定预重整方案的程序。"再

---

[1] 王佐发:"预重整制度的法律经济分析", 载《政法论坛》2009年第2期。

[2] 张婷、胡利玲编著:《预重整制度理论与实践》, 法律出版社2020年版, 第3页。

[3] 王欣新:"预重整的制度建设与实务辨析", 载《人民司法》2021年第7期。

如《苏州市吴江区人民法院审理预重整案件的若干规定》（吴法〔2020〕15号）（以下简称《苏州吴江规定》）第1条规定："本规定所称'预重整'，是指在立案审查破产重整申请后、受理破产重整申请前，对于具有重整原因且非明显不具备重整价值和挽救可能的债务人，经申请人、被申请人同意后，本院可决定由债务人制作包含企业破产法第八十一条规定的主要内容的方案，并征集利害关系人意见的程序。"这两个文件都强调了预重整的时间为法院立案审查破产申请后和受理重整申请前的一段时期，目的都是形成重整计划草案。作为法院审查预重整的工作指引，强调预重整期间拟定重整计划草案并征集利害关系人意见，无疑是准确把握了预重整中法院的功能定位，但是须注意的是立案审查期间是一个短暂的时间，大量工作应当在债务人向法院提出申请之前完成，其中包括信息披露工作。2021年1月，重庆市第五中级人民法院出台了《预重整工作指引（试行）》（以下简称《重庆指引》），其中第1条第1款把预重整定义为"衔接庭外重组和庭内重整，对债务人与债权人等利害关系人达成的符合本指引规定的庭外重组协议在重整申请受理后予以确认的程序。"笔者认为，这个定义充分体现了预重整这一程序的特殊定位，是以庭外重组的协议符合庭内重整的相关规定并获得庭内确认的程序。

归纳上述学术观点和相关预重整的司法文件，预重整在理论上体现出以下特征：①预重整是发生在法院受理重整申请前的程序，如果已经进入了重整程序那就不再是预重整而是一般的重整，再无"预"的属性；②预重整目的在于形成重整计划并对该计划进行表决，在表决获得法律规定时进入庭内程序提请法院批准，或者征集权益受影响的债权人和其他利害关系人对协议的同意，该协议符合法律规定时进入庭内程序表决基于该协议形成的重整计划并提请法院批准；③预重整进入正式庭内重整程序才具有破产法上的完整保护效力，庭外形成的决议获得法院批准或者庭外达成的协议获得庭内表决通过并获得法院批准，才能获得重整计划的普遍约束力；④预重整中的信息披露非常重要，若信息披露存在问题，则债权人对预重整中形成的重整计划的同意可以撤销，对协议的承诺可以撤回。

二、预重整信息披露制度的功能与特殊性

信息披露制度是围绕着如何作出"知情+决策"的目的而设计的。预重整

的核心目标就是形成一个合理的重整计划，并获得表决通过。一个良好的重整计划必然不能缺少信息披露，只有信息足够充分、真实、可信，各方参与人在协商制订重整计划时才有更全面的考量，并在计划表决时才有足够的信心给予同意。破产实践表明，信息披露制度的缺失使立法对债权人权益的各种保护制度难以顺利实现，这有违实质公平、正义原则。[1]预重整程序中信息披露的不完善不仅影响预重整计划草案的通过，还有可能因信息披露不够充分而导致进入重整程序后被否定而无法获得法院的认可，这就无法达到预重整这一制度所要达成的目标。预重整指引或规范中之所以强调预重整信息披露，目的在于建立起各方参与人的信任，提供一个公平的博弈平台，而不是裹挟式要求参与方同意预重整计划。

（一）建立以信任为核心的预重整运行基础

除了信息披露不充分下产生的严重后果，预重整信息披露制度的重要性更在于信息披露的不充分将损伤相关参与主体如债权人、投资人、出资人对于企业再生的信任。重整中各方利益冲突更为显著，要想协调利益冲突，必须要以足够的信息保障各方建立起信任的基础。信息披露为基础的信任和以司法制度权威为基础的信任，共同推动私主体之间的信任内化，不仅可以降低合作成本，同时又可以发挥信任的积极作用，即以非正式制度弥补法律系统不足的作用。[2]信息披露通过透明换取重整各方参与者的信任，并以此为基础来推动重整的顺利进行。预重整的信息披露也同样以获取信任为核心。预重整程序失败并非意味着丧失了重新向法院提起庭内重整程序的机会，但如果因信息披露义务人在预重整中没有充分披露信息导致预重整失败，则在后续的庭内重整程序中重整计划获得各组表决通过会非常困难。预重整阶段信息披露的不完备不仅会导致参与预重整的相关方对于重整计划的可执行性产生怀疑，还会使未参与的相关方对于企业是否能够重整心存质疑，并由此产生对于债务人的信任危机。因此，预重整的信息披露不仅关乎重整计划是否得到同意、批准，还关乎着重整投资人的信任与企业重生的可能性。

---

〔1〕 王欣新、丁燕："论破产法上信息披露制度的构建与完善"，载《政治与法律》2012 年第 2 期。

〔2〕 杨忠孝："信息披露与重整程序信任机制建设"，载《山西大学学报（哲学社会科学版）》2021 年第 3 期。

（二）预重整信息披露的特殊性

在预重整中，对债权人等利害关系人应进行全面、充分的信息披露，信息披露的要求原则上不得低于立法对重整程序的要求[1]，但是预重整信息披露有其不同于法庭内重整之处，不能完全参照适用庭内重整信息披露的规则，尤其是上市公司预重整时信息披露规则会有更大差异。具体而言，与法庭内重整信息披露相比，预重整信息披露在披露内容、披露对象、披露主体、披露方式和审查时点上都有其特殊性。

第一，在披露内容上，《企业破产法》中并未规定详尽的信息披露规则，但是从已有重整章节的内容来看，对其重整计划内容的规定能够凸显出需要披露的信息。根据最高人民法院出台的《关于企业破产案件信息公开的规定（试行）》（法发〔2016〕19号），披露的内容主要是各个审判流程、各类公告文书、债务人信息、管理人信息、重整计划、招募重整投资人等。在各地出台的预重整规定或者指引中，信息披露的内容既包含具体规定又包含兜底性条款，即把影响预重整的各种信息包含在内。这使得在披露内容上，预重整具有更多的灵活性。

第二，在披露对象上，法庭内重整的披露对象更多，而在预重整中并不需要对所有债权人、出资人进行披露。对于权益不受到预重整计划调整或影响的参与人，不属于预重整信息披露的对象。美国《联邦破产程序规则》第3018条（b）规定，计划方案提交给"相同类别中的债权人和股东"即可，没有必要把计划方案提供给所有类别中的所有成员。[2]这些调整预重整的法律规定为当事人事前谈判提供了可以信赖的预期，降低了谈判成本，进一步提高了预重整的制度效率。[3]

第三，在披露主体上，法庭内重整中强调破产管理人的地位，一般由破产管理人来进行披露。在预重整中，债务人被视为最重要的披露主体。虽然在一些地方出台的预重整规定或指引中将临时管理人作为披露主体之一，但是在预重整案件当中，临时管理人并非整个程序的主导者，而只是起到了辅助和监督的作用，其所掌握的信息并不一定能超过债务人自身，因此在其所能了解的范

---

〔1〕 王欣新："预重整的制度建设与实务辨析"，载《人民司法》2021年第7期。

〔2〕 张婷、胡利玲编著：《预重整制度理论与实践》，法律出版社2020年版，第29页。

〔3〕 王佐发："预重整制度的法律经济分析"，载《政法论坛》2009年第2期。

围内可以允许其进行一定的信息披露，其义务远小于庭内重整程序。

第四，在披露方式上，法庭内重整采取的是主动加被动模式。被动披露主要是依据《最高人民法院关于适用〈中华人民共和国企业破产法〉若干问题的规定（三）》第 10 条规定的债权人可以查阅有关参与破产程序所必需的债务人财务和经营信息资料。[1]而在预重整中信息披露完全是债务人自身来主动披露，债权人无权在预重整阶段要求查阅债务人的相关资料，仅能在后续提出信息披露的异议来审查其披露的充分性。

第五，在审查时点上，法庭内重整程序中的信息披露是否符合要求，是在司法审判程序中予以审核。预重整的信息披露审查则是在破产案件受理审查时予以审核。

三、预重整中信息披露的制度要素

预重整的核心目标就是形成一个合理的重整计划，并获得表决通过，其中必然不能缺少足够充分、真实、可信的信息披露。预重整的信息披露虽然与庭内重整程序中的信息披露并不完全相同，但是仍然有类似之处。如美国《破产法》第 1125 条（a）对于重整中信息披露的要求是"信息披露声明"中包含了重整决策所必要的"充分信息"。这点在该法第 1126 条（b）关于预重整中信息披露也有同样的要求，其中（b）（2）规定如果没有类似的法律法规或者条例，则根据该法第 1125 条（a）对债权人或者股东披露充分信息。我国《企业破产法》中对于信息披露这一问题的规定存在制度上的缺陷，在信息披露义务主体范围、披露内容、披露程度、披露方式以及法律责任等方面均未作出明确规定，一些地方法院对预重整中信息披露的规定也不尽相同。

（一）信息披露的主体

债务人对于自身的资金状况、负债情况、涉及的诉讼仲裁等内容都有着充分的了解，因而债务人作为信息披露的最主要义务人并无争议，这也与我国

---

〔1〕《最高人民法院关于适用〈中华人民共和国企业破产法〉若干问题的规定（三）》第 10 条规定："单个债权人有权查阅债务人财产状况报告、债权人会议决议、债权人委员会决议、管理人监督报告等参与破产程序所必需的债务人财务和经营信息资料。管理人无正当理由不予提供的，债权人可以请求人民法院作出决定；人民法院应当在五日内作出决定。上述信息资料涉及商业秘密的，债权人应当依法承担保密义务或者签署保密协议；涉及国家秘密的应当依照相关法律规定处理。"

《企业破产法》中的要求一致。在《北京规范》、《眉山市中级人民法院破产案件预重整操作指引（试行）》（眉中法〔2020〕123 号，以下简称《眉山指引》）、《淄博市中级人民法院关于审理预重整案件的工作指引（试行）》（淄中法〔2020〕61 号，以下简称《淄博指引》）、《北海市法院破产重整案件审理操作指引（试行）》（北中法〔2020〕119 号，以下简称《北海指引》）、《苏州工业园区人民法院审理破产预重整案件的工作指引（试行）》（苏园法〔2020〕032 号，以下简称《苏州工业园区指引》）中均规定在特定情形下，出资人也是信息披露义务人。其规定多是这样的表述：预重整草案涉及出资人权益调整事项的，出资人有义务如实披露其出资权益的涉诉情况，债务人、出资人有义务如实披露出资权益上设定的质押、被保全等权利负担情况。这一规定有其合理性。若出资人本身出资存在瑕疵，如重要权益上存在权利负担，必然会在企业重整过程中存在极大的不确定性，这必然会影响到企业投资人及债权人对于债务企业复苏的可能性判断，因此出资人也有必要对于出资权益部分的调整作出说明，以确保利害关系人合理评估重整价值与重整可能性。

除债务人和出资人之外，也有预重整指引提出将预重整临时管理人作为信息披露人。《广州市中级人民法院关于破产重整案件审理指引（试行）》（穗中法〔2020〕89 号，以下简称《广州指引》）第53 条和《苏州市吴中区人民法院关于审理预重整案件的实施意见（试行）》（吴法〔2019〕43 号，以下简称《苏州吴中意见》）第15 条都将管理人作为信息披露义务的主体。管理人在庭内重整程序中作为信息披露的主体有明确的法律依据，也是其履职的内在要求。自法院裁定受理重整申请并指定管理人之日到管理人向人民法院递交重整计划执行的监督报告之日，管理人都承担着相应的信息披露义务。[1]然而在预重整案件当中，临时管理人只起辅助和监督作用，其披露义务远小于庭内重整程序。

而在上述三类人之外，《广州指引》还提出了重整投资人要履行信息披露的义务。笔者认为在需要引入投资人的情形下，重整投资人可以作为信息披露的主体之一。债权人关切重整投资人是否有足够的实力帮助困境企业重整成功，以期得到比清算更高的清偿率。预重整程序中较为重要的就是将重整

---

[1] 徐阳光、韩玥："破产重整程序中的信息披露"，载《人民司法》2019 年第34 期。

计划进行预表决，而该次表决在符合要求的情况下可以被视为在正式重整程序中同样有效。重整投资人的信息披露将有助于债权人更好地确认债务企业的重整成功可能性，如果投资人的相关信息表明其有充足的实力且自身并无任何负面状况，对于债权人来说支持预重整中形成的计划方案也就更有信心，因此在引入投资人情形下，重整投资人应作为信息披露的义务主体。

（二）信息披露的对象

信息披露的对象是指在预重整程序中向哪些人披露预重整信息。从目前的各种关于预重整的规定来看，《深圳市中级人民法院审理企业重整案件的工作指引（试行）》（深中法发〔2019〕3 号，以下简称《深圳指引》）、《南京市中级人民法院关于规范重整程序适用 提升企业挽救效能的审判指引》（宁中法审委〔2020〕1 号，以下简称《南京指引》）、《江苏省宿迁市中级人民法院关于审理预重整案件的规定（试行）》（宿中法电〔2020〕172 号，以下简称《宿迁规定》）、《成都市中级人民法院破产案件预重整操作指引（试行）》（以下简称《成都指引》）、《淄博指引》、《重庆指引》、《苏州吴江规定》、《苏州工业园区指引》均将出资人、债权人、意向投资人等利害关系人作为预重整信息披露的对象。而《北京规范》则规定预重整参与人均为信息披露对象，《北海指引》《眉山指引》规定利害关系人为信息披露对象，《厦门市中级人民法院企业破产案件预重整工作指引》（厦中法发〔2020〕28 号，以下简称《厦门指引》）规定债权人和出资人作为信息披露对象，《广州指引》中除出资人、债权人、意向投资人之外还新增了在处分重大财产时应当将债权人委员会作为信息披露对象。[1]由实际规定可以看出，出资人、债权人、意向投资人作为信息披露对象基本上并无异议，因为重整计划的制订和表决必然涉及这些主体的参与，同时以利害关系人作为概括性描述兜底避免了实践中受损害的利害关系人未能得到信息披露。《北京规范》《北海指引》《眉山指引》中信息披露对象均规定得较为宽泛，扩及预重整中权利不受影响

---

　　[1]《广州指引》第 54 条第 2 款规定："管理人、自行管理债务人实施企业破产法第六十九条规定的行为前，除按照《最高人民法院关于适用〈中华人民共和国企业破产法〉若干问题的规定（三）》第十五条的规定事先履行信息披露义务外，还应当同时向因上述行为的作出可能受到利益损害的债权人进行信息披露。"该条款虽然针对重整事务，但是根据该指引第 36 条的规定，预重整信息披露的原则和内容参照本指引第 53 条、第 54 条第 2 款规定处理，因而在预重整中也应向临时债权人委员会作出信息披露。

的主体，增加了信息披露的对象范围，也实际增加了整个预重整的成本并减少了效率性。《广州指引》中加入了债权人委员会作为信息披露对象，根据该指引对于设立临时债权人委员会的目的上来看，主要是便于开展征集意见、披露信息、进行表决等相关工作而设立的。实际上向债权人委员会披露信息等同于向债权人披露，而对于重大财产的处置在预重整中也是应当向债权人进行披露的，从该指引目前的规定来看并无必要。

（三）信息披露的内容

预重整信息披露的内容上，各地也采取了不同的表述方式。第一种是概括方式。《南京指引》《苏州吴中意见》《苏州吴江规定》《宿迁规定》规定信息披露的内容主要是与重整相关的信息。《北海指引》《眉山指引》《北京规范》则规定的是影响预重整决策的信息。《广州指引》规定与重整相关方有关的信息以及影响重整程序走向和表决的信息内容都应予以披露。概括方式规定有助于在实践当中根据个案来进行确定，这符合实际案件的复杂性、个性化要求。美国破产法在关于预重整信息的披露上也采取了概括式表述，然而在实践中司法判例还是会形成一般性标准。单纯的概括方式并不能满足现实需要。第二种是列举方式。《厦门指引》《苏州吴中意见》采取此种模式。《厦门指引》第3条规定："债务人在协商、拟定重整计划草案中，应当如实、全面、准确向债权人披露企业的资产、负债和经营、财务等情况。"《苏州吴中意见》第16条规定："债务人应当披露的信息包括导致破产重整的事由、生产经营状况、财务状况、资产状况、债务明细、涉诉涉执情况、重大不确定性诉讼、破产清算状态下的清偿率、意向投资人的投资计划、重整方案重大风险等。"具体列举出信息披露应当涵盖的内容有助于实际操作中的运行，然而尽管存在"等"这一字样，究竟应当是等内还是等外则并不明确，难免会存在限缩信息披露内容的范围，出现拒绝披露信息的情况。第三种是概括加列举方式。《深圳指引》《苏州工业园区指引》《重庆指引》《成都指引》《淄博指引》采取此种模式。以《重庆指引》为例，其第5条第1款规定："债务人应当向债权人、出资人、投资人等利害关系人披露对公司预重整可能产生影响的信息。披露内容包括债务人经营状况、相关财务状况、履约能力、可分配财产状况、负债明细、未决诉讼及仲裁事项、模拟破产清算状态下的清偿能力、重组协议与重整计划草案的关系、预重整的潜在风险及相关建议等。"这种概括加列举的模式一方面解决了概括性规定缺乏可操作性的问题，另一方面也充分保障了信息披露内容不因过少而产生的拒绝披露问题。信息披露的内容范围应采取此种设计模式。

（四）信息披露的标准

重整程序中的信息披露标准在我国《企业破产法》中并未有明确规定，因而在预重整的信息披露标准上各地也并无统一规定。美国破产法上重整的信息披露标准是"充分信息"标准，美国《破产法》第1125条（a）（1）将"充分信息"界定为"基于债务人的性质、历史及其账簿或记录的状况，在合理可操作性的范围内可提供的相同种类的详尽信息，包括针对重整计划所做的联邦税收安排将给案件中的债务人、债务人的任何继受者以及模拟投资者，如典型的债权或股权持有人带来的实质性潜在后果的说明，从而确保相关级别的模拟投资人对重整计划做出知情判断；但充分信息无须包括关于其他任何可能的或已提交的计划的信息；法院在判断信息披露声明是否提供了充分信息时，其应当考量案件的复杂程度、额外信息对债权人及其他利害关系方的益处，以及提供额外信息的成本。"[1]这一标准同样在美国预重整的信息披露要求上予以承认。根据美国《破产法》第1126条（b）规定，预重整的信息披露要求要符合两个标准：①符合可适用的非破产法上的信息披露的充分性，该条款一般指向的是美国证券法或者州法上对于相关交易进行的披露；②如果不存在可适用的非破产法的规则，则按照第1125条（a）的充分信息标准披露。而对于可适用的非破产法上的信息披露要求，实际上除证券法外存在着极大的不确定性，法院在审查上自由裁量度较大，因此对于预重整的信息披露也更为宽松。

我国在各地出台的预重整相关指引或者规范中，对于信息披露的标准的规定较为系统的有《深圳指引》《南京指引》《广州指引》《重庆指引》《淄博指引》《苏州吴中意见》和《厦门指引》。这些地方法院的标准大多要求信息披露要"全面、准确、合法"。对于该要求的具体解释可以《深圳指引》第35条来说明。该条规定了三项标准：①全面披露。披露内容应当包括表决所必要的全部信息，如导致破产申请的事件、经营状况、相关财务状况、履约能力、可分配财产状况、负债明细、重大不确定诉讼、模拟破产清算状态

---

〔1〕［美］查尔斯·J. 泰步：《美国破产法新论》（第3版）（下册），韩长印、何欢、王之洲译，中国政法大学出版社2017年版，第1107页。

下的清偿能力、重整计划草案重大风险等。②准确披露。信息披露应当措辞明确，以突出方式引起注意，不得避重就轻、缩小字体或者故意诱导作出同意的意思表示。③合法披露。披露程序应当符合法律规定的要求。《重庆指引》在《深圳指引》的三项标准外，增加了"及时"这一标准，要求债务人及时披露对预重整可能产生影响的信息。《广州指引》规定了六条信息披露的标准：全面、充分、客观、持续、预先、合法。其中"充分"对照了美国法上信息披露的充分性要求，要使相关利益方能够做出正确判断。"客观"实际与"准确"披露的标准相一致，即不能诱导作出同意或者反对的意思表示。"持续"则强调了披露并非一次性活动，而是在预重整进展中要不断地进行。"预先"要求重大事项决策的披露要提前15天进行，避免临时通知所带来的麻烦。

综合目前关于预重整的披露标准来看，笔者认为"全面、准确、合法"三个要素是最为基础性的标准，可以在此基础上增加保护相关利益方标准，但是也不宜设立过多。信息披露标准的提升无疑会增加信息披露的复杂性及披露成本，这不利于在预重整阶段各参与方迅速了解相关内容并达成合意尽快走向庭内重整。

（五）信息披露的责任承担

在相关信息披露主体进行了内容披露后，若信息全面、准确、合法，则对于进入重整计划的表决乃至正式在庭内阶段被法院确认生效均能顺利进行。然而如果信息披露出现了瑕疵以致信息披露虚假不实的情况下，就要承担相关的不利法律后果。目前关于预重整信息披露的责任规定上，有两种不利后果的承担方式，一种是协议达成或方案表决前债务人隐瞒重要信息、披露虚假信息，受到实质性影响的权利人有权对重整计划草案重新表决或撤回自己的承诺。另一种是针对违反保密义务的预重整参与人，要承担相应的赔偿责任。对于虚假隐瞒信息披露的情况，重新进行表决有其必要性。在信息不完全的情况下，表决人难以真实地表达自己对于重整的态度，即使通过了相应的重整计划，对于重整成功也必然会产生不利效果，这不仅对于参与人本身知情权造成了损害，也不利于困境企业自身脱困。这与美国《联邦破产程序规则》第3016条（b）和第3018条（b）的规定相一致，在信息披露存在不当的情况下重整计划的预先表决效力不能得到认可。然而对于此类情况的责任承担上并未规定相应虚假披露主体的责任，而仅限于对于重整计划的二次表决。笔者认为，在制度设计中应当建立对虚假披露信息的主体进行惩罚的规则。如果债务人因故意或重大过失进行虚假信息披露，而且这种虚假信息披露进入了庭内程序，则法院对于债务人相关负责人可以依法予以罚款。对于违反披露义务的参与人承担的赔偿责任，各地规范和指引并未说明具体的赔偿标准。若信息披露义务主体不充分披露或不当披露信息，其主观上存在过错，而且因自己的过错造成其他人损失的，应承担赔偿责任，至于责任大小，依据造成损失的大小而定。[1]

四、上市公司预重整的信息披露问题

上市公司预重整的信息披露构建除了程序上的重要性，还有主体上的特殊性。相较于非上市公司预重整的信息披露，上市公司这一主体在信息披露上不仅要考虑到破产法中的规则，还应当考虑到证券法中的规则。我国证券法中关于上市公司信息披露的规则较为完备，但是破产法中的信息披露规则不够完备，检视当前各地出台的预重整信息披露规则，上市公司预重整信息披露制度存在的"双轨制"须进行协调和塑造。

从实践观察，上市公司预重整案例中也反映出信息披露不规范、不统一的问题。自 2019 年 1 月 1 日到 2021 年 7 月 31 日，共有 22 家上市公司进行了预重整。根据在全国企业破产重整案件信息网、证券交易所网站等检索上市公司公告和破产公告等信息来看，截至 2021 年 7 月 31 日，＊ST 德奥、＊ST 利源、＊ST 飞马、＊ST 中南、＊ST 安通、＊ST 贵人 6 家上市公司重整计划得到法院裁定批准，＊ST 众泰由预重整程序转入了重整程序并召开了第一次债权人会议，＊ST 中新在进入预重整后又撤销申请，其余 14 家上市公司尚处于预重整阶段。从上述 22 家上市公司公开的信息观察，在法院裁定预重整到正式裁定进入重整程序之前，这些上市公司通常会公布预重整公告、指定管理人两类内容。其他如债权申报、重大诉讼仲裁、招募投资人、关联交易、预重整计划草案等信息则可选择性披露，而更多的内容则到了庭内重整阶段才予以公布。在重整各方利益的冲突下，信息披露作为信任的基础来源，以透明度促成各方在预重整中达成共识，从而降低各方的博弈成本，高效实现

---

〔1〕 刘琴："预重整程序中信息披露探析"，载 http://www.acla.org.cn/article/page/detailById/31019，最后访问日期：2021 年 7 月 30 日。

重整目标。缺乏充分披露的情况下，预重整所达成的相关合意是否真实地代表着相关参与方的主观意愿抑或基于欺诈而表意，大可存疑。上市公司预重整中的信息披露的范围、格式、内容等亟需规范，以缓解上市公司重整信息披露范围过于狭窄、不规范、不统一所导致的无效问题。适逢《企业破产法》修订，如何在其中嵌入预重整制度，如何对上市公司预重整进行规范，如何在证券法、企业破产法之间就上市公司重整、预重整的信息披露问题作出协调，是亟需探究的问题。

上市公司作为特殊主体，在涉及破产这类重大事件时，信息披露上既要符合破产法中的要求也要满足证券法的相关规定。这种双重约束在破产重整中被定义为"双轨制"。

（一）上市公司预重整信息披露规则的破产法约束

在上市公司预重整信息披露中，重点应关注两个方面：信息披露的标准和内容。从当前各地所发布的预重整指引或者意见来看，信息披露在标准上应当遵循"全面、准确、合法"这三个原则。就预重整信息披露内容来看，不论是采用概括方式、列举方式还是概括加列举方式的预重整规定或指引，披露内容理应包括债务人经营状况、相关财务状况、履约能力、可分配财产状况、负债明细、未决诉讼及仲裁事项、模拟破产清算状态下的清偿能力、重组协议与重整计划草案的关系、预重整的潜在风险及相关建议等方面。但是从目前上市公司预重整的案例来看，按照现有预重整信息披露内容的规定，其所披露的内容较为有限。预重整阶段仅就预重整公告、指定临时管理人和债权申报这三个内容进行了披露，对于其他预重整信息披露内容也是选择性披露，甚至一些上市公司不披露预重整协议或计划草案，直至进入庭内重整程序后才按照《企业破产法》要求公布重整计划草案。可见，上市公司预重整信息披露实践中，不仅标准不符合现有规定，而且内容流于形式，这损害了预重整制度运行的重要基础。

在全国地方法院公布的预重整规定或指引中，唯一对上市公司预重整信息披露作出规定的是《重庆指引》第 5 条。该条第 2 款第 4 项规定："合法披露。披露程序应当符合企业破产法、公司法、证券法等法律法规及相关规定要求。"从该项的字面表述看，《重庆指引》明确了程序上要符合证券法上的要求，上市公司在证券法上进行信息披露的程序要合法，但是该项在实体内容上是否要遵照证券法中相关规定并不明晰。如果从现有规定信息披露标准中"合法"这一要求来说，各地法院有考虑到相关法律的程序性要求和约束，然而进一步考察各规定或指引，对于实体内容的要求目前应该按照预重整规定或者指引来执行。

（二）上市公司预重整信息披露的证券法约束

2019年修订并于2020年3月1日施行的《中华人民共和国证券法》（以下简称《证券法》）在信息披露上单独设立第五章来加以规定。对于上市公司信息披露标准，《证券法》第78条第2款列明："信息披露义务人披露的信息，应当真实、准确、完整，简明清晰，通俗易懂，不得有虚假记载、误导性陈述或者重大遗漏。"而就破产事项的信息披露，根据《证券法》第80条和第81条的规定，公司依法进入破产阶段的信息应当作为重大事件进行披露，然而对于具体破产阶段的哪些信息应当进行披露并未进行说明。在《上海证券交易所股票上市规则（2020年12月修订）》和《深圳证券交易所股票上市规则（2020年修订）》中对于破产重整的信息披露内容基本一致，都要求披露申请破产重整、法院受理破产重整、重整期间的债权申报、重整计划草案、草案的表决及批准、与重整相关的行政许可批准情况、法院裁定终止重整程序的原因及时间、法院裁定宣告公司破产的原因及时间等其他事项。[1]此外根据对于关联交易、重大诉讼、提供担保等情况，破产重整的公司也应当予以披露。对于破产重整阶段的信息披露上来看，《证券法》及上市规则的配套条款明确了相对完整的信息披露要求，上市公司在进入庭内重整程序中信息披露也有章可循。在企业破产法信息披露制度缺失的情况下，证券法为上市公司破产信息披露制度填补了空白。

对于预重整信息披露的内容上，现有的证券法及上市规则所规定的内容则稍显单薄，在实践中大部分上市公司的预重整相关内容的披露也较少，可供市场参与方了解的信息并不完整。能够帮助解决这一问题的是通过《证券法》一般原则"真实、准确、完整，简明清晰，通俗易懂"来要求上市公司在预重整阶段进行信息披露，但是如何在预重整阶段适用这一原则又存在巨大争议。这种不确定性不利于上市公司真正做到有质量地信息披露，无法缓解信息不对称问题，无法有效保护市场投资者。

---

[1] 《上海证券交易所股票上市规则（2020年12月修订）》第11.11.2条至第11.11.10条；《深圳证券交易所股票上市规则（2020年修订）》第11.11.2条至第11.11.8条。

（三）上市公司预重整信息披露在破产法与证券法规定上的冲突与协调

上市公司预重整信息披露的特殊性还在于其在受到破产法与证券法双重约束下，两法之间如何平衡和适用的问题。从上市公司信息披露制度规则看，预重整在破产法和证券法上的信息披露规则各有其缺失，而且还存在着冲突、亟待调和的内容。这并非源于证券法规则上的空白，更深层次的原因是特殊情形下不同法律上针对同一种法律问题的规定如何协调适用问题。

从庭内重整的信息披露与证券法上的安排来看，在中国实践中主要由证券法来进行信息披露规制。从美国预重整信息披露制度来看，根据美国《破产法》第1126条（b）规定，预重整的信息披露要求要符合两个标准：①符合可适用的非破产法上的信息披露的充分性，该条一般指向的是美国证券法或者州法上对于相关交易进行的披露；②如果不存在可适用的非破产法，则按照本法第1125条（a）的充分信息标准披露。美国破产法上对于预重整的信息披露和证券法并不对立，而是在破产法规则中明确证券法在预重整信息披露中的优先地位。笔者认为，在我国《企业破产法》修订过程中，可以参照美国《破产法》第1126条（b）的规定，在预重整信息披露制度规则中优先适用其他非破产法规则的信息披露要求，在没有可适用的非破产法规则下依照预重整的信息披露要求。《重庆指引》已经对此有所涉及，但还需要进一步的完善。其他地区的预重整信息披露规定则完全忽视了这一问题。在预重整制度进一步升至更高层级的规定中时，应当建立指引性条款将该规则进行明确。

但是，须注意，由于重整和证券法的出发点并不完全相同，证券法对于披露内容的要求往往只是最低限度的披露，更加重视事项的披露，而重整计划的表决权人可能更关注重整理由、替代措施、资产出售的估值以及收益分配等，所以需要建立独立的信息披露制度相互补充和相互裨益。[1]美国《破产法》第1125条（e）规定："对于就重整计划征集表决意见或根据重整计划参与证券出售或发行的主体，只要其行动系出于善意且不违反第1125条的规定，那么该主体就得豁免于证券法上的责任。"[2]美国《破产法》第1125条

---

[1] 高丝敏："论破产重整中信息披露制度的建构"，载《山西大学学报（哲学社会科学版）》2021年第3期。

[2] ［美］查尔斯·J.泰步：《美国破产法新论》（第3版）（下册），韩长印、何欢、王之洲译，中国政法大学出版社2017年版，第1108页。

的安全港规则和第 1126 条的援引规定，构建了破产法指引证券法，以证券法为主、以破产法为补充的上市公司重整信息披露制度。

预重整较之于庭内重整存在特殊性。预重整的本质是衔接庭外重组和庭内重整程序的"桥梁"。[1] 其本身不是一个完整的制度，而是一个辅助程序，因为其在实体上依存于正式重整程序，本身仅具有基础与预备工作的性质，其最终对重整计划的裁定批准仍需在正式程序中实现。[2] 由此可见，预重整制度本身开始的阶段就属于庭外重组阶段，并不是完全的破产重整阶段，这一阶段的信息披露实际是在庭内重整程序开始前，因此在信息披露适用规则上也不应当完全按照破产规则来进行。譬如，预重整由于没有正式进入庭内重整程序，实际上不能享受如美国《破产法》第 1125 条（e）的安全港规则。综上来看，对于上市公司这一特殊主体而言，在上市公司预重整制度中信息披露事项还是应当优先考虑证券法及相关规定的要求，但是破产法对此应当作出指引性和补充性规定。

在破产法上采取指引性条款后，也需要在相应的法律法规上建立必要的配套规则。从当前预重整实践中信息披露的情况来看，即使明确了应当适用证券法规则，在证券法及相关法规当中对于预重整信息披露的要求上也存在空白。标准上"真实、准确、完整，简明清晰，通俗易懂"的证券法信息披露核心规则理应延续，而在具体内容上应以投资者保护为导向，参照现有各地出台的预重整规定或指引中对于信息披露的有关内容，对于预重整中影响投资者参与市场的内容都应当进行披露，但应当予以简化。当前预重整案件实践表明了上市公司信息披露仍存在"信息壁垒"，这需要在法律法规上作出具体规定予以打破。同时监管机构也应当对于进入预重整程序的上市公司信息披露进行特别关注，监管机构的加入有利于异议审查中判断预重整信息披露的充分性。良好的信息披露质量，在很大程度上是由市场力量、监管力量、规范力量等多方因素共同作用的结果。[3] 在美国破产法庭审理的 Zenith Electronics Corp. 案中，针对预重整信息披露充分性的问题，法官支持了被美国证

---

〔1〕 张艳丽、陈俊清："预重整：法庭外重组与法庭内重整的衔接"，载《河北法学》2021 年第 2 期。

〔2〕 王欣新："充分发挥预重整制度在企业挽救中的作用"，载《中国审判》2017 年第 33 期。

〔3〕 郭雳："注册制下我国上市公司信息披露制度的重构与完善"，载《商业经济与管理》2020 年第 9 期。

券交易委员会批准的预重整计划信息披露声明属于"充分披露"的主张。[1]从该案来看，监管机构对于上市公司信息披露的监督有助于上市公司按照要求进行披露，以期达到预重整程序运行的信息基础。

五、结论

自 2020 年开始，预重整的相关规定在一些地方法院如雨后春笋，逐渐涌现，而对于信息披露这一重要的问题上各地做法也并不相同，但是综合来看，预重整中信息披露已经得到了重视，不少地方法院的指引或者规范中都将信息披露作为了一个重要方面，提出了对于信息披露的有关要求。预重整中的信息披露仍然需要进一步明确规范，特别是对于信息披露的标准、内容、责任承担问题上，现有的规定还略显不足。笔者认为应当在"全面、准确、合法"的标准上适当增加部分标准但不宜过多，而在内容上应当采取概括加列举方式，对于影响预重整利害关系人的信息均应当进行披露，具体内容如债务企业的财产状况、负债情况、清偿能力、重整风险等。在责任承担上要明确信息披露义务的主体责任，信息披露不符合要求的后果不仅限于重整计划的表决效力，对于不实或者虚假隐瞒披露的主体应当给予罚款，对于违规泄露秘密的应当按照损失数额来进行民事上的赔偿。上市公司预重整信息披露不同于一般的非上市公司，其还需要满足证券法和破产法上关于信息披露的规定。上市公司预重整的信息披露从标准到内容上都应以证券法及相关规定优先，在破产法的预重整信息披露制度中增设指引性规定来解决两法的适用冲突问题。证券法目前在上市公司预重整信息披露上还未作特殊规定，实践中上市公司的预重整信息披露混乱不一，因而需要在证券法中明确上市公司预重整的信息披露要求，在标准上应以证券法等相关法律法规为准，在内容上要参照预重整相关特殊规定进行披露，把证券法和破产法的规定做到有机结合。

---

[1] In re Zenith Electronics Corp. , 241 B. R. 92 (1999).

疫情下各国破产立法的最新应对与我国破产法修订目标

龚　淋*

债务的正常清偿是经济流转和市场信用的保障，然而随着全球新冠肺炎疫情的暴发，旅游业、餐饮业、娱乐业以及其他实体行业都受到了极大冲击。据统计，美国 2020 年共有 610 宗破产个案，超过 2012 年以来任何一年的破产数量，其中主要包括零售企业、娱乐公司、酒店和运输企业等主要依赖消费者支出的行业。[1] 而日本 2020 年受疫情的影响，旅游行业的破产案件数量比 2019 年增加了 20%，达到 24 起；餐饮业的破产数量在 2020 年达到了创纪录的 780 件；旅馆等住宿行业的破产数量是 2019 年的 1.8 倍，达到 127 例，是 2011 年（131 例）和 2008 年（130 例）之后的第三高水平。在这些行业中，中小企业[2] 受疫情冲击的影响最大。根据英国商业银行（British Business Bank）发布的数据，在 2020 年，有 45% 的中小企业申请外部资金支持，而 2019 年仅为 13%，其中 85% 的中小企业是因疫情流行而导致的现金流中断。[3]

---

* 龚淋，女，北京航空航天大学法学院博士研究生，主要研究方向为民商法。

　〔1〕　S&P Global Market Intelligence, "US bankruptcies surpass 600 in 2020 as coronavirus-era filings keep climbing", available at https://www.spglobal.com/marketintelligence/en/news-insights/latest-news-headlines/us-bankruptcies-on-track-to-hit-10-year-high-as-pandemic-rages-on-59745245, last visited on 2021-4-30.

　〔2〕　关于中小企业的定义因国家和行业而异。在美国，它通常是指一家员工少于 500 人的私人控股公司，而在我国，主要见于 2011 年 6 月 18 日工业和信息化部、国家统计局、国家发展和改革委员会、财政部多部门联合发布的《中小企业划型标准规定》（工信部联企业〔2011〕300 号）中。该规定主要根据企业从业人员、营业收入、资产总额等指标并结合行业特点制定。而小微企业，不论是规模、人数、销售额，还是纳税均排在小企业之后。

　〔3〕　Jon Rees, Francis Garrido, "SME Lending Soars, Says BoE, Even as UK Doubles Down with New Borrowing Scheme", available at https://www.spglobal.com/marketintelligence/en/news-insights/latest-news-headlines/sme-lending-soars-says-boe-even-as-uk-doubles-down-with-new-borrowing-scheme-63081354, last visited on 2021-4-29.

疫情的暴发加大了我国债务人无力偿债的风险。从 2020 年 1 月 1 日至 2020 年 6 月 25 日，全国法院处于破产审查阶段，尚未受理的案例有 12 857 件，破产审查通过且受理立案的有 26 195 件，而同期 2019 年的数据分别为 7046 件和 15 570 件。[1]破产案件数量激增、案件类型多元，迫切需要完善的破产法与之契合适用。但我国破产法面临着许多问题：一是破产立法理念和功能定位滞后，破产法发展至今，已经不再是以债权人为本位且仅具有概括执行（破产清算）单一功能的法，而是发展到多重利益主体并重且具有概括执行、破产淘汰和企业重建的复合功能法[2]；二是立法体系和相关研究皆处于碎片化阶段，许多具体规则付之阙如，内容上欠缺整合，整体性研究有待进一步深化；三是规则设计落后，法律规则大多成法较早，例如，整个破产法律制度中未给予金融机构破产以举足轻重的地位以及可操作性的特殊响应，与金融业在经济社会发展中的地位不相称，可以认为其滞后于实践需要，不符合现代立法规则设计要求。正是这些问题的存在，导致破产法已经难以适应疫情下的破产新挑战。

对此，2020 年我国最高人民法院在三个月内便发布了三份与破产相关的文件：4 月 15 日发布《关于推进破产案件依法高效审理的意见》后，5 月 15 日印发了《关于依法妥善审理涉新冠肺炎疫情民事案件若干问题的指导意见（二）》，7 月 20 日又联合国家发展和改革委员会发布了《关于为新时代加快完善社会主义市场经济体制提供司法服务和保障的意见》。三个意见明确强调，要吸收借鉴国际成熟市场主体法律制度的有益经验，拓展和延伸破产制度的社会职能，推动建立覆盖包括非法人组织、自然人等各类市场主体的救治和退出机制，妥善审理破产案件，通过破产法的改革和完善，做好"六保""六稳"等工作。简言之，目前对破产法的修改和完善已经迫在眉睫，且需要与国外破产的新动态展开比较和借鉴研究。

就破产制度而言，国外立法历史较早，且具有大量实用效果的法案、判例等，破产法体系已趋于成熟。目前，美国、英国、日本、德国等国家针对疫情分别制定了破产新政策以应对本国的破产挑战。而我国破产法起步

---

[1] 数据来源于最高人民法院的全国企业破产重整案件信息网，http://pccz. court. gov. cn/pcajxxw/searchKey/qzss? ssfs＝1，最后访问日期：2021 年 3 月 23 日。

[2] 韩长印："破产理念的立法演变与破产程序的驱动机制"，载《法律科学（西北政法学院学报）》2002 年第 4 期。

较晚，以疫情为契机，修订和完善我国统一的破产法体系，需要对其他国家的破产立法展开对比性和参照性研究，从而汲取经验，丰富我国破产理论体系。

一、疫情下国外破产立法的应对措施

2020 年伊始，一场没有硝烟的疫情战争在全球暴发，停工停产的背后是无数企业因为支付不能而破产，个人因为无力偿债而负债。为了稳定经济的运行秩序，国外各国都积极出台破产新政策以控制国内的破产情况。总结其他国家在疫情中对本国破产法的调整，主要是以下几个方面：

（一）延长债务人迟延清偿期和应对法定追偿的期限

针对疫情，美国于 2020 年 3 月 27 日颁布了《冠状病毒援助、救济和经济安全法案》（*Coronavirus Aid, Relief, and Economic Security Act*），其中修改了《美国破产法》第 13 章关于个人债务重整还款计划的延长期限，将原规定的 60 个月延长为 84 个月。[1]

而英国在 2020 年 3 月 28 日宣布设立债务迟延清偿期后，相关法案——《2020 年企业破产与治理法案》[2]（*Corporate Insolvency and Governance Act 2020*）于 6 月 26 日开始生效，其中第 1 条至第 6 条规定了破产公司的迟延清偿期，允许无力偿债或可能面临无力偿债风险的公司获得 20 个工作日的迟延清偿期限。在此期限的基础上，公司可以进一步寻求债权人的许可，清偿期便可再延长 20 天，最长可延长至一年。另外，根据该法案第 10 条、第 11 条的规定，公司在疫情流行期间面临无力偿债的财务危机时，限制政府在 2020 年 9 月 30 日之前对企业发出法定追偿（statutory demands）和清算请求，以使债务人有机会采取更多的有力措施来进一步弥补和挽救。

随着疫情影响的加剧，新加坡于 2020 年 4 月出台了《2020 年新冠病毒

---

[1] Joseph R. Biden, "Statement on House of Representatives Passage of the American Rescue Plan Act of 2021", available at presidency. ucsb. edu/documents/statement-house-representatives-passage-the-american-rescue-plan-act-2021, last visited on 2022-1-1.

[2] "Melbourne Law School COVID-19 Research Network Annotated Bibliography of COVID-19 Legal Literature", available at law. unimelb. edu. au/-data/assets/pdf-file/0004/3396577/MLS-COVID-19-Research-Network-Combined-Bibliography-Updated/June 2020. pdf, last visited on 2022-1-1.

（临时措施）法》[1][*The COVID-19（Temporary Measures）Act 2020*]，该法案规定了一系列缓解债务人无力偿债危机的具体措施，其中明确要求延长破产债务人应对法定追偿的期限，由之前的 21 天增加到 180 天，以给予债务人足够的空间采取措施并应对疫情。

（二）暂停债务人之清偿行为并阻碍债权人相关权利的行使

在德国，虽然企业可以根据德国的破产法申请破产，但根据德国破产法的相关规定，破产公司必须在无力偿债发生之日起不超过三周的时间内启动破产程序。2020 年 3 月 25 日，德国议会通过了破产法修正案，暂停了因疫情流行而导致的破产程序的启动。[2]例如，如果一家公司在 2019 年 12 月有偿付能力，而现在又破产了，那么一般认为破产是由疫情引起的。破产管理人想要"恢复"破产程序，就必须证明破产不是疫情影响的结果。该条款于 2020 年 9 月 30 日到期，可延长至 2021 年 3 月 31 日。

日本在 2020 年 4 月 7 日发布疫情紧急状态宣言后，进一步针对破产程序采取了相应的措施。其中包括：①无限期推迟债权人会议，从而促使整个破产程序的推迟；②直接暂停破产管理人关于破产财产的变现工作，延长其职责履行期；③在限制疫情出行的基础上，明确要求债权人只能提交纸质版的债权申报书，从而推迟破产管理人对破产债权的调查，限制债权人权利的行使。[3]

（三）放宽个人和企业进入破产清算程序的条件

美国《冠状病毒援助、救济和经济安全法案》补充了 2020 年 2 月 19 日生效的《小企业重整法案》（*Small Business Reorganization Act*）中关于负债额标准的规定。[4]在此之前，小企业重整的无力偿债额度是按照《美国破产法》第 11 章规定的 272.562 5 万美元确定的，但法案直接将这一负债额度提

---

［1］ Darius Lee, "COVID-19 in Singapore: 'Responsive Communitarianism' and the Legislative Approach to the 'Most Serious Crisis' Since Independence", *Singapore Journal of Legal Studies*, 2020, pp. 630-664.

［2］ Wanda Borges, "Insolvency and Restructuring Changes Around the World During COVID-19", *Commercial Law World*, Vol. 34, 2020, pp. 10-17.

［3］ Graham Roberts, "Australia: COVID-19: Government Passes Temporary Relief from Insolvent Trading, Statutory Demands and Bankruptcy Notices", available at https://www.mondaq.com/australia/insolvencybankruptcy/910382/covid-19-government-passes-temporary-relief-from-insolvent-trading-statutory-demands-and-bankruptcy-notices, last visited on 2021-2-19.

［4］ Brad W. Hissing, "Small Business Bankruptcies and the Impact of Coronavirus/COVID-19", *Commercial Law World*, Vol. 34, No. 3, 2020, pp. 34-37.

高到了 750 万美元, 有效期至 2021 年 3 月 27 日。

继美国之后, 澳大利亚于 2020 年 3 月 23 日通过了《2020 年冠状病毒经济应对一揽子综合法案》[1](*Coronavirus Economic Response Package Omnibus Bill 2020*)。在该法案之前, 债权人可以向债务人发送文件, 要求在 21 天内支付债务。债权人可以对任何 2000 澳元或以上的债务提出要求。如果债务人没有支付债务, 该公司将被视为破产, 可以进行清算。该法案将这一需求的最低金额从 2000 澳元提高到 20 000 澳元。此外, 21 天的付款期增加到 6 个月, 且使债权人能够对债务人进行非自愿破产所需的债务金额从 5000 澳元增加到 20 000 澳元。该法案作为临时性措施, 只运行 6 个月。

澳大利亚综合法案颁布后的不久, 新加坡在其《2020 年新冠病毒 (临时措施) 法》中[2]极大地提高了个人申请破产的负债条件, 从过去的 15 000 新加坡元提高到 60 000 新加坡元; 企业申请破产的门槛也相应进行了调整, 从过去的 1 万新加坡元增加到 10 万新加坡元。除此之外, 该法案在暂停某些合同义务、限制某些破产和破产程序、规范公司会议行为以及适用远程通信技术进行法庭诉讼等方面也进行了具体规定。这些临时措施最初打算持续 6 个月 (规定的期限), 但根据疫情的发展, 可能会相应延长到 12 个月。

(四) 将中小企业纳入特殊保护范围

从世界范围内的经济活动来看, 小企业就是大企业。根据世界银行的数据, 中小企业 (Small and Medium-sized Enterprises) 约占全球企业的 90%, 占全球就业人数的 50% 以上, 美国甚至将中小企业描述为创新和就业增长的孵化器, 并且是国际贸易领域的主要参与者。[3]因此, 针对中小企业在疫情下受到的巨大冲击和影响, 美国、新加坡等多个国家先后采取措施以缓解中小企业的无力偿债危机。这些国家采取的具体措施包括降低进入中小企业重整的门槛、简化小微企业破产程序等。

---

[1] Wanda Borges, "Insolvency and Restructuring Changes Around the World During COVID-19", *Commercial Law World*, Vol. 34, 2020, pp. 10-17.

[2] Darius Lee, "COVID-19 in Singapore: 'Responsive Communitarianism' and the Legislative Approach to the 'Most Serious Crisis' Since Independence", *Singapore Journal of Legal Studies*, 2020, pp. 630-664.

[3] "Small Businesses Dominate the World Scene - But Present Challenges When Analyzing Credit Risk", available at https://www.spglobal.com/marketintelligence/en/news-insights/research/small-business-dominate-the-world-scene-but-present-challenges-when-analyzing-credit-risk, last visited on 2021-4-29.

美国《冠状病毒援助、救济和经济安全法案》的本质是一个 2 万亿美元的经济刺激法案，其中有 3760 亿美元投放于小企业运营方面，且为此实施了薪酬保障计划（Paycheck Protection Program），即为某些小型企业和非营利组织提供短期贷款。[1]随后，于 2020 年 6 月 3 日，美国参议院口头表决通过了《2020 薪资保护计划灵活性法案》（*Paycheck Protection Program Flexibility Act of 2020*），该法案内容包括将薪酬保障计划贷款利用的期限从 8 周延长至 24 周，并将偿还时间从 2 年增加到 5 年等。[2]除薪酬保障计划以外，截止到目前，美国中小企业管理局（Small Business Administration）提供了多种救济选择，以帮助中小企业从新冠肺炎疫情的影响中恢复。主要有：①First Draw 薪酬保障计划贷款，适用于那些之前从未收到过薪酬保障计划贷款的中小型企业；②Second Draw 薪酬保障计划贷款，适用于之前已收到过薪酬保障计划贷款，但在符合一定条件下仍可以继续获得贷款的中小型企业；③新冠肺炎疫情经济伤害灾难贷款；④债务减免（Debt Relief），主要针对现有借款人。此外，美国中小企业管理局还在执行拜登总统于 2021 年 3 月 11 日签署的《美国救援计划法案》（*American Rescue Plan Act*），主要包括为薪酬保障计划追加 72.5 亿美元、扩大更多中小企业的适用资格、将 286 亿美元用于餐饮业等。[3]

瑞士联邦委员会于 2020 年 4 月 16 日通过的《新冠肺炎疫情破产条例》，对有关企业与债权人达成债务和解的程序进行了某些修改，以减轻疫情流行对中小企业的影响。[4]该条例规定，中小企业启动和解程序有一个暂停"限时延期"。这一延期的先决条件是，债务人必须在 2019 年底尚未超额负债（或债权人之债权尚处于债务人超额负债的范围之内），那么该债务人即可申请延期。此外，如果公司在 2019 年底尚未过度负债，并且有望将超额负债于

---

[1] Joseph R. Biden, "Statement on House of Representatives Passage of the American Rescue Plan Act of 2021", available at presidency. ucsb. edu/documents/statement–house–representatives–passage–the–american– rescue–plan–act–2021, last visited on 2022–1–1.

[2] Donald J. Trump, "Statement on Signing the Paycheck Protection Program Flexibility Act of 2020", available at presidency. ucsb. edu/documents/statement–signing–the–paycheck–protection–program–flexibility– act–2020, last visited on 2021–1–1.

[3] Joseph R. Biden, "Remarks on Signing the American Rescue Plan Act of 2021", available at presidency. ucsb. edu/documents/remaks–signing–the–american–rescue–plan–act–2021, last visited on 2022–1–1.

[4] Wanda Borges, "Insolvency and Restructuring Changes Around the World During COVID–19", *Commercial Law World*, Vol. 34, 2020, pp. 10–17.

2020 年 12 月 31 日前（条例到期时间）消除，则无需董事会通知法院，更无须进入司法程序。此暂停期变相延长了债权人对债务人提出债权请求的期限。

2020 年 11 月 3 日，新加坡在继临时法案之后，出台了《破产、重整和清算（修正）法案》[The Insolvency, Restructuring, and Dissolution (Amendment) Bill]，此法案作为《2018 年破产、重整和清算法案》(The Insolvency, Restructuring, and Dissolution Act) 的补充，意在为疫情下的小微企业建立并简化破产程序（simplified insolvency programme）。[1]其中包括：引入新机制，为小微公司提供更快捷、低成本的破产程序；实施新的清偿计划，在本法案生效后的 60 天内，小微企业可以随时向官方管理人（official receiver）申请简化清偿计划（simplified winding up programme）；等等。

（五）支持破产企业或个人继续运转、恢复或重建

1942 年通过并经过多次修订的《意大利破产法》(Legge Fallimentare) 最终于 2021 年 8 月失去效力，并由一项新的综合性法案——《企业危机和破产法》(The Code of Business Crisis and Insolvency) 取代。为了促使陷入财务危机的企业继续运转，该法案规定了 "Early Warning Tools" 和 "Alert Procedures" 两大破产预防程序，旨在及时发现企业财务困境的迹象，包括业务连续性的丧失等，以便迅速采取最合适的补救措施来克服企业运营危机并恢复。[2]

2020 年 6 月 23 日，波兰在通过《关于向受新冠肺炎疫情影响的企业家提供银行贷款利息补贴的法案》的同时，还简化了破产程序。[3]法案引入的简化重组程序旨在保护企业免受债权人索要债权的强制行为，并限制法院的参与，因此大多数简化程序都是在法院之外进行的。此外，波兰华沙诺尔律师事务所提供了一份简化重组程序的具体措施：①与重组顾问签订协议；②列出债权人和结算提案；③发布公告（必须在通知公布后四个月内通知相关法院）；④通知相关法院；⑤利用四个月时间与债权人协商并让他们重组进行投

---

〔1〕 Morgan Lewis, "Singapore Introduces 'Simplified Insolvency Programme' for Micro and Small Companies", available at https://www.jdsupra.com/legalnews/singapore-introduces-simplified-97677/, last visited on 2021-3-13.

〔2〕 Alessandra Zanardo, "Impact of the Italian Business Crisis and Insolvency Code on Organizational Structures in MSMEs", *University of Miami International and Comparative Law Review*, Vol. 27, 2020, pp. 308-333.

〔3〕 Wanda Borges, "Insolvency and Restructuring Changes Around the World During COVID-19", *Commercial Law World*, Vol. 34, 2020, pp. 10-17.

票；⑥要求法院批准重组。在简化的重组程序中，所有强制执行程序被暂停，债务人不必履行任何义务，并且在此期间存在的租赁关系也不会终止。简化的重组程序是暂时的，将于2021年6月30日到期。

新冠肺炎疫情的暴发，使得全球经济动荡不安，各个国家基于优化本国营商环境的需要都对破产法进行了调整和修改。虽然大部分规定是作为临时性措施存在的，但是其修订的目标却是一致的——最大程度挽救面临债务困难的企业和个人。事实上，这些国家所谓的"破产新规"仍然反映着本国的破产理念和制度功能，且已经呈现出某种趋势。

二、疫情下国内破产立法的应对措施

在国外都先后采取各种措施应对本国内破产新变化的同时，我国各部委针对国内各企业在疫情之下面临的巨大经济压力，均出台了多项政策措施。通过收集、统计和归纳相关数据，选取部分规定列示如下（表1）：

表1

发布时间	发布机构	文件名称	文件内容
2020年1月26日	中国银行保险监督管理委员会	《中国银保监会办公厅关于加强银行业保险业金融服务配合做好新型冠状病毒感染的肺炎疫情防控工作的通知》	①各银行保险机构要进一步加大对疫区的支持，减免手续费，简化业务流程，开辟快速通道；②各银行保险机构要通过调整区域融资政策、内部资金转移定价、绩效考核办法等措施，提升受疫情影响严重地区的金融供给能力。
2020年1月31日	中国人民银行、财政部、中国银行保险监督管理委员会、中国证券监督管理委员会、国家外汇管理局	《中国人民银行、财政部、银保监会、证监会、外汇局关于进一步强化金融支持防控新型冠状病毒感染肺炎疫情的通知》	①引导金融机构加大对疫情防控领域的信贷支持力度，不得盲目抽贷、断贷、压贷；②提高审判效率，降低贷款成本，完善续贷安排，增加信用贷款和中长期贷款，帮助企业渡过难关。

发布时间	发布机构	文件名称	文件内容
2020 年 2 月 9 日	工业和信息化部	《工业和信息化部关于应对新型冠状病毒肺炎疫情帮助中小企业复工复产共渡难关有关工作的通知》	①各地主管部门全力保障企业有序复工复产，指导企业开展生产自救； ②推动落实国家对防疫重点企业财税支持政策，引导各级预算单位加大对中小企业的倾斜力度。
2020 年 4 月 15 日	最高人民法院	《最高人民法院关于推进破产案件依法高效审理的意见》	①强调根据案件的具体情况充分发挥重整、和解、破产清算等不同程序的制度功能； ②加强执行程序与破产程序的衔接，将推进破产案件依法高效审理贯穿于促进市场主体积极拯救和及时退出等过程中。
2020 年 7 月 20 日	最高人民法院、国家发展和改革委员会	《最高人民法院、国家发展和改革委员会关于为新时代加快完善社会主义市场经济体制提供司法服务和保障的意见》	①充分发挥破产重整的拯救功能，加强对陷入困境但具有经营价值企业的保护和救治； ②细化重整程序的实施规则，加强庭外重组制度、预重整制度与破产重整制度的有效衔接； ③完善政府与法院协调处置企业破产事件的工作机制，探索综合治理企业困境、协同处置金融风险的方法和措施。

中央层面政策发布后，苏州、北京、深圳、青岛等地方政府相继出台配套措施，主要包括金融信贷支持、税收减免等手段缓解企业的财务危机。通过收集、统计和归纳，选取部分规定列示如下（表 2）：

表 2

地方政府	文件名称	文件内容
苏州市人民政府	《苏州市人民政府关于应对新型冠状病毒感染的肺炎疫情支持中小企业共渡难关的十条政策意见》	①确保小微企业信贷余额不下降、融资成本降低； ②减免中小企业房租和税费，切实降低中小企业负担。

续表

地方政府	文件名称	文件内容
北京市人民政府	《北京市人民政府办公厅关于进一步支持打好新型冠状病毒感染的肺炎疫情防控阻击战若干措施》	借助央行专项再贷款，引导金融机构加大对受疫情影响的企业和个人的信贷支持。
深圳市福田区人民政府	《深圳市福田区防控疫情同舟共济"福企"十一条》	①2020年2月1日至7月31日期间，允许银行业金融机构对符合区产业发展方向的企业予以新增贷款或对到期的贷款予以续贷或展期； ②协助企业渡过难关或帮助企业实现平稳发展的，在2020年金融业资金政策中予以专项支持，并在本年度银政合作上予以优先考虑。
青岛市人民政府	《青岛市人民政府办公厅关于应对新型冠状病毒感染的肺炎疫情支持中小企业保经营稳发展若干政策措施的通知》	①允许受疫情影响的企业延期缴纳税款，最长不超过3个月； ②加大金融支持，规定缓解企业资金流动性困难、降低企业首贷门槛等。

人民法院是企业破产过程中的引导者，除地方政府制定的各项配套措施外，在司法实践中，我国各地法院针对新冠肺炎疫情下企业破产的特点，也相应出台了一系列具有实操性的举措，通过收集、统计和归纳相关数据，选取部分法院文件列示如下（表3）：

表3

发布时间	发布单位	文件名称	文件内容
2020年1月20日	南京市中级人民法院	《南京市中级人民法院关于规范重整程序适用 提升企业挽救效能的审判指引》	对包括重整范围、价值、可行性进行了较为详细的规定，并鼓励重整模式创新，因企施策，采取重整、预重整、关联企业实质合并重整等多种方式，实现债权人利益最大化。

续表

发布时间	发布单位	文件名称	文件内容
2020年2月4日	湖州市中级人民法院	《湖州市中级人民法院关于应对疫情为企业健康发展提供司法保障的十条意见》	①疫情期间严格审查企业破产条件，对基本情况良好但受疫情影响而暂时不能清偿到期债务的企业，一般不应认定该企业具备破产原因，债权人申请破产的，依法不予支持； ②因受疫情影响，企业破产重整期间投资者招募困难或者无法制定可行重整计划草案的，破产重整时间可适当延长。
2020年2月9日	浙江省高级人民法院	《浙江省高级人民法院民事审判第五庭关于疫情防控期间稳妥开展企业破产审判工作助力经济社会平稳运行的通知》	①允许顺延债权申报、债权人会议召开、重整计划提交等法定期限； ②重整案件中充分对接政府出台的金融、财政和税收等方面的优惠政策。
2020年2月18日	江苏省高级人民法院	《江苏省高级人民法院关于做好新冠肺炎疫情防控期间破产审判工作的实施意见》	①加大企业救治力度，引导债权人与债务人自行达成债务清偿协议，或者在征得当事人同意的基础上，加大调解力度，积极帮助债务人在程序外推进资产重组、债务重组、营业重组； ②程序外企业重组需要司法确认效力的，可以探索以预重整方式提前介入，提升企业救治时效。

从中央到地方政府，再到司法实践，针对疫情下的企业破产问题，国家给予了高度关注。纵观出台的这些措施，与国外大部分国家颁布的破产新政策有共通之处，毕竟在同一疫情下，国家内部面对的破产问题都大同小异。主要包括加大企业救治力度、加强金融信贷支持、对中小企业给予特殊保护、简化破产程序并鼓励创新各种案外化解企业财务危机的措施等。然而，我国颁布的这些措施当中也暴露出一些问题：

第一，对个人无力偿债问题的关注不够。在这次疫情下，受到财务危机的不仅是企业，还有个人。但不难发现的是，上述规定几乎全部针对的是企业破产问题。当然，这与我国没有建立起统一的个人破产法有关。但是实践先于理论，法律作为上层建筑最终是要为人类的福祉服务的。以这次疫情为契机，可以适当探索关于解决个人破产问题的具体路径，甚至应该适当以临时性措施予以规定。

第二，对预防债务人进入破产程序这一认识还需要进一步清晰。疫情期间，从我们国家出台的各项政策中不难看出，尽可能救治企业是主要目标。事实上，自我国《企业破产法》2006年颁布之后，破产和解、破产重整等破产预防制度确立起来，预防企业进入破产清算程序成为破产法的基本目标之一。但是，十几年来，破产预防制度真正发挥了多少效果值得人深思。如今以疫情为契机，破产预防制度的重要性再次被关注。此时不得不产生疑问，在过去，破产预防观念真正建立起来了吗？破产预防不只是一种制度，更应该是一种价值观，只有完全树立了破产预防的价值观，破产法才是一部"完整"的法。

第三，忽略了破产关系当事人之间利益的平衡。国外颁布的一系列破产新政策中，不仅加大力度保护破产债务人利益、相应平衡债权人的权利，还对企业董事给予了特殊保护。我们国家目前针对的主要是债务人以及债权人利益的保护，对其他第三人的利益保护缺乏关注。事实上，随着金融资本全球化的推进，破产法律关系已经演变成为一个多重利益交织的"关系网"，任何可能涉及的主体利益都应该予以关注和保护。

三、我国破产法修订的目标：走向系统的无力偿债法体系

构建我国系统的无力偿债法体系需要充分借鉴国外破产制度的有益经验，而在考察其他国家针对疫情而对本国破产法进行调整的过程中，不难发现这些破产新政策虽然在具体措施上不尽相同，却体现出某些一致的趋势。而这些趋势可以与我国破产法的修订联系起来，进行对比和参照性研究，从而汲取经验。

（一）扩大破产主体适用范围：构建个人破产法

我国现行破产法只适用于企业法人，自然人、非法人组织根据司法解释只能参照适用，与个人独资企业法、合伙企业法都存在一定冲突。近年来，自然人破产研究逐渐成为热点，个人破产制度从某种意义上来说，是一条为解救诚实而遭受不幸的债务人能够重返正常经营和交易活动的重要途径。此制度乃法律对债务人提供的一种可期待、可信赖的保障。

目前在国内，关于法律规制个人破产行为的必要性研究，就个人破产法是否具备实施条件而言，学界主要存在限制说[1]和肯定说[2]，肯定说成为通说。此外，实践中也开始进行了个人破产法的试点。例如，深圳市人大发布了《深圳经济特区个人破产条例》后，2020年12月2日，浙江省高级人民法院又发布了《浙江法院个人债务集中清理（类个人破产）工作指引（试行）》。然而这些地方性立法虽然在一定程度上满足了社会需求，但也带来了国家法律适用的混乱，急需在国家立法层面予以解决。

为了防止法律适用上的冲突和立法碎片化的问题，我国宜构建同时适用于企业法人和个人的统一破产法体系。多元市场主体适用同一部破产法是很多国家选择的立法通例。其中英国的《无力偿债法》（1986年）、德国的《支付不能法》（1994年）、法国的《司法重整与司法清算法》（1985年）等破产法皆适用于个人破产行为。

而从此次疫情下各个国家出台的破产新政策也可见一斑，如前所述，这些国家对破产法的调整不仅有针对企业的，也有包括个人的。此外，近年来国外学者对个人破产法也愈加关注，甚至认为个人破产法应当具有附加的社会功能。例如，目前英国许多家庭因为疫情的影响正在经历负债危机，租户因租金过高而申请破产的现象越来越多，甚至有学者提出来破产法应该具备社会保障功能，其中关于个人破产法的规定应当成为福利性条款。[3]这样的观点具有一定的合理性，在我国一线城市房价高昂的今天，越来越多的人选择租赁房屋来暂时缓解买房的压力，即便是买房的个人或者家庭仍然承担着高额的房贷，随着疫情的影响，他们一旦失业就会面临负债危机。个人无力偿债不仅是个人或者家庭的问题，久而久之，也将成为一个社会问题。

其他国家之所以能够做到兼顾"立法"，很大程度上在于这些国家构建了统一的破产法律体系。关于个人破产法的构建，主要有两个问题需要关注：

1. 个人破产主体资格的确定

当前学界对个人破产主体的适用范围存在一定的分歧，针对"个人"的

---

[1] 杨显滨、陈风润："个人破产制度的中国式建构"，载《南京社会科学》2017年第4期。

[2] 赵万一、高达："论我国个人破产制度的构建"，载《法商研究》2014年第3期。

[3] Joseph Spooner, "Seeking Shelter in Personal Insolvency Law: Recession, Eviction, and Bankruptcy's Social Safety Net", *Journal of Law and Society*, Vol. 44, 2017, pp. 374-405.

含义作出了或扩大或限缩的解释，包括"自然人"[1]"承担无限责任的经济实体和自然人"[2]等观点。事实上，这些观点是基于对个人这一概念的解析与思考。但值得注意的是，如果一种固定的视角无法解决问题，就可以从另一个角度寻求解决路径。一种可能的思路是，将"个人+破产"进行整体考虑来确定主体适用范围，换言之，即既考虑个人范围，也考虑破产类型。

基于此，个人破产可以分为两类：一是消费破产，指个人在日常生活中基于各种消费借贷关系而产生支付不能时，申请破产。结合我国当前实际，通过票据、信用卡、支付宝等手段支付、结算的信用体系不断完善，个人消费进入破产法规制的范围具有可期待性。二是个人因从事商事生产经营活动而产生支付不能时，申请破产，企业投资者就属于其中。具体来说，根据《中华人民共和国合伙企业法》（第2条、第39条）和《中华人民共和国个人独资企业法》（第2条、第18条、第31条）的规定，两种企业的合伙人或者出资人在企业破产之后，仍然要以自己的财产对企业债务承担无限连带责任，即以自己的财产承担永远的责任，在没有清偿之前，永远担责。如果个人财产不足以清偿其债务，与其一直担责到清偿完毕倾家荡产的同时，带来法院的执行难等问题，不如适用个人破产法，从而给予其免责重生的机会。因此，个人破产法主体资格的确定也可以考虑此类破产类型。

2. 推动个人破产法适用的配套法律制度的构建

现有研究大多侧重于对个人破产法本身的法学理论问题，如基本程序、豁免财产等。但个人破产法一旦推行，还需要配套制度的辅助。

第一，建立银行破产退出机制。随着现代金融的发展，商业银行充当着全社会信用中介的角色，与个人破产制度有着千丝万缕的关系。具体而言，当前绝大多数债务人都与银行存在着或多或少的借贷关系，如房贷、车贷等，一旦出现无力偿债之情形，便无法按照合意约定清偿银行债权。[3]疫情之下，经济缓行的后果是大量个人失业，商业银行作为个人最大最主要的债权人，很可能会因为出现大量个人破产而无法实现其债权，从而宣告破产。基于此，

---

〔1〕 文秀峰：《个人破产法律制度研究——兼论我国个人破产制度的构建》，中国人民公安大学出版社2006年版，第45—89页。

〔2〕 汤维建："关于建立我国个人破产制度的构想（上）"，载《政法论坛》1995年第3期。

〔3〕 冯彦明、侯洁星："欧美个人破产制度对商业银行的影响与启示"，载《银行家》2020年第11期。

有必要对商业银行破产设计出单独的法律制度，甚至可以在破产法中予以专章规定，真正建立起银行的市场退出机制。

第二，设立专门破产法院。近年来，深圳、北京、上海、广州、重庆等地区先后在人民法院的内部设立了专门的破产法庭，对专门化审理破产案件具有重大作用。然而目前的破产法庭不能受理除企业法人以外的市场主体的破产案件，包括个人破产案件以及合伙企业等非法人组织的破产案件，这就大大局限了破产法的功能。未来，一旦个人破产法颁布并实施，将有大量的个人破产案件涌入法院。此时，破产法庭或许已经不能承受如此多高压、高负荷的案件，届时，有必要将破产法庭从人民法院内部剥离，成立专门的破产法院。

第三，将个人破产信息纳入征信系统。个人破产法出台后，个人破产信息应当纳入征信系统中，有利于债务人"谨慎行为"。一方面，破产人进入破产程序后，其信用登记将会有所变化，信用评分将相应调整，进而影响到贷款、融资和日常消费等诸多方面，变相让债务人承担着"自我担责"的后果；另一方面，一旦发现恶意破产者，其后带来的信用惩戒、道德滑坡、经济利益受损、就业问题等如"紧箍咒"可以让债务人自我约束。[1]

（二）转变破产理念：确立破产预防价值观

在考察其他国家疫情之下关于破产立法的新动态过程中，无论是给予债务人更多的还债空间，还是简化企业破产重整的程序等，都是在最大程度上"挽救"企业或者个人支付不能的现状，给予其恢复和重生的机会。目前就国际破产法立法趋势来看，以预防为中心的破产法体系为大多数国家所采用。

1. 破产预防理念的发展和演变

破产法产生之初，便奉行债权至上的功能理念。也因此，如何在多个债权人之间实现分配方式、分配顺序的公平最大化构成了早期破产法制度的主要内容。如罗马法上规定的两大债权保护制度——"财产竞卖（venditio bonorum）"和"财产零售（bonorumdistractio）"，当时由于市场经济并不发达，这样的制度也只是对个别的强制执行。[2]而后，罗马帝国消亡，西方城

---

〔1〕 马学荣："论新时代个人信用制度的完善——基于个人破产制度的视角"，载《征信》2020年第9期。

〔2〕 周枏：《罗马法原论》（下册），商务印书馆1994年版，第124—167页。

市渐渐出现商业文明，引发了人们对商业主体资格退出机制的思考。意大利开始转向商人破产主义制度的创新，例如，商人如果经营不当想要退出市场，就毁坏其摊位（banca rotta）来消灭商人主体资格。[1]到了自由竞争时期，商人之间的债权债务关系不断发生和消灭，频繁的交易和竞争的优胜劣汰使得交易主体的支付不再是偶然的个例，而是发展成为常态。在人人呼唤平等的自由竞争时代，破产法债权至上的制度理念渐渐受到质疑和挑战。近代破产立法开始转向债务人视角，逐渐赋予债务人提起破产程序的主动权。

随着生产交易方式的社会化以及企业组织形式的规模化，破产清算解体会极大损害公司尤其是已经形成规模化经营企业的价值，清算不再成为企业遭遇财务危机、无力偿债时的最好选择。人们开始将目光转移到依托破产预防的手段来解决破产难题。20世纪下半叶，各国先后进行了破产法改革，其主要目标在于通过国家强制干预，调整所有受破产清算解体影响的利害关系人的权利义务关系，从而制定出能使企业重建、个人再生的破产预防制度。在此之后，如何有效预防债务人破产成为各国立法及研究的重点。

目前，国外大部分国家制定的破产预防体系，都是以美国破产法重整制度为蓝本结合自身国情而建立的，并且呈现出更为灵活、方便当事人操作的特点。例如，在德国，很多债务人在出现经济危机或支付困难后，通过《支付不能法》设定的特殊程序，如"破产保护程序"或"自我管理程序"等，来完成企业重整，以期尽快摆脱债务危机，使企业获得新生。[2]在法国，只要出现债务清偿危机且没有可供支配的有效财产，债权人和债务人都可以提起观察程序，并在观察期间制订企业康复计划，并根据此计划做出继续生存或转让企业的选择。[3]在英国，其存在适用于企业的公司自愿安排（company voluntary arrangement）和适用于个人的个人自愿协议（individual voluntary arrangement）两种破产预防程序，允许公司或者个人在不诉诸正式破产管理的情况下与债权人谈判和妥协，这就极大增加了破产预防的灵活性。[4]此外，

---

〔1〕 张艳丽："现代破产法立法目标与制度构成"，载《北京理工大学学报（社会科学版）》2006年第1期。

〔2〕 杜景林、卢谌译：《德国不能支付法》，法律出版社2002年版，第42页。

〔3〕 崔海琳、张海征："试述法国破产重整制度"，第三届中国破产法论坛，北京，2010年6月25日。

〔4〕 David S. Stevenson, "Grab the Fire Extinguisher Comparing UK Schemes of Arrangement to U. S. Corporate Bankruptcy After Jevic", *Cleveland State Law Review*, Vol. 68, 2019, pp. 73-101.

印度尼西亚的破产预防机制——延期偿还债务（Deferment of Debt Payment Obligations）[1]规定得更加细致，可以分为临时性的和永久性的。临时性的延期偿还债务机制可按照 2004 年第 37 号法律第 225 条第 4 款的规定给予债务人 45 天的债务偿还期限，而永久性的延期偿还债务机制的最长期限为 270 天。通过延期偿还债务机制解决债务之后将不用诉诸法律寻求破产。

破产预防的社会功能是巨大的，它允许受破产影响的诸多利害关系人提出预防申请，通过限制各种向债务人索赔的行为，使企业得以继续经营并逐渐清偿债权。这样的做法，一方面使无力偿债之企业不至于走上清算解体的道路，社会就业保持稳定；另一方面，债权人之债权也有了圆满实现的可期待性。此外，个人破产也可以通过债务免责及其他相关制度摆脱债务奴役，重振生活勇气。破产预防制度的确立，对债权人、债务人、股东、劳动者、消费者、国家税收都有所裨益，在最优分配破产资源的同时实现优胜劣汰。

当然在破产实践中，企业虽然可以采取重组或解散和清算来获得拯救，但事实上，受创伤的公司通常会在进入实际破产阶段之前从干预中受益。早期干预是企业救助的一个关键方面。当公司陷入财务困境时，清算会破坏公司及其价值，因此重整更为可取。此外，在许多情况下，有效重整对所有其他利益相关者的好处将远远超过清算所带来的利益。而重整正是破产预防的一个重要内容。在破产预防目标下，破产法上升为市场债务的救助法，成为市场中各种债权债务资源的分配法，其不仅仅是债权人实现债权的法律手段，更是债务人实现重生的法律保障。

2. 构建多元化的破产预防体系

我国 2006 年颁布的《企业破产法》规定了破产和解、破产重整和破产清算三种程序。破产和解和破产重整构成了我国现行破产预防体系，十几年来，似乎只有破产重整制度还算是不断发挥着其预防的效果。在其他各国都纷纷废除了破产和解制度的情况下，我国破产和解制度发挥了怎样的社会效用，是继续保留还是需要重新打造，理论研究不多。在当前疫情之下，破产清算

---

[1] Dewi Iriyani et al. , "The Status of Debtor and Creditor in the Process of Deferment of Debt Payment Obligation（DDPO）in the Perspective of Debt Agreement and Bankruptcy Law in Indonesia", *Journal of Law, Policy and Globalization*, Vol. 79, 2018, pp. 91–101.

带来的后果越来越严重，极大加重了社会就业的压力。进入破产清算程序越来越成为企业不得已而采取的措施。从其他国家相继出台的"破产新规"也能看出，债务的清偿已不再是破产法立法和司法的唯一主题，最大限度挽救企业和个人成为当前破产法发展的趋势。这也意味着破产法迎来了一个全新的破产预防时代。树立破产预防的价值观，需要构建多元化的破产预防体系。主要包括以下几个方面：

第一，增加非司法性破产预防程序种类。2019年7月20日，我国最高人民法院召开全国法院贯彻落实政法领域全面深化改革推进会精神专题会议上特别强调，要坚持把非诉讼纠纷解决机制挺在前面，推动纠纷化解关口前移，并以完善多元化纠纷解决机制为抓手，着力破解案多人少难题。而增加非司法性预防程序正是推进多元化纠纷解决机制的体现。具体来说，破产和解和破产重整都是经过法院主持的司法型预防程序，而非司法型预防程序指的是那些不需要经过法院主持的破产程序，如法院外债务重组（协商解决）、破产仲裁、行政指导等，现行破产法对此并没有规定，理论研究外热内冷，急需加以弥补。事实上，非司法型预防程序具有快捷、方便当事人操作的特点，更契合当前的环境，可以给予无力偿债之债务人更灵活的适用空间。非司法型预防程序制度设计，是充分发挥律师事务所、仲裁机构、政府机关、调解机构、社会团体的作用，弥补严格的司法型预防程序带来的弊端，高效清理债权债务关系，以成熟的破产预防模型来实现债务人再生的目的。

第二，规范并灵活规定破产清算与破产预防程序之间的转换。一直以来，就两大破产程序而言，破产清算程序是终局性地解决企业资不抵债问题的程序，只能"进"不能"出"；而破产预防程序，可以"进"，也可以"出"，当然也可以转为破产清算程序。一旦允许两者相互切换，就会导致一定程度的混乱。因此，规范两者程序的切换是很重要的。破产清算与破产预防之间应该是两条同向而行的平行线，不能仅从字面上就简单划分适用的先后顺序——"预防"在前"清算"在后，应当赋予当事人根据自身情况自由选择的权利。

值得注意的是，在当事人选择破产清算后，能不能再转入破产预防这一问题上，过去否定的观点却在本次新冠肺炎疫情下变成了企业重建的阻碍。具体来说，有的企业在疫情暴发之前已经申请破产清算，但因全国大量抗疫物资的需要而寻求到一线生机。例如，2019年12月18日，吴江法院裁定受理债权人对生产研发防护服等医疗用品的刚松防护科技股份有限公司的破产清算申请。但随着疫情的暴发，医疗物资紧缺，法院在综合考量后决定让该公司恢复生产。就这样，该公司在全国急需抗疫物资的大环境下危中求"存"，暂时恢复了生产。

此时问题产生了，待疫情过去后，已经启动破产清算程序的刚松防护科技股份有限公司应该只能按照清算程序被清算掉。当然根据我国《企业破产法》第 26 条的规定，在第一次债权人会议召开前，破产管理人有权在人民法院许可的基础上决定继续或停止债务人的营业。据此，只要破产管理人依职权+人民法院许可两个条件满足，已经进入破产清算程序的债务人仍然可以继续营业。但是该规定适用的前提是必须在第一次债权人会议召开前。上述案例中，第一次债权人会议早已在疫情暴发之前召开完毕，此时显然已经不能直接根据我国《企业破产法》第 26 条的规定来认定破产管理人仍然有决定企业恢复生产的权力。

因此，待疫情过去后，该企业的出路似乎只能是走向清算，至少目前按照规定来说，债务人无法按照破产重整或者其他破产预防程序的相关规定在管理人监督下自行管理财务和营业事务，这样的结果无疑是将一个正在走向重生的公司直接扼杀掉。此时，一种可能的思路是，在规范破产程序转换的基础上也应该有所灵活宽待，即在新冠肺炎疫情下或者其他特殊情形下，对于防疫物资生产企业或者其他特殊企业复工复产具备重整可能性的，当事人若申请清算转重整，法院在综合考量后应当裁定重整。

（三）均衡破产利益：从单一利益考察到多元利益平衡

21 世纪以来，债务人作为直面破产危机的主体，其利益的维护成为破产法规制的重点，原因就在于不能让已经处于危机状态的债务人在申请个人破产后，还处于比之前更糟糕的状态，并且要尽量给予其重建和恢复的机会，如包括我国在内的绝大部分国家先后都赋予了债务人破产申请的权利。但是随着现代金融业的发展，市场主体呈现出多元化趋势，破产法律关系已经不再是"纯破产债务人"—"纯破产债权人"之间的二元体系，而是已经演变成多元市场主体交叉博弈的复合体系。

例如，在美国，随着人们消费观念的变化，医疗保健成为大众的重要需求。2017 年美国医疗保健破产较以往同期增加了两倍多，然而该行业因经常面临竞争加剧、立法不确定性、支付模式改变、医药成本上升和工资上涨等问题，正处于严重金融危机的边缘。此时，医疗保健经营商将破产视为关闭、巩固和重组的手段。但美国现行破产制度与医疗政策和实践存在重大冲突，这意味着破产过程在实践中往往无法满足医疗债务人、债权人、监管机构和患者的需求和期望，不少美国学者认为这种潜在的破产利益的不平衡极大影响着社会经济的稳定和发展。[1]

事实上，面对疫情的冲击，更需要平衡多方破产主体的利益，他们也是疫情之下的受害者，其利益应当予以关注。就我国而言，目前学界已经从过去对破产重整中单一主体利益的考察，发展到运用法治均衡理论，针对不同利益主体，包括债权人、股东等相关主体利益的探究，以期构建一个各个主体之间实现利益均衡的机制。

1. 债权人之间利益的平衡

实践中，破产债权人利益的实现很大程度上是通过优先受偿来实现的，然而目前这些利益主体也会因自身债权性质的不同，而导致清偿顺位有所不同。当前学界主要有以下观点：首先，人身侵权债权的优先受偿。理论界主要存在两种学理上的思考进路，一是着眼于破产制度内生之构造，重构破产债权的清偿顺位将人身侵权债权纳入优先受偿的序列[2]；二是利用其他制度来保障人身侵权债权人人身权益，如建立"大规模侵权损害救济基金"[3]、完善责任保险[4]、扩大惩罚性赔偿[5]等。其次，破产清偿中劳动债权的优先受偿。破产清算程序中的劳动债权是否能够优先于担保物权而受偿，在学界一直存在着争议。目前通说认为劳动债权优先于担保物权，但是否存在例外情形，还有待商榷。[6]最后，破产清算中环境侵权债权的优先受偿。目前学者们提出了诸如给予环境侵权债权超级优先权、创设企业环保基金、建构环境

---

〔1〕 Laura Coordes, "Reorganizing Health Care Bankruptcy", *Boston College Law Review*, Vol. 61, 2020, pp. 419-472.

〔2〕 韩长印："破产优先权的公共政策基础"，载《中国法学》2002年第3期。

〔3〕 张新宝："设立大规模侵权损害救济（赔偿）基金的制度构想"，载《法商研究》2010年第6期。

〔4〕 李敏："风险社会下的大规模侵权与责任保险的适用"，载《河北法学》2011年第10期。

〔5〕 陈年冰："大规模侵权与惩罚性赔偿——以风险社会为背景"，载《西北大学学报（哲学社会科学版）》2010年第6期。

〔6〕 秦中忠、韩秀玲："生存权的保障重于其他权利的保障——浅析劳动债权与担保债权在破产偿债程序中的序位问题"，载《工人日报》2005年1月4日，第1版。

责任保险制度等诸多环境侵权债权保护制度的设想〔1〕，为在企业破产程序中保护环境侵权债权提供了强有力的理论支撑。

不可否认的是，以上破产债权类型的提出是针对当下破产实践中存在的问题，做出的与时俱进的思考和研究。但不得不考虑的问题是，一旦这些破产债权类型都出现在同一破产案件中，其清偿顺位应当如何？事实上，在很多国外学者看来，正是这种优先权的存在，导致债权人之间的利益并没有平等得到分配。比如，有担保的债权人的利益优先于无担保的债权人利益而优先得到实现、税收债权优先于其他无抵押债权。这样的优先做法看上去似乎并没有任何不妥，但仔细推敲，却像是破产法尊重根据破产法创造的不平等，并且只有在不存在这些不平等的情况下，才要求分配平等。〔2〕换言之，除非破产法要求平等，否则不平等就是破产法中的平等。在这些情况下，债权人没有得到同样的待遇，即出现了平等的偏差。

但必须要说明的是，或许就破产债权人这一主体来看，大家都是平等的，自然可以要求结果的平等——利益分配平等。但是从债权的内容和产生的影响来看是不同的，是有"轻重缓急"的，这才是优先权产生的基础。因此，赋予部分破产债权人优先受偿的地位是符合实质平等的表现，只是法律需要明确的是在这些破产优先债权内部，应当如何进行利益的分配。

2. 债权人与股东之间的利益平衡

在现代破产法的设立理念中，股东利益一直是被忽略的问题。尤其在破产重整中，会产生债权人和股东利益的冲突。在这种情况下，美国的做法是采用绝对优先原则（Absolute Priority Rule），从而明确了破产分配的基本次序，但实践中仍然存在很多遗留问题。例如，在该规则下重整计划的提案期缩短，使得当事人之间缺乏博弈和沟通。事实上，缺乏绝对优先原则并不意味着重整过程本质上是不公平的，巴西允许公司及其债权人和股东根据每个案件的不同情况决定对所涉各方的公平待遇，允许更多的谈判空间，从而促进利益平衡。〔3〕这种在最大限度内允许当事人之间"合意自治"，不外乎是

---

〔1〕 张钦昱："企业破产中环境债权之保护"，载《政治与法律》2016 年第 2 期。

〔2〕 Richard M. Hynes, Steven D. Walt, "Inequality and Equity in Bankruptcy Reorganization", *University of Kansas Law Review*, Vol. 66, 2018, pp. 875-920.

〔3〕 Jessica Nowak, "The Power Struggle: Shareholder Rights in Brazilian Corporate Bankruptcy", *University of Miami International and Comparative Law Review*, Vol. 25, 2018, pp. 339-370.

一种实现"当事人自己眼中"各自利益平衡的有效途径。

此外，实践中，还可以要求破产管理人在举行债权人会议的同时举行股权证券持有人会议，并应要求他们在案件的早期为无担保债权人和股权证券持有人组建官方委员会等，不能简单指望无担保债权人委员会代表股权持有人。[1]这些做法的实施也可以在一定程度上平衡债权人与股东之间的利益。

除以上几个关于构建统一无力偿债法的重要方面外，实务中也有学者认为无力偿债之债务人适用破产法的优点总是短暂的，从长远来看，其具有持久的不利后果，尤其是债务人破产之后，将面临因"破产"而导致的后续金融贷款、就业压力等问题。破产法也应该具备一个具有"售后"功能的制度机制，为那些试图在破产后重建生活的个人或者企业提供帮助。[2]这样一来，破产法可以主要适用于三类人群：面临破产风险的人、处于财务困境早期阶段的人以及试图在破产后重建生活的人。当然，目前针对这种破产"售后"制度的研究并不多，具体"售后"方式也还需要进一步探究，但这一构想或成为未来完善破产法的重要方面。

四、结语

习近平总书记说："法治是最好的营商环境"。总结我国破产立法的现状及存在的问题，学习并参照发达国家破产立法理念和技术，完成多项新制度的设计，使我国破产法走向统一的无力偿债法体系，才能最大限度发挥破产法的制度优势，为营商环境建设提供重要的法治保障。但必须要说明的是，任何比较法视域下中国法治的构建都不能纯粹地以外国法为蓝本，在进行借鉴后直接在我国法律基础上予以具体规定，这样的后果只能形成单纯流于具体法律命题的表象，如法学三段论。因此，在参照借鉴其他国家法律制度的时候，对其他国家的法律职业、道德风俗、法文化等方面都应该有所了解和熟悉，并结合本国的实际，如前文中所阐述的已经申请破产清算的企业在疫情中我国现有的大环境下"危"中求"生"，这是其他国家几乎不会遇到的

---

〔1〕 Diane Lourdes Dick, "The Bearish Bankruptcy", *Georgia Law Review*, Vol. 52, No. 2, 2018, pp. 437-504.

〔2〕 Paul Ali, Lucinda O'Brien, Ian Ramsay, "Bankruptcy and Debtor Rehabilitation: An Australian Empirical Study", *Melbourne University Law Review*, Vol. 40, 2017, pp. 688-737.

情形。

当然目前本文只是作了一些宏观的设想，修订后的破产法要进入实践，还需要进一步完善具体规定。此外，关于跨境破产、破产与仲裁的关系等问题都值得进一步深思和研究，丰富我国破产法理论体系任重而道远。

破产免责的法理基础

——基于道德与功利主义的审视

陶泳臣*

纵观寰宇，当代破产法大多涵盖两套程序，即清算程序与重整程序。清算指债务人经由破产程序，将其所有财产作为破产财产公平地分配给各类债权人、股东等利益相关方，该制度一般仅适用于公司等拟制的法人。重整则不同，重整程序允许债务人通过破产程序免去部分债务，调整其部分债权债务关系，并获得继续生存的机会。在大多数国家，自然人与法人皆可以适用重整程序，而不同国家又有不同的规定。在部分法域，自然人也可以直接通过破产免责，而无须在破产程序之后继续偿还债务。毫无疑问，无论是哪种程序，破产法都介入了私人的契约关系，利用其法的权威与强制力直接作用于私人关系之中，或延迟债务的履行期限，或减少债务偿还数额，或甚至直接免除债务人的债务而使债权人分毫未得。而债务人或经由重整得以重获新生，或经由清算使其法人资格消灭。破产法此般对私领域的介入，对私人法律关系的调整，无疑突破了大众对"欠债还钱天经地义"的朴素道德评价。此外，破产法对债务人违约后的免责也是对民法诚信原则的违背，如被滥用，必然会鼓励债务人利用破产法逃避债务。这也是企业破产法在我国直到 2006 年才正式出台，而个人破产法至今仍难以落地的重要原因。那么，破产法究竟是否符合道德，是否符合作为法规范所要求的合道德性呢？

在法哲学史上，法哲学的基本问题都突出地表现为法律与道德关系问题。在自然法学派的视角下，我们需要回答破产法是否符合道德命题；在实证法

---

* 陶泳臣，男，中国政法大学硕士研究生，研究方向为破产法。

学派的视角下，我们需要回答破产法是否符合社会事实命题〔1〕。当然，将法律与道德的关系归为自然法学的核心问题更为合适，对于实证法学派而言，法律与社会的事实关系才是其讨论的核心问题。当然，在笔者看来，实证法学派也不能逃避法律与道德的关系。在自然法学视野下，法律与道德的关系自然不用多言，"恶法非法"这一命题是其代表。而在实证法学派看来，分离命题才是题中之义，这与自然法学派的"恶法非法"形成鲜明的对照关系。因此，破产法是否合乎道德、是否具备能够成为"法律"的内在价值，是自然法学派与实证法学派都绕不过去的问题。基于此，本文试图从破产的合道德性分析破产法的内在法理基础与价值导向，最后回答破产法本身合法性这一问题。

一、破产是道德的吗？

如今，破产免责已成为当代世界各文明国家普遍接受的立法理念且已经被广泛地固定为成文法。破产法，也成为各国民商法体系不可缺少的一环。如前文所述，在当前市场经济普遍发展、商事交易日益活跃的社会，契约自由、意思自治与诚信原则贯穿私领域的时代，破产法代表国家的意志强行进入私人领域改变私主体之间的法律关系，是否符合民法中诚信原则等期待？是否符合利益相关者乃至社会民众的期待？是否合乎"道德"？

首先需要明确的是，破产法对私人法律关系的调整，是否超越了被规范对象在债务人进入破产程序前的合理期待。一般而言，我们会倾向于认为欠债不还的、拒绝履行债务的人是不道德的，因其一己之私或其他各种原因使他人蒙受了本可以避免的、不必要的损失或风险。如果我们的社会中处处充满着违约者，试问还有谁可以放心大胆地与他人交易？那么经济交易秩序乃至社会秩序都会岌岌可危。而破产法却通过其破产免责制度使得债务人可以挣脱债务的枷锁、债权人的控制，逃脱本应偿还的债务，自然会鼓励这种"不道德"的现象的丛生。

假若破产法真的会鼓励民众选择不道德的生活，使他们偏离道德的路线而导致交易的受阻、秩序的崩坏，为何又会在 21 世纪广泛为各国所采用？若

〔1〕 刘杨："道德、法律、守法义务之间的系统性理论——自然法学说与法律实证主义关系透视"，载《法学研究》2010 年第 2 期。

欲回答这一问题，我们必须回溯到破产法自古罗马滥觞以来的变化与沿革。早在《十二铜表法》中，就有关于破产者的处置规定。需要注意的是，彼时的"破产法"价值取向是破产有罪主义，即无法偿还到期债务的债务人的命运相当悲惨——基本被掌握在其债权人手中。如若债权人众多，债务人甚至有被杀掉分尸给债权人之虞。大多数无法偿还债务的人都会被剥夺公民资格而沦落为债务奴隶，任由债权人差遣，失去作为"人"的基本权利与尊严。可以说，彼时包括其后世很长一段时间内，破产法都秉持着破产有罪主义。债务人或是被关入债务人监狱，或是被剥夺人格沦为奴隶。而英国作为破产免责制度的首创国家，经历了破产有罪主义向破产免责主义的变革，自然值得我们花费更多的精力进行研究与考证。因此下文中，笔者将以英国破产法，尤其是个人破产法的历史沿革作为范本加以讨论。

二、破产法价值取向之流变

（一）英国个人破产法史立法沿革

破产法的对象一般包括法人、自然人，而面向自然人的个人破产法则是站在道德所批判的最前线。在英国立法史上，1542—1986 年，个人破产立法远早于企业破产立法。英国的《1542 年破产法》旨在建立一种严厉打击债务人欺诈性逃债行为并为债权人提供集体受偿的机制[1]。该法首次确立了集体清偿与按比例分配的原则，而英国《1570 年破产法》则明确了尽可能在允许的范围内由债权人来对债务人的财产进行管理。这两部法律都将债务人视为违反诚信义务、欺骗诚实人的罪犯，债务人即破产者因此很容易招致监禁。而到 18 世纪早期，英国个人破产法的价值取向开始出现缓和的迹象。英国《1705 年破产法》首次确定了可以批准免除债务人在破产程序中未能清偿的债务，这也是英国历史上最早的破产免责制度，亦在世界范围内开创了破产免责的先例。但需要注意的是，英国《1705 年破产法》也引入了死刑来惩罚有欺诈行为的债务人，堪称英国历史上对不履行到期债务者最为严苛的惩罚措施。到此，英国个人破产法的价值导向都是极为明显地倾向于保护债权人、保护既存的债权债务关系与惩戒债务人。不诚实的人当然应受道德的责问、法律的惩罚与社会的唾弃，如此看来彼时破产法可以谓之合乎那个时代的

---

〔1〕 徐阳光："个人破产立法的英国经验与启示"，载《法学杂志》2020 年第 7 期。

道德。

然而，英国《1869 年破产法》则废除了债务人的监禁制度，可以看作个人债务的清理法制开始走向文明与现代化。而英国《1976 年破产法》确立了自动免责制度，即规定了破产债务人在适当的情况下不需要接受公开调查从而可以在部分情况下自动免责。如此，英国破产法开创了一个"债务人友好型"的新时代。自此，英国个人破产法彻底从债务人有罪主义转向了债务人免责主义。可以说，此时破产法随着历史进程的发展，其与传统社会民众对有债必偿、诚实守信的道德认知开始背向而行。此时，破产法是否开始偏离了道德的要求，是否需要受到道德的批判呢？

在进一步追寻上述问题的答案之前，我们还需考察随着生产力的发展与商业贸易的日益发展，英国社会整体对道德认知的变化，社会环境文化、商业贸易的扩展对法律革新的影响。无论是从自然法学派的视角出发，还是从实证法学派的视角出发，法律都与其所处的社会时代息息相关。也即在回答破产法价值的转向是否背离了道德之前，我们需要首先考察其时代的"道德"标准是否发生了改变。

（二）英国社会因素变迁

基于上文我们不难发现，英国从以债权人为中心的债务人惩戒主义向兼顾债务人利益的债务人救济主义的转变是缓慢而弥久的[1]。法是与现实社会深刻交融的，英国破产免责制度的确立并不是立法上规范的简单创设，仅仅诉诸制度逻辑的思考显然不够，而应探寻那个时代的经济、文化、宗教等社会环境因素。

首先，英国 17 世纪中叶对信用的利用已经开始颇具规模，至 18 世纪，英国正经历着广泛而深刻的商业化进程。而对信用的利用，则是商品经济社会发展的基础，这也就意味着，彼时的英国各阶层均不断地广泛而深入地参与经济生活，且贷款交易在金融领域的运用持续增加，使信用贸易下的债务结构性变化得以在英国发生[2]。然而，利用信用增加资本完成交易属实是一把双刃剑。一方面，融资可以增强商主体的营商能力，获得与把握更多的交

---

[1] 项焱、张雅雯："从破产有罪到破产免责：以英国个人破产免责制度确立为视角"，载《法学评论》2020 年第 6 期。

[2] 项焱、张雅雯："从破产有罪到破产免责：以英国个人破产免责制度确立为视角"，载《法学评论》2020 年第 6 期。

易机会,但另一方面,若债务人无法履行给付义务,商业社会的风险将超越当事人双方而影响到其他主体。例如,已负债的农场主可能因恶劣而异常的天气而破产,商人也可能因为船只的沉没或其某个债务人的违约而破产。如此情况下,破产的风险相较以往大大增加。

其次,17 世纪伊始,英国就采取了重商主义的国策,彼时海外市场的扩张已成为新兴商人阶层的主要贸易活动,远距离的市场贸易方式虽满足了英国的资本主义扩张的需求,但海外贸易相较本国贸易无疑具有更多的风险,如海盗劫掠、极端天气等。不仅如此,17 世纪至 18 世纪,英国长期处于与外国的战争或对抗中,英国海外贸易长期笼罩在外国私船劫掠的阴影下。因此,人们对商业风险也有了更为深刻的认识。因战争和上述风险而遭受经济危机的商人数量不断增长,人们不再将破产者一概视为邪恶而狡黠的失信者,反而开始对偶然遭受风险打击的债务人抱以同情,开始将他们视为正常商业交易中难以抵御异常风险的脆弱个体。而至 18 世纪,基于上述原因人们对破产风险有了更为深入的理解。破产风险作为商事领域的正常风险的客观现象得到了社会更为成熟的认知。诚如亚当·斯密在《国富论》中所言,破产或许是无辜者所可能遭受的最大的、最屈辱的灾难,因此大部分人都会谨慎而小心地避免该种灾难,但遗憾的是,总有些人的确无法避免。再者,人们对破产原因做了可责性的思考与区分,即债务人是否对其破产后果有过错。"诚实而不幸的债务人"值得法律的保护开始为人们所广为接受。

最后,英国的宗教伦理即基督教教义对债权债务关系的认识也对英国社会关于破产的认知产生了深远的影响。《圣经新约·马太福音》有言:"我们都是欠上帝巨债的人,上帝既然可以赦免我们的债务,我们为何不能赦免别人微小的债务呢?"同时,基督教教义还反对人们贪婪与滥用。可以说,这种宗教伦理中具有平衡性的文化渗透进了有关破产的法律关系的各个层面。一方面,债务人需要依照基督教戒律在商业活动中谨慎行事,及时还款;但另一方面,债权人也应在债务人遭遇财政困境时对其予以宽恕[1]。伴随新教改革,新教伦理的理性主义视角也促使债权人按照经济利益考量债务关系,减少了对无力偿债债务人寻求惩罚性打击的动机,增加了债务受偿过程对经济

---

[1] 项焱、张雅雯:"从破产有罪到破产免责:以英国个人破产免责制度确立为视角",载《法学评论》2020 年第 6 期。

利益的理性思考，为破产免责制度的诞生奠定了基础。综上所述，我们不难发现，英国个人破产法的价值转向的原因深深地蕴含在其社会的各个方面之中。

三、破产免责的合法性

在开始对破产是否合乎道德进一步讨论之前，我们需要先探明现代破产法所蕴含的价值取向与制度特征。依照现代破产法理，包括个人破产法在内的破产法主要蕴含以下两个价值：其一，为"诚实而不幸"的债务人提供一个"重新开始"（Fresh Start Theory）。换言之，通过破产免责制度使债务人得以挣脱债务的枷锁，保留基本的生活生产资料，无债一身轻地重新投入经济与社会生活中去。摆脱之前因债务压力而丧失的营业能力，从而重新成为经济生活中活跃的一分子。其二，为债权人提供一种公平而有序的清偿机制，从而避免可能使债务人财产早早被少数行动迅速的债权人分割完毕的"勤勉竞赛"。一方面可以尽可能地保障所有债权人得到较为公平的清偿，另一方面可以使债务人财产价值得以最大化利用。本部分笔者将重点讨论"重新开始""公平有序清偿"两项价值以及"诚实而不幸的债务人"以及功利主义的引入，以回答破产是否合乎道德这一根本问题。

（一）重新开始

破产法所谓的"重新开始"，正如字面意思一般，旨在为因各种风险而陷入财务困境的债务人提供一种债务纾缓的机制，使其能够从债务的深渊中挣脱出来，保留基本且必要的生活、生产资料并获得重新进行商业营运的机会。

债务人一旦得以经由破产程序免责，就不仅解放了人力资本（human capital），也获得了免受过去债务关系纠缠的保护，使其保有生活必需的生产要素等财产，从而重新在市场上与他人进行正常的交易，为社会经济的繁荣贡献力量。如果没有"重新开始"，债务人一旦陷入财务困境，将得不到任何救济，如此一来债务人将彻底被债务压垮。不仅大多数债权人得不到任何清偿，且债务人会彻底丧失继续经营的能力。当资不抵债无法偿还到期债务的债务人越来越多时，将会形成结构性的经济危机从而导致整个社会经济的失序。此外，由于仅有少部分对债务人更为了解的债权人可能能够使其债权得到清偿，部分债权人可能因其债权无法实现而变为他人的债务人，从而将财务危机传导到更多的第三方。因此，"重新开始"这一价值深埋于破产法理之中，获得债务解放的债务人可以借由破产法为其保留的基本生产资料、生活资料等财产重新开始经营，并有可能东山再起，从而偿还一部分在破产程序外不可能偿还的债务，且因其仍可能活跃的经济行为而使社会从中受益——或提供更多就业机会，或创造更多消费。是故，为债务人提供重新开始的机会不仅有利于保护"诚实而不幸"的债务人，也有利于债权人债权的清偿与社会经济的发展。

（二）公平有序清偿

现代破产法不仅为债务人提供了一个从债务中涅槃重生的机会，还为债权人提供了更为公平有序的债务清偿机制，而这一价值理念与"重新开始"不同，其在破产法诞生之初便蕴含其中，随着破产法的革新历久弥坚。

在破产法或者说现代破产法诞生之前，若债务人因商业风险或因资金链危机等问题陷入财政困境，其往往不止有一个债权人，而是较多数量的债权人。假设一债务人共负债 100 万美元，有 10 个债权人，每个债权人都对该债务人享有 10 万美元的债权，其中 5 个债权人为已经以债务人某财产设立抵押或质押的担保债权人，另外 5 个为无担保的普通债权人，此时债务人仅剩的财产价值 10 万美元。若其中某个普通债权人与债务人的关系更为密切，具有更大的信息优势，该债权人就可以在债务人有破产之虞时，找到债务人要求清偿其 10 万美元的债权。如此一来，其他 9 个债权人将一无所获，且对于担保债权人而言，此种情况显然更为不公。长此以往，担保债权所具有的优先性将被彻底架空，其效力与普通债权别无二致。不仅如此，若法律默许此种先到先得的权利救济方案，将引发债权人的"勤勉竞赛"，也即，债权人为了其债权的受偿将不惜一切代价想方设法地先于其他债权人要求债务人清偿。

假设上文的案例中债务人仅剩一价值 15 万美元的机器设备，若分开作为零件出售仅价值 10 万美元。若某两债权人最先找到债务人要求将其机器设备一分为二分别清偿两个债权人，则该机器设备仅能分别以 5 万美元价格出售。如此一来，无形中便减损了债务人的财产。此时，若破产法可以介入，债务人申请破产，由第三方管理人接手债务人的财产，且债务人所有的债权人对债务人财产的主张得依据"自动中止"（automatic stay）而停止，债务人就有喘息之机协助管理人以债务人财产最大化的原则统一变卖其财产。此外，当债务人进入破产程序之后，所有的债权人都需要按照"绝对优先原则"依其债权的优先顺序统一按照比例得到清偿。这样，就可以避免混乱无序的债权人自力救济，既可以避免债权人们蜂拥而上哄抢瓜分债务人所剩无几的财产，从而节约债权人的追偿成本，又可以使债务人财产最大化。

如此看来，破产法似乎并没有突破社会的道德认知与民法原则，但若确有狡黠而邪恶的失信者利用破产法逃债呢？破产法的立法先驱的确考虑到了此种情况，因此，破产法的另一基本价值追求是保护"诚实而不幸的债务人"，惩戒"狡黠而邪恶的失信者"。

（三）诚实而不幸的债务人

破产法诞生之初就是为了保护债权人的利益，打击不偿还到期债务的债务人。但随着商品经济的发展，其逐渐从单一的债权人保护主义转向平衡债权人与债务人的权益乃至当代的债务人保护倾向。但需要注意的是，破产法乃至现代破产法对债务人的保护并不是统括性而不问债务人破产原因的。

首先，在债务人申请破产之前，便要求其须为"诚实而不幸"。"诚实而不幸"这一评价是道德性的，很难从法律上通过列举等方式确定何种债务人为"诚实而不幸"、何种债务人为"狡黠而邪恶"。因此，破产法对"诚实而不幸"首先从最低限度的不得欺诈予以规定。各国破产法普遍规定了债务人若存在赌博、挥霍消费、欺诈等不良负债、不诚信行为的，不得申请破产保护，以及若破产案件启动前一年内有欺诈行为，亦不得破产免责[1]。其次，"不幸"表现为人们在遭受不幸如大病致贫或不测等意外风险损害，或商业误判等情况陷入债务困境。可以说，现代破产法与其他社会保障制度等共同构成了商业社会中人们的安全网，为不幸坠下的人们提供兜底保护。

基于上述，破产法虽强行介入了私人的法律关系，调整了双方的债权债务关系，但能够实现上述的规范目的与内在价值，似乎并未突破大众对"欠债还钱"的道德认知与民法所蕴含的诚信原则。当然，如此模棱两可的答案与论述并非本文的目的，因此，笔者将在下文中引入功利主义论证破产法表面上看似突破了社会大众的一般道德认知，但实则恰恰符合道德对法律的要求，并体现了法律与道德间微妙的张力。

（四）功利主义的引入

借由上文的分析，我们初步探讨了破产法制的合法性及其与道德的关系，

---

[1] 丁燕："现代个人破产法的基础、价值与选择"，载《上海政法学院学报（法治论丛）》2021年第4期。

但我们仍未得出充分且确定的结论，破产法尤其是破产免责是合乎道德的吗？

为了回答上述问题，笔者在此以功利主义的视角切入分析破产法价值与规范目的。所谓功利主义，是指深深植根于古希腊哲学，经由多年发展至18世纪由边沁确立，由奥斯汀具体阐述，再经由哈特重述的边沁的功利主义哲学思想。一言以蔽之，边沁在《政府片论》的序言中便提出："最大多数人的最大幸福是衡量正确与错误的标准。"边沁以功利主义为信条开创了英国的功利主义学派，而其对功利主义的集中论述则是在《道德与立法原理导论》中完成的。边沁在对功利主义理论基础分析的基础上发展出了功利主义的道德理论与立法理论[1]。

本文在此不对边沁的功利主义进行过多介绍，而直接将其与破产法理相结合，审视破产法理是否合乎功利主义法学对法的批判。换言之，判断法是否为"法"或者"良法"，要看法律条文对每个人是乐胜过苦还是苦胜过乐，要看破产法是否符合最大多数人的最大幸福原则，破产法如果能满足最大多数人的最大幸福，是否会对少数人的权利造成不可逆转的负面影响，此种情况下当最大幸福原则与尊重个人价值相冲突时又应该如何解决呢？

首先，法学必须关注人的行为与人的精神，规范人的行为模式，法律必须考虑其自身对规范对象的行为规范作用与影响。边沁指出所有惩罚都是损害，所有惩罚本身都是恶。根据功利原理，如果它应当被允许，只能是因为它可以排除某种更大的恶。同时，边沁使用七个维度来测算：强度、持续时间、确定性与不确定性、临近或偏远、丰度、纯度、广度。快乐包含了善、收益、便利、有利、实惠、报酬、幸福；痛苦则包含了恶、危害、不便、不利、损失、不幸[2]。如果我们代入上文所述的破产法的价值予以计算，不难发现，破产法给人们带来的快乐主要体现于相较于没有破产法之下更多债权人得到的更公平有序、更多的债权受偿的快乐与债务人得到更有尊严的对待以及重新开始的机会的快乐。不仅如此，与债权人或债务人相关的其他主体亦可从破产法中收获更多的交易机会、更稳定的法律关系以及可预测的风险。如此看来，破产法符合最大多数人的最大快乐，破产法作为法律给社会带来了更多的快乐或者说是幸福。

---

[1] 徐同远："边沁的功利主义理论与分析法学思想"，载《比较法研究》2008年第6期。

[2] 胡玉鸿："边沁法律思想之研究"，载《政法论丛》2005年第5期。

其次，当大多数债权人的利益与少数债权人利益相冲突时，功利主义法学认为法律应协调个人利益与社会利益；社会生活对个人是必要且自然的，人能认识到自己是社会的一分子，个人会觉得照顾他人利益对自己更有利，从而使人把自己的利益与他人的利益融为一体，形成尊重他人利益的习惯。此外，边沁认为，共同体的利益不外乎是组成共同体的若干成员的利益总和，这意味着没有脱离个人利益而存在的社会利益，也不能通过虚构一个外在于个人利益而存在的社会利益来限制、剥夺个人利益[1]。增进个人利益的东西必然会促进社会利益的实现。只要每个个人能够真正地追求自己的最大利益的实现，最终就会达到社会利益的最大化。换言之，部分破产案件中在破产法绝对优先原则下少数劣后债权人的债权或许不能得以清偿，并非对其个人利益的强制剥夺以满足优先债权人，而是其自愿选择了没有物权担保的普通债权，其在交易之初便能够预见此种交易安排带来的风险，但往往没有担保债权的利息或预期利益高于所谓"优先债权"，那么其在债务人破产时也应面对相应更高的风险，也即其债权可能无法受偿。这么看来，破产程序中少数劣后债权无法得到清偿便不能被视作集体利益对个人利益的限制。在没有破产法的情况下，若该劣后债权人亦不具备相对信息优势，也可能因债务人财产已被先到的债权人执行完毕而一无所获。

再其次，若债务人存在欺诈行为，则会受到破产法的惩戒，或者不得申请破产保护，或者施以"虚假破产罪"加以刑事惩罚。对于边沁而言，行动义务的前提条件是如果不如此行为则会受到痛苦——法律义务下，由官员依法施以惩罚；在道德义务下，由其内心自发、大众谴责或道德惩罚。法律和道德义务的内容在文明社会中可以与功利原理相一致，而立法者与道德教化者的任务是确保两者尽可能一致，然而这种一致性是偶然的，且通常不易被发现[2]。换言之，破产法通过免责这种宽恕性制度与惩戒性制度相结合，为社会民众指引了规范道路。积极义务与消极义务一同规范引导着法的规范对象。

最后，边沁认为立法时必须以国民全体的快乐为基准，为此，他将快乐

〔1〕 杨思斌："功利主义法学述评"，载《安徽大学学报》2005年第5期。
〔2〕 谌洪果："法律实证主义的功利主义自由观：从边沁到哈特"，载《法律科学（西北政法学院学报）》2006年第4期。

分为四项目标：生存、平等、富裕、安全，这四项目标既是贤明政府的目标，也是立法的出发点和目标，法律的任务在于促使这四项目标的实现。就生存而言，破产法可以确保"诚实而不幸"的债务人得以从债务泥潭中重获生机，重新开始；就平等而言，债权人得以获得一个更为公平有序的清偿机制，无需担忧其他债权人因信息优势或与债务人更为密切的关系而捷足先登抢得债务人财产；就富裕而言，破产法显然可以促进当事各方的财政状况，纾解债务人财务压力、保障债权人得到部分甚至全部受偿；就安全而言，现代破产法的一大功能就是避免了债权人借助混乱、暴力以及无序的民间催债方式，维持了社会秩序与债务人的安宁。综合上述，在边沁看来，法律要保护生机、促进平等、达到富裕、保障安全。安全乃是基础，不违反安全的情况下要促进平等。[1]因此，破产法价值完全符合这一功利原理。

四、结语

通过上文的论述，笔者结合功利主义论证破产免责法理基础，证成了其内在合法性与合乎道德性。破产免责使债权人更加谨慎，不会轻易为追求高回报而投身于高风险的投资活动中去，从这个意义上讲，破产法可以规训债权人使其在商业经营活动中更为审慎小心地决策，使资源流入更有价值的项目中去。破产法亦可使脱困成功的债务人养成节俭、谨慎的态度，在交易或生活中避免大量负债，并通过对欺诈性破产的惩戒手段教导人们保持诚信。如此看来，破产法合乎道德，可使人们变得更为有德。因此，我们可以说破产法的确是合乎道德的，因其内在价值导向与规范功能均满足合法性与正当性。

---

[1] 徐爱国："再审视作为法学家的边沁"，载《华东政法学院学报》2003年第3期。

论破产案件处理程序电子化

——以韩国为镜鉴

江秀玮*

"破产案件办理信息化"是近几年人们耳熟能详的问题，这一说法最早起源于 2016 年最高人民法院提出的建设"一网两平台"[1]，其中"一网"即全国企业破产重整案件信息网，"两平台"是破产管理人工作平台、法官工作平台。起初最高人民法院的目的仅是实现破产案件信息及时、准确、完整公开。紧接着破产案件办理信息化建设的 2.0 时代开始于 2018 年 3 月 4 日最高人民法院印发的《全国法院破产审判工作会议纪要》，其中第八部分第 45 条至第 48 条对破产信息化建设工作范围进行了扩展，并对信息化的目的和范围进行了明确。[2]其中，破产案件办理的信息化的目的是"提升破产案件审理的透

---

 * 江秀玮，女，青岛大学法学院 2020 级法律硕士研究生，研究方向为破产法。

〔1〕 最高人民法院 2016 年 11 月 11 日发布了《关于进一步做好全国企业破产重整案件信息网推广应用工作的办法》。

〔2〕《全国法院破产审判工作会议纪要》第八部分第 45 条至第 48 条规定："充分发挥破产重整案件信息平台对破产审判工作的推动作用。各级法院要按照最高人民法院相关规定，通过破产重整案件信息平台规范破产案件审理，全程公开、步步留痕。要进一步强化信息网的数据统计、数据检索等功能，分析研判企业破产案件情况，及时发现新情况，解决新问题，提升破产案件审判水平。不断加大破产重整案件的信息公开力度。要增加对债务人企业信息的公开内容，吸引潜在投资者，促进资本、技术、管理能力等要素自由流动和有效配置，帮助企业重整再生。要确保债权人等利害关系人及时、充分了解案件进程和债务人相关财务、重整计划草案、重整计划执行等情况，维护债权人等利害关系人的知情权、程序参与权。运用信息化手段提高破产案件处理的质量与效率。要适应信息化发展趋势，积极引导以网络拍卖方式处置破产财产，提升破产财产处置效益。鼓励和规范通过网络方式召开债权人会议，提高效率，降低破产费用，确保债权人等主体参与破产程序的权利。进一步发挥人民法院破产重整案件信息网的枢纽作用。要不断完善和推广使用破产重整案件信息网，在确保增量数据及时录入信息网的同时，加快填充有关存量数据，确立信息网在企业破产大数据方面的枢纽地位，发挥信息网的宣传、交流功能，扩大各方运用信息网的积极性。"

明度和公信力，增进破产案件审理质效，促进企业重整再生。"但是实务中"网络债权人会议""网络拍卖"往往会被理解为信息化的主要含义，在整个实践过程中要实现真正的信息化还存在较大问题。因此破产纠纷案件要想实现高效、准确、及时处理，必须要有明确、科学的程序规则作为保障，把电子化技术应用到从破产申请、裁定受理、破产程序启动、宣告破产、破产清算、裁定终结破产程序等各个环节，特别是全球新冠肺炎疫情冲击下的防控疫情工作常态化背景下，电子化的应用发挥了前所未有的重要作用，同样有了更标准的要求。笔者通过对在破产处理程序领域推行电子化的必要性的分析，加之研究学习韩国在破产处理程序中先进的电子化改革措施，为我国在破产法领域电子化的新兴阶段探索出适合本国发展的道路提出建议。

一、破产纠纷案件电子化应用现状及实务价值

（一）破产纠纷案件电子化的应用现状

2010 年韩国最初先于民事诉讼领域开始采用电子文书等电子化处理措施，并在 2014 年 4 月 28 日在破产案件方面推进电子化处理方式。[1]法人重整、法人破产和（个人）一般重整案件已全面实现了电子化，因此电子案件的受理比率为 100%。截至 2020 年 6 月 27 日，个人破产清算案件中实现电子化的案件所占的比例约为 10.5%（6868 件中的 721 件），个人重整案件是 21.2% 左右（16 859 件中的 3573 件）。[2]特别是在个人破产事务领域人性化的规定值得我们借鉴。[3]比如韩国相关法律规定在个人破产清算与重整程序领域方面不强制适用电子化处理，充分尊重当事人自主选择是否适用电子化处理的意愿。此外，韩国相关法律也规定，因破产案件工作量大，往往一个审判庭需多起案件同时推进处理，以及复杂个人重整的分配程序等技术原因，个人破产清算审判庭可以综合考虑各级法院的案件受理与分流状况、业务便利、电子法庭的使用状况等因素，自主选择是否适用电子化处理程序，提高处理

---

〔1〕 卢泰岳、李英："韩国破产法最新修改与破产法院的设立"，载《中国政法大学学报》2018 年第 4 期。

〔2〕 见首尔重整法院网，http://slb.scourt.go.kr/rel/main.work，最后访问日期：2021 年 7 月 10 日。

〔3〕 王福华："电子诉讼制度构建的法律基础"，载《法学研究》2016 年第 6 期。

传统案件与新兴电子化案件并存的工作的效率。

在我国，破产纠纷处理电子化起步较晚，并且现阶段主要应用于法人重整与清算，由于个人破产法目前属于地方性法规，不是法律，还未有具体实行时间，在此不做过多论述。在企业破产案件方面，我国的全国企业破产重整案件信息平台于 2016 年 8 月 1 日正式开通，这是破产案件在"互联网+"思维时代的重要探索，是破产案件审判工作对外公开的窗口，更是破产案件当事人行使固有权利、主张诉求的便捷渠道，是我国破产审判工作进入信息化时代的重要标志。该平台在部分试点地区小有成就，结合本地区的经济实际情况探索出了属于自己的电子化方案。如 2019 年初，余杭法院作为最高人民法院首批破产案件审理方式改革试点法院，对接阿里巴巴钉钉技术团队，依托钉钉组织、蚂蚁区块链等信息技术打造了"余法破产管理钉平台"[1]，该平台由债权申报审核、债权人会议、管理人工作室、管理人账户资金监管、破产财产处置五大模块组成，通过钉钉组织管理实现破产案件审理由"线下"向"线上"转变，借助管理人工作室实现监管由"及时"向"实时"转变，应用区块链技术实现信息由"存疑"向"信任"转变。又如，厦门破产法庭与软件开发人员联合研发的"破产案件辅助系统"，可以通过便捷的网络端登录也可通过微信小程序登录，通过在线平台及移动终端，债权人端线上债权申报与审核、线上债权人会议、线上信息公示和线上听证等程序，初步实现了债权人、管理人、法院三方主体所有破产事务全流程、全在线"一网通办"。但破产处理程序电子化的推行处于新兴阶段，存在某单项程序技术比较完善但总体缺少系统化、全面化的操作经验，在实务过程中暴露的问题，需要法院、管理人、债权人等各方主体反馈建议，以便对程序做出改善，进而全面推广。

(二) 破产纠纷案件电子化应用的实务价值

1. 优化破产司法能力有助于提高世界银行营商环境评价指数

在世界银行评价各国及地区营商环境所考量的众多因素中，其中一个重要因素就是破产司法能力，在世界银行公布的《2020 年全球营商环境报告》中，我国营商环境排第 31 位，办理破产司法能力排第 51 位。而韩国的营商

---

[1] 陈增宝："构建网络法治时代的司法新形态——以杭州互联网法院为样本的分析"，载《中国法律评论》2018 年第 2 期。

环境排第 5 名，办理破产司法能力排第 11 名，下表是发布的报告中有关中韩两国破产司法能力的数据：

表 1　中韩两国办理破产各项分数（2020 年）

	办理破产 （排名）	办理破产分数 （0—100）	时间 （年数）	成本 （资产价值 百分比）	回收率 （百分比）	破产架构 力度指数 （0-）
中国	51	62.1	1.7	22	36.9	13.5
韩国	11	82.9	1.5	3.5	84.3	12

注：数据来源于世界银行网，*Doing Business 2020*

从表 1 可以看出，我国办理破产案件花费时间较韩国长，办案成本占资产价值较韩国所占比例高，并且回收率较低。韩国破产司法能力之所以取得名列前茅的成绩，破产案件的电子化发挥了不可忽视的作用。在企业与个人破产案件数量增长迅速，收案数大于结案数，存案压力持续增加，案多人少矛盾突出，执转破案件数量快速增加，占破产案件总数的比重不断扩大的背景下，韩国在破产纠纷案件审判电子化的全面应用缩短了破产纠纷案件在审理时耗费的时间，改善了因参与人员众多，管理人不能及时与债权人进行良好的沟通，加之债权人会议组织复杂效率极低，无法精准复盘、纸质材料多、有效管理难等而耗费大量的人力物力，使工作质量和效率大打折扣等问题，有效地提高了办理破产司法能力。

2. 节约诉讼成本，保护破产相关利害人的权益

科技迅速发展的现代互联技术迅速催生了诉讼电子化，其依托电子媒介颠覆了传统的司法程序形式也节约了诉讼成本。在互联网时代，QQ、微信、电子邮件等新型的信息交互方式改变了信息传播方式，缩短了地球村的空间距离，促进人类便利地社交和生活。伴随着这些如雨后春笋般的信息传播媒介的发展，破产程序处理领域也逐渐与电子化相融合，破产程序处理电子化依托电子媒介形式节约了信息交流所需人力物力的成本，使破产纠纷案件的材料能够更高效地在诉讼参与主体间传递。例如，在钱伯斯亚太法律排行的破产清算与重整领域中，曾排在第一位的日本律师上田裕康讲述到了，电子

化的好处是对于债权人、债务人双方都十分便利，并且还可以降低成本。[1]
2010 年申请公司更生程序的消费信贷大企业武富士的债权人多达 91 万人，光通知书和邮费就花费 6 亿日元，这些费用将从企业的资产里扣除，最终会导致对债权人的清偿率降低，像这样的成本就可以通过司法程序电子化减少，达到保障债权人受偿权的效果。

又如，在实务中，由于破产案件立案审查涉及的事项复杂，需要准备的材料多，往往会出现原告准备的诉讼材料不完备而多次往返立案现场的尴尬局面，进而造成法院的立案效率低，最后导致法院案件积压严重。电子化的立案方式则极大地减轻了破产案件利害关系人因往来于法院的路途所形成的讼累，不但节约了诉讼的成本也更好地保障了当事人诉讼权利的行使。破产纠纷处理电子化依托现代信息技术精简了复杂的关于人、财、物的事务，使破产纠纷案件文件更加精准，提高了审理效率。如在我国破产法中，债权表将通过债务人异议、债权人异议等程序依法调整，债权申报清册和债权表最终需递交至人民法院存档。债权审查过程中，首先，债权人的申报材料和申报金额会随时补充和更新，管理人对债权金额的审查结果也会随之发生变动；其次，基于法定的债务人和债权人异议程序，若异议成立，也需要更新债权审查信息，因而基于上述数据形成的其他结果表格也需要同步调整。实务中一般通过人工依据事实材料和法律规定逐字进行调整，然后重新制作新版报表。数据修改过程繁杂易出错，重新制表过程中也容易出现录入错位和计算误差，导致最终结果不准确。同时，上述流程难以保障最新债权审核数据出具的及时性。因此，数据高效汇总和实时更新导出，可避免数据割裂、丧失联动，修改调整后无法自动更新的问题。一言以蔽之，推行电子化能够促进破产纠纷案件实现高效、准确、及时处理，从而使得破产处理程序顺畅进行，进而保障债权人与债务人等破产案件相关利害人员的权益。

3. 激发新的经济机遇

破产程序为平衡债权人与债务人的利益而生，凝聚着高度的社会经济制度属性，破产处理电子化带来的"破产与大数据"交互融合所激发的研究热点和创新方向将为破产案件办理带来新的机遇。克服经济危机后，韩国政府

---

[1] 陈景善："韩国破产法最新修改动态"，载陈景善、张婷主编：《东亚金融机构风险处置法律评论》（第 2 辑），法律出版社 2018 年版。

继续关注调整企业结构的问题并实施了一系列重要改革。比如调整五大财团、加强对大企业的管理、引导大企业吸收复合型人才助力于多样化发展与多极化经营、拓展中小企业的生存空间、引导企业进行自我评估、自我调整生产、实现资源最优化创收等措施，促进国民经济更好发展。这对于当前我国激发市场经济活力、推进经济体制的改革、促进经济发展也同样适用。

二、破产案件处理程序电子化的具体应用

(一) 破产的申请与受理

在破产案件处理程序中破产申请程序的及时、准确是推进整个程序高效的基础。在电子信息化高速发展的今天，也对破产申请的法律效力提出了新的要求，及时的破产申请起到的中止执行的法律效力对整个后续破产程序起到至关重要的作用。如果破产申请程序不能够及时执行，破产申请与破产受理之间的时间差对保障债务人财产进而提高债权人的受清偿率，或者企业重整成功的可能性都有很大影响。

电子化的推行极大地缩减了案件受理的时间维度，降低了申请程序的复杂程度，从立案、缴费、产出案件号到对应法官审核案件，只需要 10 分钟时间。推行适用高效便捷的电子化的破产申请尤为迫切。例如，韩国是通过韩国大法院的官方网站（http://ecfs. scourt. go. kr/ecf/index. jsp）进行的，电子申请程序为当事人或者代理人首先注册并登录电子系统，之后按照系统体系提交电子申请，法官对系统提交的有关案件信息进行审核，并自动生成缴费通知书。当事人注册成功后，需要在电子系统"电子提交"一栏中提交诉讼请求等相关资料并通过信用卡或者转账等形式缴纳费用。在此过程中需要注意的是，用户在韩国破产法院电子诉讼网站申请的账号需要进行电子签名认证，确保所注册的用户信息与电子签名认定证书一致，并且账户若五年持续不使用，期满将自动注销，防止电子申请系统被滥用。

破产案件自身的复杂性与电子化诉讼程序的特殊性带来的与传统司法程序的巨大差异要求，破产在受理过程中，当事人选择为电子诉讼模式之后，便不能随意要求更换为传统诉讼模式，如有特殊情况需要变更为传统诉讼模式，则需要经过涉案的全体法官同意。若有以下几种情形，则由行政法官强制撤销诉讼：存在无民事行为能力的当事人，存在信息伪造、故意或者重大

过失给电子诉讼系统运行造成障碍，存在滥用电子诉讼系统的情形，保障有正当诉讼请求的当事人正常行使权利，进而以确保电子诉讼系统正常运行。对于已经注册却不愿意适用电子诉讼的当事人，受命法官、受托判事、经办判事或者法官助理可以劝告其适用电子诉讼。电子申请提交之后，会通过大法院的电子诉讼系统尚未电子受理确认栏或者文书阅读器分配给相应审理负责人。电子受理确认栏中会显示案件名称、受理时间、提交人、实际提交人、受理状态、相关文件名、有无特殊事项（显示运达费和印花税的缴纳情况）等信息。这使得整个破产审理程序更加公开透明，保障了破产案件相关利害关系人的知情权和监督权。申请过程中生成的案件编号分流于合议庭，确保案件的在线集中管理，及时精准分配案件，实现案件审理进度实时跟进，保障案件处理质量与效率。这些实践过程中的具体问题对于我国的破产案件审理推行电子化具有很大借鉴意义。

在我国有些地方法院也开始试实行电子化信息建设，如广州市中级人民法院借助 5G 力量院开发的 5G 在线破产管理系统于 2019 年 6 月上线试运行。[1] 其中的"法官板块"具有破产资金监管（破产资金查询、审批、监管、预警）、案件进度监管（在线反馈、指导、审批、案件流程整体掌控）和统计与考核（案件统计与评价、管理人考核）的功能。以进度监管为例，系统可显示受理日期、阅卷、公告、印章管理、接管财产和文件、诉讼案件、债权申报与审查、资产清查、召开债权人会议、破产变价分配、破产终结等子项的工作信息。但需要注意的是，我国的实践还处于初步探索阶段，主力在于积极试行，开拓应用，相关负面问题的暴露还要有一定的时间性，在对于保障案件电子化顺利运行的一些限制性法律的设立方面，可以借鉴韩国的有关经验。

（二）相关电子文件的提交与送达

破产纠纷处理程序中依托电子媒介完成相关电子文件的提交与送达，对整个破产案件处理程序的效率有很大推进作用。通过电子媒介存储、记录卷宗电子化管理、确保案件信息自动及时更新、审理进度同步追踪、监督办案质量等方式，可以缩减送达期间与缩减征集意见的期间，韩国的《电子诉讼法》规定，当事人在注册登录同意使用电子诉讼系统时默认同意其接受相关

---

〔1〕 陈婧："以智慧法务助推司法行政信息化建设"，载《人民论坛》2020 年第 5 期。

文件的电子送达。通过电子送达，法院会以电子邮件的方式发送并短信告知提醒当事人确认。当事人登录电子系统即可查收消息。在送达当天，最晚自送达之日起最长一周内将完成送达，若一周内当事人未确认，自法院通知第八日视为送达，若因电子系统故障的客观原因接收人未能在规定时间内确认接收，可以视情况延长时间；在向拒绝使用电子系统诉讼的当事人送达文件时，通过 E-post（工作人员在韩国邮政处理中心传送电子文件后，邮政处理中心负责发出并送达），尽可能减轻工作人员的负担。我国在此方面也逐渐重视起来，并发布试行办法规定权利人在网上申报权利的，破产管理人可以通过破产重整案件信息网以电子邮件、移动通信等权利人预留的联系方式将审查结论通知权利人。权利人对破产管理人作出的审查结论有异议的，可以通过破产重整案件信息网提出异议并申请破产管理人复核。[1]

在管理阅览记录方面，韩国所采取的电子化形式的文件确保了审判人员在翻阅记录时，案件审理的其他相关人员也方便同时查阅或复制相关记录。如以合议庭形式审理的，不但主审法官和审判长可以同时翻阅记录，案件的相关利益人也可以同时共享。在记录卷宗管理方面，当相关材料分流至相应部门后，依托电子媒介对多次提交、多次修改的重整计划草案以及法院批准的重整计划进行编辑、整理、复制时，一改传统纸媒方式，试想若能在我国破产案件审理中大面积推行电子化文件，这将有效提高司法工作效率和保障案件相关利益人的权益。

（三）债权人相关权益事务的电子化

首先，债权人会议电子化。债权人会议为每名债权人维护自己的权益提供了平台，其主张权利的规则大多采取的是类似于我国公司法中的出席表决机制——人钱金额的计算方法。只有达到足够的债权数额或达到特定的债权人代表比例，债权人会议的行为才能达到预想保障债权人权益的效力。有些大型企业破产纠纷中债权人人数众多，传统的处理程序散乱且效率低下，容易造成破产处理耗时长、现场会议秩序维稳困难等难题，如今依托电子网络为媒介的债权人会议下，可以通过具有申报查询（线上债权申报、案件信息公开）、参会投票（远程视频参会、在线投票表决）和评价监督（结案前反馈、建议，结案后评价管理人）的程序进行。线上通知债权人、智能签到，

---

〔1〕《企业破产案件破产管理人工作平台使用办法（试行）》第10条。

以及参会人数和金额的实时智能统计等功能，可以提高会议效率和管理效能。如在审理重庆钢铁公司破产案件时，重庆法院依托破产重整案件信息网系统，组织分散于 20 多个省份的 1400 多名债权人，召开了线上债权人会议。[1]并保证了及时地公开全流程案件信息，既保障了债权人的诉求与权利，又大大提高了债权人会议工作的质量与效率，取得了法律效果和社会效果的双赢。我国最高人民法院《关于企业破产案件信息公开的规定（试行）》第 10 条第1 款规定："债权人可以在破产重整案件信息网实名注册后申报债权并提交有关证据的电子文档，网上申报债权与其他方式申报债权具有同等法律效力。"在债权人会议的召开方式以及投票方式的技术变革方面，要建立更为全面的债权人投票系统，需要法院参考现有的股东网络投票的经验，构建相关的互联网投票系统，实现投票债权人的身份验证以及网络投票功能，从而促进破产程序的信息化与网络化。在债权人会议方面融合电子化信息技术，不但可以极大地节约债权人会议的召开成本与投票成本，也为尊重每个债权人主张权利的诉求提供了科学完善的程序保障。

其次，债务人资产处置的电子化。债务人的资产处置结果是整个破产程序是否顺畅进行的重要一环，债务人资产处置结果不当，首先会造成资源的浪费，进而会损害债务人的财产权与债权人的受偿权，使债权人与债务人的利益不能均衡，这种情况引发的不满心理极其容易引发严重的社会矛盾。新兴的电子网络拍卖依托其自身优势成为解决该问题的良药。其一，电子化的拍卖信息高速、及时、准确、广泛地传播，可以实现更多的投资者参与竞拍共享；其二，拍卖活动不受时间和地点的限制，全国范围内展开，有利于资源最大化利用；其三，依托电子化的宣传拍卖平台可以极大地节约人力物力资源，降低财产处置成本；其四，网络拍卖的过程实时追踪更新节点信息，更加公开透明。自 2015 年温州市中级人民法院公布《关于通过网络司法拍卖平台处置企业破产财产的会议纪要》以来，四川、湖南、江西、深圳等各地法院都走在了探索并制定破产财产的网络拍卖处置规则的路上。2019 年 4 月23 日，北京市高级人民法院发布《关于破产程序中财产网络拍卖的实施办法（试行）》，这是我国第一个由高级人民法院出台的关于破产网拍的规定。该办法突出管理人作为财产出卖人的主导作用，法院工作转换为就管理人拟公

---

[1] 李志翔："重庆钢铁破产重整的案例研究"，江西财经大学 2019 年硕士学位论文。

示的拍卖信息进行事先审查提供必要的监督与协助，以保障债权人会议决策的有效性，使破产网拍在起拍价、保证金、拍卖次数及降价幅度的确定等方面更灵活便捷，最终降低企业破产成本、提高债权人受偿率、保护债权人的利益、缓和社会矛盾。

三、破产审理程序电子化的保障措施

（一）破产审理程序电子化的安全以及保护个人信息的措施

1. 做好可浏览电子记录的相关人员的限制

由于破产纠纷处理程序中会涉及大量个人信息等较为隐私的内容，并且电子化的案卷记录只要借助网络平台，有登录的账号即可查阅，"过于便利"的查阅记录的条件，使得实践中产生过一些负面影响。为此韩国法院专门设定浏览案件相关信息应当获得受理法院的严格准许规定，从而切实保障相关人员的权益。在破产审理电子化的程序中，既要保障查阅卷宗记录的便利性，又要保证案件相关卷宗信息的安全性。在韩国法律中规定：首先严格按照法律要求根据案件相关利害人的身份对能够查阅卷宗记录的范围进行明确，比如禁止破产清算管理人在接受任命前查阅相关记录，严格限制法官之外的内部阅览人员（管理委员以及重整委员等）的阅览范围。当然，电子文件提交当事人阅览案件卷宗记录时，无需经相关法律的限制。这方面在我国当前大力推行破产案件审理电子化的新兴阶段，可能会因追求效率而忽视对隐私权的保护问题，要审慎做好对相关人员的限制工作。

2. 做好电子系统基础设施安全性防控

破产案件审理依托的电子信息技术实施过程中最大的安全隐患，莫过于系统瘫痪。特别是信息技术发展势头迅猛的趋势下，主要体现在两个方面：一是防止黑客入侵。韩国在近五年还没有出现某个法院实务工作中遭受外部恶意侵袭计算机系统的案例，但法院内部业已未雨绸缪成立了专业化服务器安全维护团队，负责执行风雨无阻的24小时制的保安管理，并依托外部社会的网络安全维护咨询机构，对司法部门的计算机系统进行监控、维修，并持续采用信息保护管理体系（Information Security Management System）认证。自2014年起，韩国陆续建成使用为保障法院内部体系网络系统网络安全的，与外部互联网络的分离模式，在此安全防护模式之下，防止了电子资料在传输过程中因使用外网招致恶意侵袭而造成的信息泄露问题。[1]并且在个人终端设备上也实行了安全防控措施，包括安装运行综合管理、防御系统，达到拦截和防御恶性程序编码的目的。并且，为切实保护个人信息安全，韩国法院还对于妥善地保管司法部业务系统数据库中的个人信息做好了防范措施[2]，即使发生泄露，也力保在数据库的范围内对个人信息进行编码以及做出相应的应急保护。二是注意升级系统的数据容量与维持稳定问题。破产案件不同于一般的民事诉讼案件，需要收集、录入、整理、统计、存储、分析和呈现更多的信息，所以对依托的载体要求更高。值得注意的是，构建安全的防御体系不可能保证万无一失，在推行电子化的过程中韩国值得我们借鉴的是，不但法院要有高度的个人信息保护意识，构建防范体系，更要增强个人和团体的防范意识和加强相关制度的改进和完善，持续地进行系统升级，紧跟时代潮流，保障破产案件处理电子化的顺利运行。

（二）注重培育专业技能素养高的法律人才队伍

一方面，即便韩国在破产法领域全面推行了电子化，但是仍然存在结案周期长等实务难题，每个案件的处理平均期限为1.5年。虽然程序相关方面的立法已经很全面，但徒法不足以自行，大部分法官虽然在破产法的审判处理业务工作上非常熟练，但是在操作电子化的专业技能方面很受限制。另一方面，受韩国法学取消法律本科教育改革的影响，韩国逐渐转变以往的以司法进修生培养为中心到以在职法官研修、培训为中心的转型背景下，由于破产案件审理工作区别于普通民事审判案件的复杂性，加之在其普通破产案件处理程序与电子化融合后所形成的特殊审判程序，对司法工作人员的实务操作技能提出了更高要求。故而破产法院十分重视对司法工作人员的技能培养，提高其办案的专业技能，适应电子化的办案。一方面会采取课堂培训与网络培训（非直播）方式进行理论学习，比如会聘请具备专业化计算机知识人员录制课程[3]，并交由专业团队进行视频制作，保证培育资源的科学专业性。另一方面会加强对实务中有信息化利用实务经验的分享，比如选取经典的信

---

〔1〕 박지원．"국경을 초월한 전자상거래와 동북아 ODR플랫폼의 구상." 분쟁해결연구　18.2 (2020)：131-164.

〔2〕 권종걸．"기업집단 도산에 관한 UNCITRAL 모델법 검토-기획도산절차, 의제절차와 기업집단도산계획을 중심으로." 법학연구 60.4 (2019)：75-108.

〔3〕 胡田野、郑未媚："中韩法官教育培训制度比较研究"，载《法律适用》2017年第17期。

息化适用案例，进行特定审判实务的学习，进而降低司法工作人员对破产案件审理畏难的情绪，提升其对实务工作的熟练性。

四、结语

韩国破产程序实施电子化改革成果显著，有很多方面值得研究和借鉴，对我国的破产领域推行电子化司法实践具有重要意义。纵观中国的破产案件处理电子化水平虽起步晚，但在经济与科技飞速发展大背景催生下发展迅速，个别地区作为试点成绩显著，但由于个人破产制度仍未全国化推行，在此方面还有待探索。司法实践需要回应技术发展的新趋势，破产案件处理电子化在"互联网+"战略要求下，应以法理为指导，结合制度的时代演进，强化智力支持，全面、规范、有效引导我国破产纠纷处理司法程序电子化立法与程序建设，更好地贯彻破产程序平衡债务人与债权人利益的理念，促进破产纠纷处理司法程序电子化的司法实践的深入发展。

首先，"缺少成本意识的司法制度更容易造成司法审判的功能不全"〔1〕，良好的司法制度既要保障公正高效，又要最大限度地保护程序主体的利益，降低程序施行成本。在当今始终着力于稳增长调结构促转型，经济结构加快向中高端迈进的社会环境下，不论是业已小有起色的企业破产审判还是部分地区新兴的个人破产审判的司法制度都需要顺应电子化的潮流，积极应对破产领域的新情况、新问题，不断探索推进破产审判市场化、法治化、专业化和信息化建设，为深化供给侧结构性改革、优化营商环境建设、服务经济高质量发展提供更加有力的司法服务是必然要求。

其次，电子化手段亟需在破产案件全过程加以运用〔2〕。在此过程中，不但要借鉴破产案件电子化经验丰富的先进国家发展经验，更需要具有法律道德素养高、专业技能素养高的法律人才队伍来践行，并将破产纠纷处理电子化施行先进的法院如广州市中级人民法院、杭州市中级人民法院、重庆市中级人民法院等先进单位的司法实践经验大力推广到全国范围学习。特别是在后疫情时代，应当说，信息平台的共建互通、业务协同、信息共享，引领着

---

〔1〕 ［日］棚濑孝雄：《纠纷的解决与审判制度》，王亚新译，中国政法大学出版社 2004 年版，第 267 页。

〔2〕 刘华俊："知识产权诉讼制度研究"，复旦大学 2012 年博士学位论文。

市场资源的优化配置。破产审判工作的高效发展离不开电子信息化的催生。破产审判工作更要抓住信息化发展的历史机遇，结合审判实务工作有效协同电子信息化发展，力争把破产审判工作提升到更高更新的层次，更好地服务于经济发展大局，探索出新时代具有中国特色的破产案件电子化制度。

公司与证券法前沿

证券发行中专业服务机构的勤勉义务

胡改蓉　肖　铮*

一直以来，专业服务机构被视为资本市场的"看门人"，看门人通过不断提供高质量的信息核实服务建立起自己的声誉资本，而其在对发行人信息进行核验的同时亦是将自己的声誉资本借给了发行人，投资者也因此而信赖发行人披露的信息及其发行证券的品质。也就是说，看门人用自己的声誉资本为发行人提供了担保，看门人也可以通过拒绝与不当行为人合作，以保护公司的外部投资者。[1]由此可见，专业服务机构在证券发行中的职责即为在自己的专业范围内，凭借自身的专业技能向投资者揭示发行人的信用风险，减少二者间的信息不对称。因此，为确保专业服务机构能够完成发行人委托给自己的专业任务，保障信息披露质量，立法者对证券发行中的专业服务机构提出了勤勉尽责的要求，通过设定"勤勉义务"维护广大投资者的利益以及资本市场的信誉和秩序。

一、我国现行勤勉义务之规定及存在的制度困境

（一）当前专业服务机构勤勉义务的规范分析

我国在证券法这一资本市场基本法中，明确了证券发行中专业服务机构的勤勉义务。根据《中华人民共和国证券法》（以下简称《证券法》）第163条之规定，证券服务机构为证券发行出具审计报告、资信报告、法律意见书等文件的，应当勤勉尽责，对所依据的文件资料内容的真实性、准确性、完整性进行核查和验证。这一规定从原则上确立了专业服务机构在证券发行中的

---

* 胡改蓉，女，华东政法大学教授、博士生导师；肖铮，男，华东政法大学经济法学研究生。
〔1〕 彭志："看门人机制为何失灵？——论中介机构之归位尽责"，载《南方金融》2015年第12期。

勤勉义务，并明确了该义务的指向是核查与验证文件资料的真实、准确和完整。

因为《证券法》并未明确专业服务机构所负勤勉义务的具体规则，如履行核查和验证义务的具体情形、判断标准等，所以，若深入探察勤勉义务的规则还需审视部门规章以及行业规范中的相关规定。中国证券监督管理委员会在其颁布的《公司债券发行与交易管理办法》第6条规定，为公司债券发行提供服务的专业机构及人员应当勤勉尽责，严格遵守执业规范和监管规定。即将勤勉义务的履行标准与相关的执业规范及监管规定相衔接。而在此之前，中国证券监督管理委员会针对证券发行中不同专业服务机构已经分别出台了相应的管理办法，以确保信息披露的质量。例如，《律师事务所从事证券法律业务管理办法》第3条规定："律师事务所及其指派的律师从事证券法律业务，应当遵守法律、行政法规及相关规定，遵循诚实、守信、独立、勤勉、尽责的原则，恪守律师职业道德和执业纪律，严格履行法定职责，保证其所出具文件的真实性、准确性、完整性。"同样，《证券市场资信评级业务管理办法》第5条也有相似规定，即"证券评级机构从事证券评级业务，应当制定科学的评级方法、完善的质量控制制度，遵守行业规范、职业道德和业务规则，勤勉尽责，恪尽职守，审慎分析，充分揭示相关风险。"在财政部发布的《中国注册会计师审计准则第1101号——注册会计师的总体目标和审计工作的基本要求》中，第16条和第17条也针对性提出，注册会计师应履行职业判断与职业怀疑，要求其综合运用相关知识和技能，采取质疑的思维方式，对审计证据审慎评价。此外，在不同行业内部，自律监管机构也针对专业服务机构的勤勉义务作出了相应规定。

虽然这些规定较《证券法》而言相对具体，体现出监管机构对专业服务机构勤勉义务的基本要求，但始终是从宏观和抽象层面对专业服务机构提出的原则性要求，未能形成明确、具体的义务规范体系。对于如何界定勤勉义务、如何认定勤勉义务是否履行，进而判断专业服务机构是否应当承担不利后果等，都缺乏明确的规定或指引。正是因这种具体标准的缺失或者模糊，造成了实践中在判断专业服务机构是否勤勉尽责时产生难题。

（二）勤勉义务认定的实践困境

1. 职责边界不清引发义务标准不明

专业服务机构承担勤勉义务的前提在于职责边界明确，各机构在自己工作范围和专业领域内核查发行人的相关情况，发表专业意见。换言之，专业服务机构需要在划定职责边界的基础上承担不同的注意义务。以发行人与重要客户签订的销售合同为例，其不仅涉及收入确认等会计问题，也涉及销售合同的真实性、合法性以及履行中的相关法律问题，会计师与律师均应审慎核查这一合同，但审核的角度与目的不同，要求也就不同。具体而言，律师在对与法律相关的事项进行核查时应达到专业标准的注意程度，但对财务数据等会计项目的关注仅需达到普通人的注意程度即可。

但实践中，各专业服务机构的核查工作范围并非泾渭分明，这就给义务履行和责任认定带来了困难。首先，审查范围多有重合。例如，在证券发行中，律师和会计师都被要求对发行人的关联关系和关联交易进行查验。根据《公开发行证券公司信息披露的编报规则第 12 号——公开发行证券的法律意见书和律师工作报告》第 38 条的规定，律师主要审查关联交易是否损害发行人及股东的利益、章程或其他内部规定中是否规定了关联交易的公允决策程序以及是否存在同业竞争，并需要说明重大关联交易的数量、金额等内容。而根据《中国注册会计师审计准则第 1323 号——关联方》第 23 条的规定，会计师需要从交易的商业目的出发查验关联交易是否存在舞弊风险、财务信息是否存在虚假报告，并确保关联交易已经按照适用的财务报告编制基础得到恰当会计处理和披露。虽然二者侧重有所不同，但确实会存在重复查验的情况，尤其是关联交易是否损害发行人及股东利益本身就与关联交易是否存在舞弊风险、财务信息是否存在虚假报告密切关联。其次，专业服务机构在获取支撑其专业意见的证据材料时，通常会出现交叉引用他方专业意见的情形。以证券律师为例，《律师事务所从事证券法律业务管理办法》第 15 条规定，律师从会计师事务所、资产评估机构、资信评级机构、公证机构直接取得的文书，可以作为出具法律意见的依据。在证券业务实践中，律师也常常需要其他专业机构出具的专业文件作为法律意见的支撑。例如，《公开发行证券公司信息披露的编报规则第 12 号——公开发行证券的法律意见书和律师工作报告》第 24 条规定："律师应在进行充分核查验证的基础上，对本次股票发行上市的下列（包括但不限于）事项明确发表结论性意见。所发表的结论性意见应包括是否合法合规、是否真实有效、是否存在纠纷或潜在风险……（三）本次发行上市的实质条件……"第 32 条又规定，律师应当"逐条核查发行人是否符合发行上市条件。"由于这一要求远超律师的能力范围和法律服务所能肩负的功能，律师在核查上述条件尤其是财务条件时，势必要引用会计师事务所出具的专业意见。而此时，如果所引用的其他机构的专业文件出现问题，便极易引发律师事务所及律师自身的法律风险。

面对上述各专业服务机构核查范围重合、交叉引证、相互担保的现象，我国现有法律对核查义务标准的规范却显得较为乏力，导致监管机构和审判机关在认定专业服务机构是否已勤勉尽责时缺乏统一、准确、合理的标准。尤其是《证券法》第163条要求专业服务机构对所依据的文件资料的真实性、准确性、完整性进行核查、验证，这就变相增加了专业服务机构对其他专业意见的核查工作，将非专业事项与专业事项混同，与依据职责范围不同划分不同注意义务标准的基本法理相悖。在欣泰电气案中，中国证券监督管理委员会认为北京市东易律师事务所存在的问题之一便是，工作底稿中留存的对主要客户的承诺函、询证函、访谈记录，大多数直接取自兴业证券股份有限公司，未审慎核查和验证兴业证券股份有限公司提供的相关资料。[1]同时，在该案对兴业证券股份有限公司的处罚中，中国证券监督管理委员会认为兴业证券股份有限公司直接引用会计师事务所审计工作底稿，且对审计工作底稿未能审慎核查。[2]在振隆特产案中，信达证券股份有限公司也被认为相关材料全部引用了会计师的存货盘点文件。同时，未对会计师存货盘点工作的合理性、准确性、完整性进行审慎核查和独立判断。[3]这样的认定和处理结果显然已经突破了专业服务机构的专业边界，同时，徒增各机构重复性的调查成本，既失公平又失效率。

2. 结果导向违背勤勉义务的行为本质

现行的司法裁判及行政处罚实践对于专业服务机构未履行勤勉义务的认定多从结果出发，以事后审查的角度来检验专业服务机构的服务，进而对其是否尽到勤勉义务予以判断。造成这种结果导向的原因或许在于两方面：一是专业服务机构因虚假陈述而承担的民事责任属侵权责任，且适用过错推定原则，而在专业服务机构虚假陈述案件中，既然信息披露存在瑕疵，那么以

---

〔1〕《中国证监会行政处罚决定书（北京市东易律师事务所、郭立军、陈燕姝）》（〔2017〕70号）。

〔2〕《中国证监会行政处罚决定书（兴业证券股份有限公司、兰翔、伍文祥）》（〔2016〕91号）。

〔3〕《中国证监会行政处罚决定书（信达证券股份有限公司、寻源、李文涛）》（〔2016〕109号）。

事后眼光来倒推和审视调查验证、审计等过程，就总有可待商榷之处。因此，一旦确认专业服务机构对于信息虚假或遗漏事项存在注意义务，那么其基本上无法逃脱赔偿责任。[1]二是保护投资者利益的驱动。专业服务机构的存在本身即现代证券市场发展的需要，是为了解决投资者与发行人之间的信息不对称问题，因此，投资者作为依赖专业服务机构进行决策的弱势方，其利益保护必然成为监管部门的关注重点。特别是我国证券市场的投资者以散户为主，且投资理性不足，加之注册制改革的推进，使得监管机构和司法机关会更倾向于在证券发行出现欺诈时，尽可能倾斜保护投资者，课以专业服务机构较重的法律责任。但实际上，勤勉义务的核心在于专业服务机构利用其自身的专业知识和技能对发行人信息保持合理注意，审慎核查与验证，只要其能够证明实现了前述制度目标，就应当认为其已经勤勉尽责，而非仅仅关注是否存在虚假陈述这一结果。但现行追责机制的结果论倾向却忽略了对专业服务机构提供专业服务的过程考察，偏离了勤勉义务的应然内涵，给其带来了不合理的执业风险和责任负担。

二、勤勉义务的分类设置：以职责厘定为核心

（一）职责专业化背景下分类设置的正当性

专业服务机构之所以在证券发行中发挥重要作用，源于其能够减少市场各主体之间的信息不对称程度，体现"看门人机制"的核心功能。[2]各机构凭借自身的专业知识与技能，对发行人提供的各类信息加以审慎核查和验证，以此对发行人的情况做出职业判断。换言之，专业服务机构以专业资质和信誉为证券发行提供担保，公众也因此对专业服务机构能够通过专业活动客观、公正地判断发行人的实际情况抱以合理期待，并对其发表的专业意见加以利用。因此，勤勉义务实质上是专业服务机构基于各自的职业特性承担的以信赖责任为基础的注意义务。[3]因而，要求专业服务机构承担高于普通人的注

---

〔1〕 郭雳："证券市场中介机构的法律职责配置"，载《南京农业大学学报（社会科学版）》2011 年第 1 期。

〔2〕 ［美］约翰·C. 科菲：《看门人机制：市场中介与公司治理》，黄辉等译，北京大学出版社2011 年版，第 4 页。

〔3〕 张文越："科创板中介机构勤勉尽责责任研究——基于注意义务之区分"，载《浙江金融》2019 年第 10 期。

意义务之范围应限于其专业范围，若硬性要求其对专业范围以外的事项同样负有专业人士标准的注意义务，则过于苛刻，也会打击专业服务机构提供社会服务的积极性。因此，基于职责范围的不同，对专业服务机构分类设置不同标准的注意义务有其合理性与正当性。

这一做法在国外也有着类似的制度经验。以美国《1933年证券法》为例。美国《1933年证券法》第11条（b）（3）（B）项规定，专业人士对其本人所作的专业陈述，需证明经过适当调查后具有合理的理由确信为真实，方能免责；而本款中的（C）项则赋予专业人士对非本人作出的专业陈述合理信赖，在其没有适当理由认为且确实不认为陈述是不真实的情况下，即可免责。在采取保荐人牵头模式的英国，在保荐人统筹负责核实发行人信息、承担风险防范责任的前提下，会计师、律师等专业人士同样是以其所签名的文件范围认定责任，中介机构与他人共同签署一份文件时，若因合理相信其他专家的意见而为之，则对该部分不承担责任。[1]可见，在不同职责范围内赋予专业服务机构不同标准的注意义务是各国证券市场制度发展中的共识，而"赋予中介机构'合理信赖'其他专家而免责的权利是国际上普遍的做法。"[2]

（二）法律层面明确区分特别注意义务与一般注意义务之必要

我国现行证券规则体系中，在法律层面并未明确专业服务机构的勤勉义务应以其工作范围为界设置不同的标准。有关特别注意义务与一般注意义务之区分多见于监管部门的规定。早期规定散见于不同行业的管理办法。例如，《律师事务所从事证券法律业务管理办法》第14条规定："律师在出具法律意见时，对与法律相关的业务事项应当履行法律专业人士特别的注意义务，对其他业务事项履行普通人一般的注意义务"。《证券市场资信评级机构评级业务实施细则（试行）》第11条第2款也同样规定："评级项目组在采信承销商、会计师事务所、律师事务所、资产评估等机构出具的相关材料时，应当在一般知识水平和能力范畴内对其真实性和准确性进行评估。"随后，中国证券监督管理委员会在《公司债券发行与交易管理办法》第49条第3款明确提

---

〔1〕 郭雳："证券市场中介机构的法律职责配置"，载《南京农业大学学报（社会科学版）》2011年第1期。

〔2〕 郭雳、李逸斯："IPO中各中介机构的职责分配探析——从欣泰电气案议起"，载《证券法苑》2017年第5期。

出：“证券服务机构及其相关执业人员应当对与本专业相关的业务事项履行特别注意义务，对其他业务事项履行普通注意义务，并承担相应法律责任。”

在司法实践中，特别注意义务与一般注意义务之分也正在被逐渐接受和采纳，法院已经日渐认可专业服务机构对其他机构出具的专业意见无需承担严苛的注意义务。在欣泰电气案中，北京市高级人民法院即认为北京市东易律师事务所“对审计报告中涉及财务会计专业性、完整性、一致性等问题履行普通人的注意义务，但对审计报告中涉及法律风险的问题仍需秉持职业怀疑精神，本着独立、勤勉的态度履行相应的核验义务”。[1]在中安科案中，上海金融法院认为：“华商律师事务所并非专业的审计或评估机构，其仅是从合法性、合规性角度对该定价予以评价，故要求华商律师事务所对基于专业机构评定的资产价值的准确性、真实性、完整性负责，于理无据”。

然而，由于缺乏法律层面的制度支持，中国证券监督管理委员会的监管规定对于司法实践仅有参考作用，且相关表述本身也不够清晰和具体，这就使得不同法院、不同法官对于专业服务机构的“特别注意义务”与“一般注意义务”的区分仍会产生不同认知甚至偏差。例如，在五洋债案中，关于上海市锦天城律师事务所责任认定的争议之一即在于，法院认为其“未发现占比较高的重大资产减少情况对五洋建设偿债能力带来的法律风险”。但是，对证券发行中律师的勤勉义务而言，其虽然需要对发行人重大资产变化的交易行为进行审查，但仅需审查交易是否符合当时法律法规的规定、是否履行了必要的程序，以及在交易合同签订后的履行中是否存在法律风险，而资产减少本身是一种经济性而非法律性事实，是一种区别于合同存在法律效力缺陷等法律风险的商业风险，律所是否应对其承担专业范围内的注意义务确实值得商榷。[2]可见，在司法实践中，并非所有法院及法官都能准确厘清各专业服务机构的责任边界及勤勉标准。因而，从法律层面明确“特别注意义务”与“一般注意义务”之分对于公平公正的司法审判至关重要。

（三）特别注意义务标准之设定

特别注意义务本身作为一种主观判断，其意义在于要求专业服务机构在

---

〔1〕 北京市高级人民法院（2018）京行终 4657 号行政判决书。

〔2〕 清澄君：“莫让证券诉讼成为变相刚性兑付：对五洋债券案的几点私见”，载 https://mp.weixin.qq.com/s/hTSptAug3L4WeV9gdGQFOw，最后访问日期：2021 年 1 月 30 日。

经过合理的调查和分析之后，有适当的理由相信并真实地确信，其所述内容均为属实，并对此进行必要说明。[1]正是因为这种判断的主观性，实践中很难对其作出明确的规定。美国证券交易委员会曾试图制定承销商尽职调查的行为准则，但被各承销商以尽职调查因事而异，统一的准则并不能保障承销工作的质量为由进行抵制，随后作罢。[2]但笔者认为，虽然对特别注意义务的履行无法作出统一规定，但仍可以在综合考虑如下因素的基础上作出指引和判断：

1. 具有行业平均水准的专业技能

有学者将"特别注意义务"表述为"职业谨慎"，认为执业者应当在执业过程中具备与其提供的服务相匹配的业务水平，秉持忠诚和公正的原则，小心谨慎地开展业务。[3]这就是说"特别注意义务"要求专业服务机构需达到与其专业相匹配的审慎注意，这也是源于其角色和职责的专业化要求。任何机构及其从业人员均不能以其未符合标准或不具备履职技能为由免除自己的勤勉义务。但如何判断"相匹配的业务水平"，是采取主观标准，还是客观标准？换言之，是只要专业服务人员尽到自己的努力即可，还是必须达到一个客观的水平方可？二者相较，为剔除能力较差的专业人员，更好地保障证券市场信息披露的质量，实现专业服务机构"看门人"的制度功能，设定一个客观标准更为合理。对于这一客观标准的设定，需要强调以下三点：

第一，这种客观标准是以行业平均服务水平为参照。行业平均服务水平在本质上也是一种假设标准，它设定了一个理性的、具有合格专业能力的从业人员的模式或范本，并要求证券发行中提供服务的专业人士在运用专业技能时应达到这一标准。[4]否则，便会被直接认定为未勤勉尽责。在美国的BarChris案中，"承销商律师没有经验"及"审计师还未取得注册会计师资格

〔1〕 杨玲："注册会计师侵权责任抗辩事由研究——勤勉尽责及其判断标准"，载《当代法学》2003年第4期。

〔2〕 Gary M. Lawrence, "In Search of Reasonableness: Director and Underwriter Due Diligence in Securities Offerings", *Securities Regulation Law Journal*, Vol. 47, No. 3, 2019, pp. 189-260.

〔3〕 彭真明："论会计师事务所不实财务报告的民事责任——兼评上海大智慧公司与曹建荣等证券虚假陈述责任纠纷案"，载《法学评论》2020年第1期。

〔4〕 彭真明、陆剑："论律师对第三人的民事责任——以证券虚假陈述为视角"，载《社会科学》2008年第6期。

且对发行人所属行业毫无经验",非但不能免责,反而坐实了过错。[1]

在具体的认定中,这一假设的"合格专业能力"主要体现为行业准则。换言之,行业平均服务水平要求专业服务机构从业人员应具备按照行业准则进行执业时能合理地发现发行文件中的隐藏风险与不实信息的能力。若其达到了这一服务水平,那么即使未发现不实信息,也应认为其已经尽到了注意义务。当然,除行业准则外,行业平均服务水平还要求从业人员应清楚行业惯例,知悉行业规定的实质内涵,从而再发表专业意见。可以说,行业准则与行业惯例为专业人员提供了"合理标杆",为抽象标准提供了相对具体的应用指南。

第二,这种行业平均水平是一种"合理注意"的要求。这也是在长期的司法实践中形成的较为一致的看法。[2]英国丹宁勋爵在 Greave & Co. Ltd v. Baynham Meikle & Partners 案中重述了普通法的一项基本规则,即有关专业人士责任的法律没有隐含一个保障条款,没有要求专业人士取得最理想的结果,它至多只是要求专业人士运用合理的注意和技能。[3]在 Cooleyon Tort 一案中,法官在判案时也指出"每一个向他人提供服务或被雇佣的人,在其工作过程中都应承担以合理的关注和勤勉应用其所拥有的技术的责任……但是,不管是需要技能的工作还是不需要技能的工作,没有人能保证毫不差错地成功地完成他所承担的工作。他能忠实和公正,但不能保持一直正确,他对他的雇主负过失责任和不忠诚老实的责任,但不负因纯粹的判断错误而导致的损失责任。"[4]尤其是对那些在行业内部本身就存有争议的问题,如果专业人员出具的意见事后被认为未能发现不实信息,也不能认定其未尽勤勉义务。以律师行业为例,证券律师业务的关键是对发行人信息的"合法性"进行审查,当法律规则明晰、没有适用分歧时,律师容易对核查对象的合法与否作出明确判断,但制度总是不完美的,对于规则缺失、矛盾、模糊等情况下的合法性判断,就容易在不同专业人士之间产生分歧。对此类尚未形成共识的

---

〔1〕 Michael Klausner et al. , "State Section 11 Litigation in the Post-Cyan Environment (Despite Scia-bacucchi)", *The Business Lawyer*, Vol. 75, No. 2, 2019, p. 1775.

〔2〕 彭真明:"论注册会计师不实财务报告民事责任的认定——以对第三人的责任为中心",载《法学评论》2006 年第 4 期。

〔3〕 刘燕:"'专家责任'若干基本概念质疑",载《比较法研究》2005 年第 5 期。

〔4〕 [美]道格拉斯·R. 卡迈克尔、约翰·J. 威林翰、卡罗·A. 沙勒:《审计概念与方法:现行理论与实务指南》(第六版),刘明辉、胡英坤主译,东北财经大学出版社 1999 年版,第 360 页。

"疑难问题"，不能仅以证券律师的判断与其他专业人士或监管机构不同，就被认为"未勤勉尽责"。

总之，中介机构作为"看门人"，其职责仅是对发行人文件的再确认，依靠程序性的核查验证提供合理保证而非绝对保证。[1]因此，对中介机构的履职要求应有限度。正如学者针对会计师的责任研究所指出的，未能发现真相并不等于会计师存在主观过错，会计师的合理注意以尽到必要的职业谨慎为限，以发现不实会计信息的成本不显著超过收益为限。[2]

第三，不能将"行业平均水平"上升至"专家责任"的高度，使专业服务机构及其人员承担不合理的高度注意义务。"专家"一直以来都是权威的代名词，表示在行业内具有卓越专业能力的专业人士。因此，其所承担的注意义务标准当然会更加严格，因为其超乎普通从业者的能力足以支撑其从发行人信息中察觉出前者不能发现的风险，而投资者也会因此对其抱有更高的期待和信赖。但我们需要承认的是，在任何一个行业内，专家的存在毕竟是少数，绝大多数从业人员都不可能达到这一水平。故此，我们也不应要求专业人员极尽勤勉义务，达到如同专家水准般的高度注意。早在 1938 年，英国廷戴尔法官在 Lanphier v. Phipos 案中就指出："每一个以学有所长的专业人士身份进行活动的人，都有义务在其专业活动中运用合理水平的注意和专业技能……法律上也不要求专业人士具有最高水平的技能。"[3]在美国，证券监管机构和司法机构也持有相同观点。美国证券交易委员会指出"并不是要求律师对每一信息披露义务不符的作为和不作为行为予以纠正，而是在这些信息造假行为严重到作为一个普通专家所能意识到的程度范围内，则应对其加以纠正。"[4]美国联邦第七巡回上诉法院在 Hochfelder v. Ernst&Ernst 一案中，也指导性地确立了判断会计审计的标准，即会计师通常"只需符合作为一个被大家期望的精通专业的会计师所应有的注意标准即可。"[5]

---

〔1〕 中国证券监督管理委员会行政处罚委员会编：《证券期货行政处罚案例解析》（第二辑），法律出版社 2019 年版，第 218 页。

〔2〕 缪因知："证券虚假陈述赔偿中审计人责任构成要件与责任限缩"，载《财经法学》2021 年第 2 期。

〔3〕 刘燕："'专家责任'若干基本概念质疑"，载《比较法研究》2005 年第 5 期。

〔4〕 戴谋富："律师证券业务中虚假陈述民事责任探析"，载《社会科学辑刊》2009 年第 4 期。

〔5〕 彭真明："论注册会计师不实财务报告民事责任的认定——以对第三人的责任为中心"，载《法学评论》2006 年第 4 期。

2. 获取足够支撑发表专业意见的证据材料

专业意见发表的逻辑起点是评估发行人的真实状态，立足于对发行人信息的分析、验证与判断。因此，专业服务机构在出具专业文书之前，应尽可能全面了解发行人的状况，基于翔实的证据材料发表专业陈述。以律师事务所为例，如果证券律师检索法律不全面，遗漏了重要的法律，或者发表意见时模棱两可、含糊其辞，则可认定其未尽勤勉义务。[1]但是，当发行人故意提供虚假信息时，不能因此认定专业服务机构未尽勤勉义务。这是因为"特别注意义务"仍然是在"合理"范围内的注意义务。即使对专业服务机构提出职业谨慎的要求，也不能过于严苛，其只要达到"合理的"注意程度即可。尤其是，专业服务机构在发表专业意见时，必须依赖于其所能获取的材料，而受调查方式、手段等限制，专业服务机构在很大程度上只能依赖于发行人提供的相关信息，因此，其对自身所提供的专业意见的真实和准确也仅能达到合理保证，即专业服务机构只要通过合理路径获取了足够支撑其发表专业意见的证据材料，并对其进行了审慎核对，即应认可其勤勉尽责。

3. 依靠专业能力合理判断

在具备前两项条件后，专业服务机构应做的便是对自己所掌握的信息进行合理判断，直到内心能够确信所发表的专业意见属实。在执业过程中，专业服务机构应时刻以审慎态度对待自己遇到的专业事项，对其据以发表意见的材料保持职业怀疑，并要运用自己的专业能力对各项信息进行逐项核查，最终验证自己的职业判断。只有如此，方能确信自己的专业意见在职责范围内不会出现虚假陈述或重大遗漏，抑或误导性陈述。这里的"合理"应当还蕴含着"独立、诚信"的要求。由于在证券发行中，专业服务机构是受发行人委托提供专业服务并接受其报酬的，在执业过程中，难免会受到发行人的影响。但既然是证券市场的"看门人"，专业服务机构肩负着投资者的合理信赖，其就应保持职业谨慎，独立完成职业判断。

（四）一般注意义务标准之规范

专业服务机构对非专业事项履行普通人的一般注意义务毋庸置疑。此处的非专业事项多指包含其他专业服务机构和政府部门所出具的文件等在内的、专业服务机构赖以发表专业意见的证据材料。因为专业服务机构对于专业范

---

[1] 郭雳："证券律师的职责规范与业务拓展"，载《证券市场导报》2011年第4期。

围外的知识同样属于"门外汉"，所以要求其承担与普通人一般的注意义务公平合理。但此时需要特别强调的是，这种一般注意义务也应受到"合理性"的限制，易言之，一般注意义务的判断标准应建立在"合理信赖"的基础之上。

这非常类似于美国证券法中的"红旗规则"（Red Flags Rule）。以证券承销为例，承销商可以合理信赖专业服务机构出具的专家陈述，无需对专家陈述进行额外的调查，除非存在足以动摇一个管理自身财产的谨慎人对专家陈述信赖的危险信号（红旗）。[1]红旗规则的核心在于承销商在面临危险信号时不得盲目依赖经审计的财务报表或者其他专业信息。[2]即合理信赖的边界在于专业意见中不存在异常情形，一旦警报（红旗）出现，就应对其进行合理调查以排除怀疑，否则同样视为未勤勉尽责。在 Software Toolworks 案中，面对"红旗"，承销商为确保收入确认的准确性，首先向该项目会计服务机构（德勤会计师事务所）的会计师询问并要求其作出解释，随后承销商要求其以书面形式再次确认其他合同收入的真实性和准确性，最终，承销商联系了其他会计师事务所以验证德勤会计师事务所的收入核算方法是适当的。法院据此认为，在该案中，承销商并未盲目信赖德勤会计师事务所，对危险信号的调查是合理的。[3]而至于什么样的情形可能构成危险信号进而成为合理信赖的阻碍则是应用"红旗规则"时的一个难题。发行人可能存在的不实信息在实践中并不相同，且需要专业服务机构凭借专业技能结合实际情况具体判断，因而对于"危险信号"的判断难以采用详细的列举式规定。对此，可以借鉴"商业判断规则"的做法，由专业服务机构证明其有正当理由进行合理信赖。当然，监管部门也可以制定指引式的参考，如加拿大投资行业监管组织（II-ROC）就在有关承销商尽职调查的拟议指南中列举了一些危险信号，包括发行人业务及财务方面的重大变化、关联关系以及诉讼争议和监管处分等。[4]

---

〔1〕 In re Software Toolworks Inc. Sec. Litig. , 50 F. 3d 615 （1994）, p. 632.

〔2〕 Jonathan R. Zimmerman, W. Morgan Burns, "Nine Steps to Help Limit Underwriter Liability in Bought and Overnight Deals", available at https://www. faegredrinker. com/en/insights/publications/2008/11, last visited on 2021-1-30.

〔3〕 In re Software Toolworks Inc. Sec. Litig. , 50 F. 3d 615 （1994）, p. 632.

〔4〕 Jeffrey Zabalet, Henry Harris, "Canada: Underwriting Due Diligence: What's 'Reasonable'?", available at https://www. mondaq. com/canada/securities/307998/underwriting-due-diligence-whats-reasonable, last visited on 2021-1-30.

综上所述，我们应当承认，专业服务机构可以基于对其他专业机构专业技能的信任和机构的良好信誉"合理信赖"其他机构所发表的专业意见而加以引用。但当其中存在以普通人之注意即可发现的明显异常时，专业服务机构应展开进一步的查证与询问，以排除其合理怀疑。若无明显瑕疵，即使事后其所引用的专业意见存在虚假陈述，也可以"合理信赖"为由进行抗辩。

三、勤勉义务的程序要求：专业职能发挥之保障

（一）程序规范之必要性

遵守相应的执业规则和行业规范被视为是勤勉义务的应然要求，这一要求所包含的内容不仅是希望专业服务机构按照行业标准保持职业谨慎，同时也内含了遵守核验程序、确保工作流程完整的要求。作为一种过程性义务，勤勉义务考察的重点在于专业服务机构尽己所能，勤勉、审慎地完成了自己的专业工作。因此，这种勤勉尽责的判断必然离不开程序性事项的完成。

之所以在证券发行中强调专业服务机构应遵守程序，是因为：其一，合理的程序可以帮助专业服务机构降低专业风险，提高工作效率。专业服务机构在工作中并非万能，且不说核验成本，专业技能与调查手段的局限性已然决定其无法真正做到绝对保证。因此，遵守执业准则、履行执业程序成为提高其工作质量的必要保障。其二，完整的工作流程有助于专业服务机构获得充分的证据材料，能够更好地验证资料的真实性，是其发挥专业技能、承担注意义务的前提与路径。

正是因为遵守程序能更好地促使专业服务机构发挥专业优势，所以在勤勉义务中占据重要了地位。也正因如此，在证券监管中因专业服务机构在履行职责时存在程序瑕疵而受到行政处罚的案件并不少见。例如，在振隆特产案中，中国证券监督管理委员会对北京市中银律师事务所处罚的原因之一即为其在核查和验证前没有编制查验计划。[1]瑞华会计师事务所也曾因货币资金、应收票据、营业收入等审计程序存在缺陷而受到处罚。[2]同样，在"五洋债"案件中，中国证券监督管理委员会认为大信会计师事务所未按其内部

---

〔1〕《中国证监会行政处罚决定书（北京市中银律师事务所等）》（〔2016〕108 号）。

〔2〕《中国证监会行政处罚决定书（瑞华会计师事务所、刘杰等 4 名责任主体）》（〔2021〕21 号）。

管理要求调整五洋建设审计项目的风险级别并追加相应的审计程序，进而认定其在五洋建设具体审计项目中未勤勉尽责。[1]

（二）程序规范的基本要求

在证券发行中，各类专业服务机构并没有统一的程序要求，各机构多根据各自行业的执业准则尽职履责。根据专业服务机构的行业规范及中国证券监督管理委员会历年来行政处罚的理由分析，勤勉尽责的程序要求主要包括四项。

1. 编制核查计划

专业服务机构在对发行人信息进行核对和查验之前首先需要编制核查计划，明确其需要核查的事项以及工作程序等。例如，《律师事务所证券法律业务执业规则（试行）》第9条第1款规定："律师事务所及其指派的律师应当按照《管理办法》（《律师事务所从事证券法律业务管理办法》，笔者注）编制查验计划。查验计划应当列明需要查验的具体事项、查验工作程序、查验方法等。"核查计划的意义不仅在于帮助专业服务机构有计划地开展工作，更重要的作用在于督促专业服务机构预先设计好工作程序与方法，为其在执业过程中承担勤勉义务提供指引。需强调的是，履职程序的设计必须服务于核查目的，即要有助于专业服务机构充分、审慎地核查发行人信息并能够发现其中所蕴含的风险。广东正中珠江会计师事务所就曾因未区分现金盘点与现金对账有关控制节点的区别，在资金对账测试中未针对现金对账设计和执行控制测试程序，设计的审计计划不恰当，无法实现整个控制点测试的目标而被中国证券监督管理委员会处罚。[2]可见，核查计划的编制不仅是在形式上要达到行业要求，而且关键要能实现核查工作目标，这也成为判断专业服务机构是否尽责的考量因素之一。

2. 依据核查计划履行相关程序

核查计划编制后，专业服务机构需根据计划逐一完成其预设的工作程序，并在其中保持合理的职业怀疑，实现勤勉尽责的职业要求。如核查计划未严格履行，专业服务机构应说明原因或采取其他措施。在实践中，程序未被履

---

[1] 《中国证监会行政处罚决定书（大信会计师事务所、钟永和、孙建伟）》（〔2019〕6号）。

[2] 《中国证监会行政处罚决定书（广东正中珠江会计师事务所、杨文蔚、张静璃、刘清、苏创升）》（〔2021〕11号）。

行，可能是因专业服务机构自身的原因，也可能是与专业服务机构无关的其他原因。在后一情况下，专业服务机构不应处于完全消极状态，而是应当积极采取其他措施以替代原计划程序。在前文提到的广东正中珠江案中，会计师就因为在应收账款函证程序中被询证者未回函的情况下，未实施替代程序，被认定函证程序存在重大缺陷。

此外，还需注意的是，由于工作程序服务于核查工作目的，那么实施的替代程序必须与原程序具有同样功能，否则不能视为已采取其他措施。同样在广东正中珠江案中，中国证券监督管理委员会认为"内部控制测试程序的侧重点是检查公司是否建立了完善的内部控制来发现、纠正舞弊行为，内部控制是否得到有效执行；实质性程序的侧重点是检查余额、发生额是否准确完整，二者的目标不完全一致，执行实质性程序并不足以替代已计划的内部控制测试程序。"[1]进而认定广东正中珠江会计师事务所的审计程序存在缺陷。

3. 异常情形时追加核查程序

在实践中，专业服务机构在真正进行核查工作之前，并不了解发行人信息可能存在的风险，其只能根据行业规范的基本要求和自己的工作经验来预判工作中可能面临的问题并设计相应程序以降低风险。因此，计划中的程序仅能面对核查工作的共通性、基本性问题，可能无法满足异常状态下的工作要求。因此，在一定程度上，核查计划中所设计的程序反映出的仅是专业服务机构在此次项目工作中的最低程序要求。一旦专业服务机构在履职中发现计划外的异常情形出现，则应追加核查程序，以保障专业服务的质量。在勤勉义务中，专业服务机构被要求保持足够的职业谨慎，通过获取足够的专业证据材料以消除内心的合理怀疑。这实质就是一个沿着严格的程序规范不断求证的过程。所以，当异常情形出现时，追加核查程序是对专业服务机构的必然要求。

此时，所追加的程序必须是充分的、准确的，否则不利于专业服务机构发现异常情形所蕴含的风险。在登云股份案中，信永中和会计师事务所在被审计公司存在异常关联线索的情况下，虽进一步进行了股东追溯，但并未逐

---

[1]《中国证监会行政处罚决定书（广东正中珠江会计师事务所、杨文蔚、张静璃、刘清、苏创升）》（〔2021〕11号）。

级向上追溯至最终实际控制人，中国证券监督管理委员会据此认为其对关联方的核查程序不够充分到位，未勤勉尽责。[1]同样，在保千里案中，江苏保千里视像科技集团股份有限公司伪造了产品销售的意向性协议，但银信资产评估有限公司仅要求前者签署保证资料真实的承诺函，法院据此认为："银信公司作为专业机构，在凭借专业知识、经验和技术已经或可以发现疑问的情况下，却没有进一步进行基本的现场走访、查证和核验程序，而仅仅向相关对象发询证函，要求其出具'承诺书'来确认或保证真实。这无异于要求造假者保证真实"[2]。从上述两个案件可以看出，无论是监管机构还是司法机关均认为，只有追加正确的核查程序才有助于帮助专业服务机构解决异常情形，消除合理怀疑，否则同样是未勤勉尽责的表现。

4. 内部复核机制

专业服务机构在核查工作结束，正式对外发表专业意见之前，应进行内部讨论、复核，审查从业人员在执业过程中是否已经勤勉尽责，保证发表的意见不存在虚假陈述、重大遗漏等瑕疵。可以说，内部复核是对从业人员履职情况的一次预审查，可以将未勤勉尽责的可能性扼杀在机构内部，以维持机构的工作质量和良好声誉。复核的积极作用主要体现在以下两个方面：其一，可以弥补工作人员的有限理性。虽然勤勉义务要求专业服务机构的从业人员至少达到行业的平均水准，但是从业人员的专业能力毕竟参差不齐，再加上其他外因的影响，很可能导致其在执业中未达到勤勉尽责的要求。而内部复核程序可以从外部专业视角来审查从业人员工作，弥补其工作能力的有限性。其二，符合责任承担要求。在证券欺诈责任的承担中，专业服务机构及其从业人员均要承担责任。而内部复核是在机构层面对个别项目成员工作的审核，若此时应发现而未发现从业人员的工作瑕疵，那么可以认为机构本身具备可归责性。

(三) 违反程序规范的主要体现

从近年来的行政处罚看，专业服务机构的程序违反事由多集中在未编制查验计划，未对专业意见讨论、复核以及工作底稿存在缺陷等[3]，会计师还

---

〔1〕《中国证监会行政处罚决定书（信永中和会计师事务所、郭晋龙、夏斌）》（〔2021〕101号）。

〔2〕广州市中级人民法院（2020）粤03民初6125—6128号民事判决书。

〔3〕程金华、叶乔："中国证券律师行政处罚研究——以'勤勉尽责'为核心"，载《证券法苑》2017年第5期。

有因未执行前后注册会计师沟通程序、函证程序错漏而受处罚的情形。[1]总体而言，未勤勉尽责的程序违反主要包括三种情形：

1. 程序遗漏

程序遗漏是专业服务机构本应对某一事项进行核查，但其并未设计并实施相应的核查程序。例如，在金荔科技虚假陈述案中，中国证券监督管理委员会认定万隆会计师事务所有限公司在审计中未勤勉尽责的主要理由就是："存在审计内部控制上的重大遗漏。""对关联方审计程序严重缺失，未进行函证"。[2]再如，在中联资产评估案中，其子公司中联耀信资产评估有限公司已经在项目前期发现评估项目的重大评估风险并以九好项目备忘录的形式向母公司详细说明了风险问题，但中联资产评估集团有限公司未将该备忘录存档，也未在底稿中见到项目组针对上述重大风险制定的有效评估措施，中国证券监督管理委员会因此对其进行了处罚。[3]可以说，程序遗漏反映出专业服务机构未对发行人信息中所蕴含的风险有清晰的专业认知，甚至可能如中联资产评估集团有限公司一般忽视其中的风险，以致未能通过应尽的程序来发现并纠正其中的不实之处。

2. 程序造假

顾名思义，程序造假是专业服务机构在实际工作中未履行相关程序，却通过一定载体记录自己已遵守并履行相关程序的行为。与程序遗漏和程序瑕疵不同的是，程序造假不仅客观上未按照程序规定勤勉履职，同时主观上具有通过虚假记载来逃避监管处罚的目的。而其程序上的虚假记载很可能就成为其发表专业意见的依据，进而对投资者的合理信赖产生误导。所以，一旦出现程序造假，很容易被认定为未勤勉尽责。例如，在新大地案中，北京市大成律师事务所就曾因"在未对廖某梅、梅州绿康进行实地访谈的情况下，在法律意见书及专项核查意见等文件中对查验方式和查验过程等内容作出虚假表述"，从而被中国证券监督管理委员会认为未勤勉尽责，构成虚假陈

---

〔1〕 高榴："证券资格会计师事务所勤勉尽责之实务分析——基于2013—2017年行政处罚案例的思考"，载《中国注册会计师》2018年第11期。

〔2〕《中国证监会行政处罚决定书（万隆所、卫宗泙等4名责任人员）》（〔2009〕52号）。

〔3〕《中国证监会行政处罚决定书（中联资产评估集团有限公司、鲁杰钢、负卫华）》（〔2017〕79号）。

述。[1]

3. 程序瑕疵

在专业服务机构的工作程序中，工作底稿发挥着不可忽视的作用。它不仅记载了专业服务机构的工作计划，同时能够清晰地反映出专业服务机构履职的真实情况。可以说，它涵盖了专业服务机构工作的计划前端到复合后端的全过程，充分展示了专业服务机构发表专业意见的证据资料，是遵守程序的直接反映，也是所做出的专业判断是否合理的重要证据。鉴于此，在监管部门的处罚意见中多能看到因工作底稿出现纰漏而对专业服务机构进行处罚的情形。例如，在欣泰电气案中，中国证券监督管理委员会对北京市东易律师事务所的处罚决定就认为："工作底稿是判断律师是否勤勉尽责的重要证据，东易所工作底稿中存在缺少律师事务所公章、缺少目录索引、部分访谈笔录缺少律师及访谈对象签字等诸多问题，违反了《管理办法》（《律师事务所从事证券法律业务管理办法》，笔者注）和《执业规则》（《律师事务所证券法律业务执业规则（试行）》，笔者注）的多项规定，是未勤勉尽责"[2]。可见，工作底稿不仅可以为专业服务机构自身的工作提供计划性指引，同时也可以作为自己程序遵守的证据。

总之，从中国证券监督管理委员会的行政执法实践来看，其注重程序性事项的履行，并将履行情况作为判断中介服务机构是否勤勉尽责的重要标准。与此相应，这也成为中介服务机构的主要抗辩理由，如其按照相关规则设计的程序进行了信息核验，据此得出的专业意见符合行业平均水准，即可证明自己已勤勉尽责，对于其履行规定程序后仍无法发现的问题，则不应担责。[3]

四、违反勤勉义务的认定：由重结果向重过程转变

如前所述，我国目前对于专业服务机构的处罚表现出较为明显的结果论倾向，过于看重事后审查的结果。但这种以"结果"倒推专业服务机构在提

---

〔1〕《中国证监会行政处罚决定书（北京市大成律师事务所、丘远良、申林平等5名责任人）》（〔2013〕55号）。

〔2〕《中国证监会行政处罚决定书（北京市东易律师事务所、郭立军、陈燕殊）》（〔2017〕70号）。

〔3〕 郭雳、李逸斯："IPO中各中介机构的职责分配探析——从欣泰电气案议起"，载《证券法苑》2017年第5期。

供服务中未勤勉尽责的做法，有失公平。从制度设计的初衷来看，勤勉义务对专业服务机构的期待是希望其依照程序审慎履职，考察的是专业服务机构的履职能力和工作态度。如果忽视专业服务机构的履职过程，而仅凭虚假陈述的结果来认定其没有勤勉尽责，实质上是对专业服务机构提出了过于苛刻的保障专业意见绝对真实与准确的要求。这就偏离了勤勉义务的价值目标，应予纠正。

（一）结果论倾向之反思

实践中，证券发行信息存在不实并不必然说明专业服务机构未以勤勉态度谨慎履职。我们应当用专业人士的行为状态而不是其行为的最终结果来评价专业服务，对其执业要求应当是保持"合理的谨慎和注意"，而不是为委托人所期望的结果提供保证。[1]

1. 忽视专业服务机构信息获取的不独立性

实践中，专业服务机构发表专业意见所需要的不仅仅是自己的专业技能，还需要与其他主体的相互配合，尤其是发行人的配合。专业服务机构是对发行人提供的信息进行审慎核查与验证，并在此基础上结合其他机构所给出的专业意见，在自己的职责范围内对发行人的真实情况作出专业评价。可以说，专业服务机构具有"信息输出的不独立性"[2]，其结论的发表很大程度上有赖于发行人是否提供真实有效的信息。但由于发行人的第一要务是确保证券的成功发行，在这种目标驱动下，其很可能向专业服务机构提供虚假信息。此时从结果论倾向的角度来看，由于专业服务机构所出具的文件中具有虚假信息，那么就很容易被认定为未勤勉尽责，而这无疑忽视了专业服务机构无法脱离发行人所提供的信息进而做出专业判断的工作特性。

2. 对专业服务机构施以过重的责任

单从虚假陈述的结果出发认定专业服务机构未勤勉尽责对其而言有失公平，会使其承担过重的法律责任。法经济学学者早已指出，以结果倒推的后见之明可能把宣称的过错责任实际上转变为严格责任。[3]这也就变相使得

---

〔1〕 刘燕："'专家责任'若干基本概念质疑"，载《比较法研究》2005 年第 5 期。

〔2〕 缪因知："证券虚假陈述赔偿中审计人责任构成要件与责任限缩"，载《财经法学》2021 年第 2 期。

〔3〕 ［美］凯斯·R. 桑斯坦主编：《行为法律经济学》，涂永前、成凡、康娜译，北京大学出版社 2006 年版，第 112 页。

"注意义务"不再是侵权责任的一个前提，而成了一个结论，即有注意义务就意味着中介服务机构要对投资者因证券虚假陈述而产生的全部投资损失与发行人承担连带责任。这种连带责任的"深口袋"对特定的被告来说可能是不公平的，它与现代社会所信奉的"责任与过错相匹配"的理念发生直接冲突。[1]

在这种趋势下，专业服务机构可能会更倾向于拒绝为风险较高的企业发行证券提供服务，不利于实现资金资源的优化配置。从另一角度看，具备实力的专业服务机构本身具有获得诸多项目的机会，而结果论倾向带来的过重责任可能会对其造成"误伤"，打击其服务积极性。这不仅对改进专业服务质量不利，同时会造成专业服务机构"过度退出"[2]，背离了证券市场的监管目标，不利于培育优质的市场主体。

（二）勤勉义务的本位回归与过程考察的逻辑转变

在瑞华会计师事务所诉中国证券监督管理委员会一案中，北京市第一中级人民法院在判断注册会计师是否勤勉尽责时认为，"注册会计师的法律责任并不单纯以最终的审计结论来判断，而是要审查其审计行为，即审查其是否遵循了相应的审计准则，以及在审计过程中是否运用了合理的职业判断以及保持了合理的职业怀疑，并据此设计和实施了与之相适应的审计程序来降低审计风险，以此来判断注册会计师在审计过程中是否勤勉尽责。"[3]这一论述可以说是兼顾了职业判断与程序遵守，是对勤勉义务本质的深刻反映。在姚雪萍诉大华会计师事务所有限公司和深圳市芭田生态工程股份有限公司一案中，深圳市中级人民法院也指出："由于审计受其自身的审计技术、审计方法、审计成本等固有审计风险的限制，会计师事务所即使尽到了应有的职业谨慎，有时也有可能很难发现有错误或漏报行为。因此，只要会计师事务所尽到了勤勉谨慎义务、遵守执业准则以及诚信公允原则时，即便没有发现会计报表中的某些错误和漏报，也不应当承担责任。"[4]

可见，勤勉义务作为一种过程性义务，其设立之初的目的即在于督促专

---

[1] 郭雳："证券市场中介机构的法律职责配置"，载《南京农业大学学报（社会科学版）》2011年第1期。

[2] 王兵等："行政处罚能改进审计质量吗？——基于中国证监会处罚的证据"，载《会计研究》2011年第12期。

[3] 北京市第一中级人民法院（2019）京01行初809号行政判决书。

[4] 深圳市中级人民法院（2016）粤03民初1300号民事判决书。

业服务机构的勤勉履职，在合理分析的基础上为证券发行中的投资者展示发行人的真实情况，以帮助投资者做出投资选择。因此，勤勉尽责的认定关键在于考察专业服务机构的履职过程。这种过程考察的理念也符合程序正义的法理精神。作为社会秩序的一个基础，公正的程序如同实体权利同等重要，有时甚至更加重要[1]，所以公正的程序（或过程）在实质正义的实现过程中逐渐占据重要的地位。恰如罗尔斯所言："存在一种正确或公平的程序，这种程序若被人恰当地遵守，其结果也会是正确的或公平的"[2]，勤勉义务就是要求专业服务机构充分完成程序遵守，保持应有的注意，最终实现对发行人信息真实性、准确性的合理保证。因此，过程考察天然地符合勤勉尽责的要求，它摈弃了结果论倾向所暗含的要求专业服务机构的专业意见百分百真实、准确的苛刻要求，而是将考察重点放在了专业服务机构是否按照法律或是自身的要求，以诚信、忠实、慎重的态度对待自己的工作。只要专业服务机构能够在完成工作程序的基础上，积极、充分地调动自己的专业能力，核验自己所能掌握的文件材料，一一排除了自己对发行人信息的合理怀疑，并确信其所出具的专业意见属实，那么法律就应当认为其已经尽到了勤勉义务。

（三）认定虚假陈述责任应注重程序违反与专业意见瑕疵间的关联性

近年来，在中国证券监督管理委员会的行政处罚和司法机构的判决中，经常出现以中介机构尽职调查中出现形式瑕疵来认定其需要对证券欺诈发行承担法律责任，如未编制查验计划、未制作目录索引、欠缺访谈对象签字等。这一认定逻辑需要进一步反思。

当证券发行出现虚假陈述时，专业服务机构需要承担责任的前提是对虚假陈述具有过错。在认定专业服务机构是否存在过错时，关键在于对其履职行为与出具的瑕疵专业意见之间的因果关系进行判断。因果关系旨在探究一项行为对一项结果的原因力，在法学语境下，旨在探究一项行为需要在多大程度上对一项结果承担责任。这种探究建立在事实因果关系的基础上。[3]而

---

〔1〕［美］迈克尔·D. 贝勒斯：《程序正义——向个人的分配》，邓海平译，高等教育出版社2005年版，第287页。

〔2〕［美］约翰·罗尔斯：《正义论》（修订版），何怀宏、何包钢、廖申白译，中国社会科学出版社2009年版，第67页。

〔3〕缪因知："证券虚假陈述赔偿中审计人责任构成要件与责任限缩"，载《财经法学》2021年第2期。

在因果关系的判断中，需要考虑的则是逻辑相关性和价值相关性。通常原因力越大，责任应越大；过错程度越高，责任应越大。[1]

在证券发行业务中，从因果关系的角度来看，专业服务机构程序性事项的履行状况与所出具的专业意见书的质量并无必然相关性。其一，如果专业服务机构在提供专业服务的过程中，仅有形式瑕疵，但并不足以造成虚假陈述的结果，那么，其无需对投资者承担民事责任。特别是一些程序性事项可能与专业意见的真实性、准确性本身并不相关，违反这一类程序性事项并不会影响专业意见的质量，也不会造成虚假陈述的后果。例如，工作底稿不完整或底稿缺少了从业人员的签名。而有些程序性事项虽然存在瑕疵，但即使按规定履行了相关程序，也无法发现所核查对象的不实信息，那么也无需担责。正因如此，2020 年 7 月最高人民法院发布的《全国法院审理债券纠纷案件座谈会纪要》第 30 条明确规定债券承销机构尽职调查工作虽然存在瑕疵，但即使完整履行了相关程序也难以发现信息披露文件存在虚假记载、误导性陈述或者重大遗漏，可以视为无过错。该规定虽然针对的是承销机构，但其原理对于证券发行中的所有专业服务机构同样适用。其二，如果程序性事项在形式上完美，但实质上专业服务机构未做出尽责的专业判断，那么其同样需要担责。中国证券监督管理委员会在对北京大成律师事务所出具的一份处罚决定书中就提到，大成律师事务所虽然执行了核对合同原件的核查程序，但"未对其内容、性质和效力等进行必要的查验、分析和判断"，因而属于未勤勉尽责。[2]

可见，仅以"虚假信息存在+违反程序规范"来断定专业服务机构在证券发行虚假陈述中应承担责任的做法，没有考虑到程序规范的目的和勤勉义务的制度内涵，具有一定的局限性。

五、结语

勤勉义务对专业服务机构提出了审慎尽责的要求，是保障发行人信息真实性、准确性与完整性的职责准线。而在全面推行、分步实施发行注册制的当下，专业服务机构的勤勉尽责更是对提高证券发行的信息披露质量、建设

---

[1] 叶金强："相当因果关系理论的展开"，载《中国法学》2008 年第 1 期。

[2] 《中国证监会行政处罚决定书（北京大成律师事务所、张新明、许东）》（〔2019〕62 号）。

良好的证券市场环境具有不可或缺的重要作用。在这样的市场背景下，现有制度体系和执法实践中有关勤勉义务认定标准的薄弱和不当的判定逻辑都亟需矫正。

故此，我国未来应从两个维度完善专业服务机构的勤勉义务：一是依据专业职责不同将注意义务区分为特别注意义务与一般注意义务，并设置不同的义务履行标准；二是设定基本的程序规则，并结合不同专业的实践加以认定。在判断专业服务机构是否勤勉尽责时，监管机构和司法机关应改变"结果论倾向"，以"过程性考察"作为认定基础，从而合理确定专业服务机构的责任，敦促各机构归位尽责。

投服中心参与特别代表人诉讼问题研究[1]

颜月婷　张异芳　傅菁菁　李文华*

一、投服中心在证券纠纷中维权的诉讼方式概述

伴随着社会经济的迅猛发展，资本市场越来越成为一个没有硝烟的战场，其中最具代表性的就是证券市场。与此同时，证券纠纷也逐年增多，寻找适合我国证券纠纷解决的诉讼制度显得尤为迫切和具有现实意义。随着 2019 年 12 月新修订的《中华人民共和国证券法》（以下简称《证券法》）的实施，以中证中小投资者服务中心有限责任公司（以下简称"投服中心"）持股行权为特色的特别代表人诉讼制度正式落地，投资者维权的成本被大幅降低，这对于化解证券集体纠纷、激励中小投资者通过法律途径积极维权、规范上市公司行为、缓解法院的审判压力均具有重大作用。由于特别代表人诉讼制度正处于发展初期，该制度能否破解我国现有代表人诉讼的难题还有待实证研究和观察。故本文拟在投服中心视角下探索未来我国特别代表人诉讼的完善路径，以期有效解决普通代表诉讼模式下中小投资者维权难的现实问题。

为进一步了解我国公众对于投服中心诉讼维权方式的总体看法，笔者于 2020 年 9 月 21 日至 2020 年 10 月 11 日开展了主题为"投服中心参与证券纠纷的诉讼方式研究"的线上问卷调查。希望能够在新《证券法》出台的背景下，明晰投服中心在证券纠纷中以不同诉讼方式维权的积极意义和存在的问

〔1〕　本文是北京交通大学 2020 年大学生创新创业训练计划项目阶段性成果，项目编号 200160012。

* 颜月婷，女，北京交通大学法学院 2018 级本科生；张异芳，女，北京交通大学法学院 2018 级本科生；傅菁菁，女，北京交通大学法学院 2018 级本科生；李文华，男，北京交通大学法学院教授。

题,并提出针对性的应对建议。调查发现,在投服中心维权过程中,存在投资者维权途径单一、投资者维权不积极等问题。大部分投资者对于投服中心并不了解,对其开展的维权活动参与度较低。调查还发现,尽管投服中心的资源丰富、诉讼形式多样有效,但基于其设立时间较短,还存在着受众过小的劣势,与广大中小投资者的信息交换仍存在较大的隔阂。

本文重点探讨投服中心在证券市场领域的维权诉讼,主要包括证券支持诉讼、股东诉讼,以及根据《证券法》第95条第3款设立的特别代表人诉讼[1]。现将这三种诉讼方式进行逐一解释、对比分析。首先,投服中心目前主要以证券支持诉讼帮助投资者提起证券民事诉讼进行维权,针对证券市场虚假陈述等行为,通过提供人道主义或者法律、物质的帮助支持当事人进行诉讼,其最终的起诉决定权仍然掌握在当事人手中[2]。其次,在投服中心参与证券支持诉讼之后整体带动了股东诉讼的兴起[3]。股东诉讼包括股东直接诉讼与股东代表诉讼。其中,股东直接诉讼是指股东基于股份所有者的身份,为维护自身利益而向公司或其他人提起的诉讼;股东代表诉讼则是指当公司的正当权益受到他人侵害而公司怠于行使诉权时,股东为了公司的利益,以自己的名义对侵害人提起诉讼,追究其法律责任的诉讼制度[4]。最后则是《证券法》授权投资者保护机构基于双重身份提起的特别代表人诉讼。需注意的是,此处所提及的"双重身份"是指投服中心在作为上市公司股东的同时,又作为公益性机构受50个以上股东的委托提起集团诉讼,此时投服中心又是除明示退出此诉讼的股东以外的其他股东的代表人。

通过对三种诉讼方式进行横向对比,可以发现特别代表人诉讼较证券支持诉讼及股东诉讼有明显的制度改进部分。相比于其他两种诉讼方式,投服中心实施特别代表人诉讼制度有以下不可替代的优势:其一,投服中心具有公益性色彩,其经过对于案件的合理筛选整理可以大幅度减少"滥诉"现象。其二,投服中心具有专业优势,由其作为诉讼代表人可以有效地从专业视角

---

〔1〕《证券法》第95条第3款规定:"投资者保护机构受五十名以上投资者委托,可以作为代表人参加诉讼,并为经证券登记结算机构确认的权利人依照前款规定向人民法院登记,但投资者明确表示不愿意参加该诉讼的除外。"

〔2〕黄学贤、张牧遥:"检察机关支持公益诉讼制度论",载《甘肃社会科学》2016年第1期。

〔3〕辛宇、黄欣怡、纪蓓蓓:"投资者保护公益组织与股东诉讼在中国的实践——基于中证投服证券支持诉讼的多案例研究",载《管理世界》2020年第1期。

〔4〕宣伟华:《虚假陈述民事赔偿与投资者权益保护》,法律出版社2003年版,第303页。

聘请专业律师进行代理服务。其三，由投服中心进行代表人诉讼可以减少众多代表人诉讼成员登记程序和推荐程序的烦琐。此外，特别代表人诉讼还明确了参加诉讼的投保机构和投资者的权利和义务，并特别设计了回避、保密、费用、档案管理等制度[1]。但该制度能否破解我国现有代表人诉讼的难题还有待考察，后文将对特别代表人诉讼的制度现状做简要分析，同时对投服中心在特别代表人诉讼中的立案前置条件、选案标准的合理性、权利人范围的审查、维权宣传力度等问题进行深入探讨。

二、投服中心参与特别代表人诉讼的现状与问题

《证券法》第 95 条第 3 款被学界誉为确立"中国版证券集团诉讼"的一大制度亮点。随后发布的《上海金融法院关于证券纠纷代表人诉讼机制的规定（试行）》《最高人民法院关于证券纠纷代表人诉讼若干问题的规定》《中国证监会关于做好投资者保护机构参加证券纠纷特别代表人诉讼相关工作的通知》和《中证中小投资者服务中心特别代表人诉讼业务规则（试行）》，较大程度填补了我国证券纠纷集体诉讼的规范空白，使得以投服中心持股行权为特色的特别代表人诉讼由纸面文本走向司法实践。

（一）中国版证券集团诉讼制度的特点

从目前的制度设计来看，投服中心代表人诉讼实当冠以"特别"之名而区别于"普通"代表人诉讼。首先，从诉讼主体适格[2]这一角度观察，普通代表人诉讼因其建构于共同诉讼制度而要求选定的代表人是受上市公司虚假陈述等证券欺诈行为影响而进行交易的投资者，享有实体法上的损害赔偿请求权；而投服中心与证券欺诈法律关系无利害关系（投服中心虽在沪深两市每家上市公司均持有 100 股股票，但不进行证券交易，其特殊股东身份在代表人诉讼、证券支持诉讼等领域更具实质价值）且投服中心胜诉后的法律效果归属受害投资者，只能援引"纠纷管理权"[3]理论作为其法理依据。其

---

[1] 《中证中小投资者服务中心特别代表人诉讼业务规则（试行）》，2020 年 7 月 31 日发布。

[2] 苏伟康："证券集体诉讼中的原告适格论——以 2020 年新修《证券法》第 95 条第 3 款为中心"，载《证券法苑》2020 年第 2 期。

[3] 简言之，纠纷管理权在肯定个人利益直接遭受侵害者的当事人适格之基础上将当事人适格地位向直接受害者以外"第三人"进行扩张。参见［日］伊藤真：《民事诉讼法》（第四版补订版），曹云吉译，北京大学出版社 2019 年版，第 135 页。

次，从代表人的诉讼权限这一角度看，在我国《民事诉讼法》规定的代表人诉讼中，代表人的诉讼地位更加类似于其他当事人的诉讼代理人，代表人处分诉讼权利必须征得被代表人的同意[1]；而投服中心拥有更完整、独立的诉讼行为权限，选定其为代表人即视为特别授权[2]。最后，从当事人进、退诉讼的程序角度分析，证券纠纷普通代表人诉讼仍遵循传统代表人诉讼下进行权利登记后才能纳入原告范围的"明示加入、默示退出"方式；而对于投服中心等投资者保护机构参与的特别代表人诉讼（普通代表人诉讼程序已经启动条件下的"参与诉讼"）则适用《证券法》第 95 条第 3 款规定的"默示加入、明示退出"[3]方式。

由上述初步的制度比较可知，特别代表人诉讼是融合了民事公益诉讼和共同诉讼之特点的，具有"纠纷管理人诉讼+退出制"双重特色的诉讼。以《中华人民共和国民事诉讼法》第 58 条为依据的公益诉讼形成了"一对一"的诉讼构造，如此制度设计的目的是发挥两造对抗简约性的优势，避免过多主体参与诉讼所带来的效率风险[4]。但证券纠纷的特别代表人诉讼中，被代表人并不会脱离诉讼庭审；《最高人民法院关于证券纠纷代表人诉讼若干问题的规定》对《证券法》第 95 条第 3 款进行了"限缩解释"，将该款所规定的投资者保护机构作为代表人参加诉讼限定在普通代表人诉讼程序已经启动前提下的"参与诉讼"方式，而非由投资者保护机构接受 50 名以上投资者委托之后直接起诉的"发起式诉讼"。另外，"声明退出机制"旨在解决证券民事诉讼原告人数过少的问题，利用规模效应平摊投资者的高昂诉讼成本[5]。总而言之，包括特别代表人诉讼在内的证券纠纷代表人诉讼适当填补了司法实践中证券群体纠纷的制度空白。

（二）程序和实体交融视角下特别代表人诉讼制度的法律困境

不可否认，特别代表人诉讼这一新生的诉讼模式仍需在理论和实践的双

---

[1] 《中华人民共和国民事诉讼法》第 56 条。

[2] 林文学等："《关于证券纠纷代表人诉讼若干问题的规定》的理解与适用"，载《人民司法》2020 年第 28 期。

[3] 《最高人民法院关于证券纠纷代表人诉讼若干问题的规定》（法释〔2020〕5 号）第 34 条第1 款。

[4] 苏伟康："证券集体诉讼中的原告适格论——以 2020 年新修《证券法》第 95 条第 3 款为中心"，载《证券法苑》2020 年第 2 期。

[5] 邢会强："中国版证券集团诉讼制度的特色、优势与运作"，载《证券时报》2020 年 3 月 14日，第 A007 版。

重检视下走向完善、得以落地。

1. 立案前置条件违背立案登记制的立法精神

从最高人民法院发布的司法解释及中国证券监督管理委员会发布的规范文件中所透露出的态度来看，目前证券群体纠纷立案的前置条件仍然存在，只是法定的提交立案初步证据之范围因代表人之不同而略有宽窄的变通[1]。前置条件的设置似乎解决了证券侵权责任成立要件中"证券侵权行为存在及其与投资者损失之间因果关系存在"的证明这一实体法上的障碍，却与立案登记制的精神要求相冲突。立案登记制的核心要义在于保障当事人的诉权，而前置条件在一定程度上将多数的实质受害投资者阻拦于代表人诉讼的门槛外[2]。对此，有学者明确指出，我国在 2005 年证券法修订时就具备取消上述前置屏障的司法条件，然而至今为止，给证券纠纷设置前置程序作为证券民事诉讼的起诉条件的总体思路尚未彻底改变[3]。前置条件的存在使投资者人数众多，触及公益的证券欺诈纠纷之解决只得依赖行政作为或公共执法、犯罪追究，而无法诉诸代表人诉讼的众多投资者只能转向普通民事侵权诉讼，集约化处理证券群体纠纷的初衷似乎得不到实现。因此，从厘清、协调"行政中心化的执法方式与司法中心化的司法方式"二者之间的关系角度出发来检视特别代表人诉讼的前置条件设置，其确有不妥当之嫌，也与中国版证券集团诉讼"私人检察官"的制度功能预设难以契合[4]。

可喜的是，司法实践中已经出现了对该前置条件的挑战和突破之举：深圳金融法庭审理的朱某诉中航三鑫股份有限公司等证券虚假陈述责任纠纷一案，是全国首例投资者对上市公司仅受行政监管措施处理而提起的证券虚假

---

[1]《最高人民法院关于证券纠纷代表人诉讼若干问题的规定》第 5 条第 1 款第 3 项列举了"有关行政处罚决定、刑事裁判文书、被告自认材料、证券交易所和国务院批准的其他全国性证券交易场所等给予的纪律处分或者采取的自律管理措施"五种初步证据；2020 年 7 月 31 日发布的《中国证监会关于做好投资者保护机构参加证券纠纷特别代表人诉讼相关工作的通知》及《中证中小投资者服务中心特别代表人诉讼业务规则（试行）》中明确投资者保护机构在已被有关机关作出行政处罚或者刑事裁判等案件上先行试点诉讼，主动放弃了针对交易所、新三板的纪律处分和自律管理措施类案件的诉讼。

[2] 唐豪、朱琳："我国证券纠纷代表人诉讼的程序解构及其重塑"，载《南方金融》2021 年第 3 期。

[3] 陈洁："证券纠纷代表人诉讼制度的立法理念与制度创新"，载《人民司法》2020 年第 28 期。

[4] 北京大学彭冰教授、新加坡管理大学张巍助理教授及华东政法大学季奎明教授等人均在 2020 年第 1 期商法界圆桌论坛上表达了此种反思。

陈述案件。此前，人民法院受理此类案件均以上市公司受到行政处罚或刑事制裁等为前置条件[1]。该案中深圳金融法庭参照最高人民法院先后于2020年7月15日、7月30日发布的《全国法院审理债券纠纷案件座谈会纪要》和《关于证券纠纷代表人诉讼若干问题的规定》的指引，认为证券虚假陈述责任纠纷案件的受理不应以虚假陈述行为受到行政处罚或者刑事制裁为前提。虽然上述案例并非针对证券纠纷代表人诉讼，但其裁判思路所倡导的"强化对投资人合法权益保护、促进资本市场健康发展的司法理念"也为证券群体纠纷之解决所需。故就"中国版证券集团诉讼"而言，构建集约化、便利化的综合制度体系还任重道远。

2. 诉讼发动的激励性与选案标准的合理性存在不足

根据《最高人民法院关于证券纠纷代表人诉讼若干问题的规定》，特别代表人诉讼的启动程序大致如下：10名以上原告提起诉讼，法院受理并在确认权利人范围后5日内发布权利登记公告，公告期限为30日。到此属于普通代表人诉讼程序。在公告期间，投保机构受50名以上权利人特别授权，可以作为代表人参加诉讼。投保机构选择加入诉讼后，普通代表人诉讼就转化为特别代表人诉讼。投资者明确表示不愿意参加特别代表人诉讼的，应当在公告期限届满后15日内向人民法院声明退出。未声明退出的，视为同意参加该代表人诉讼。法院作出的最终判决、裁定将对所有"默示加入"的投资者发生效力。虽然《最高人民法院关于证券纠纷代表人诉讼若干问题的规定》第37条为多家投保机构接受委托预留下空间，但就现阶段示范引领中小投资者维权领域的工作进展、成果及中国证券监督管理委员会的授权和要求来看，是由投服中心肩负起了参加代表人诉讼的具体职责。

普通代表人诉讼在投服中心加入后转化为特别代表人诉讼，则在此后的诉讼阶段中作为代表人的只有投服中心。其诉讼代理人为投服中心的工作人员或者其聘请的公益律师，而原先为启动诉讼程序受投资者委托的律师就可能被排除在此后的诉讼程序之外。对于这些投资者和其委托的律师而言，当前制度在一定程度上减弱了二者提起诉讼的动力，产生了负面作用。一旦普通代表人诉讼程序受阻遏，特别代表人诉讼程序也没有机会展开。鉴于这一

[1] 深圳市中级人民法院："全国首例！上市公司因受行政监管措施引发的证券虚假陈述案宣判"，载 https://mp.weixin.qq.com/s/euzDEHSq5RcZqTcoZGVVTg，最后访问日期：2021年1月21日。

困境，投服中心在《特别代表人诉讼业务规则（试行）》中提供了一条解决思路：投服中心依其内部评估机制选定某一已受行政处罚的证券欺诈行为拟启动特别代表人诉讼，然后发出征集适格投资者的公告。在接受 50 名以上投资者委托后，先向法院提起普通代表人诉讼；法院受理并发出权利登记公告之后，投服中心正式以受 50 名以上投资者特别授权的名义加入，将普通代表人诉讼转为特别代表人诉讼程序[1]。然而，随之而来的便是投服中心选择案件过程中职能发挥受限的问题。

投服中心选案的主要法律依据为《中国证监会关于做好投资者保护机构参加证券纠纷特别代表人诉讼相关工作的通知》第 4 条、第 8 条，而具体的标准由《中证中小投资者服务中心特别代表人诉讼业务规则（试行）》第 16 条提供。对于"狭窄的前置条件要求"前文已经提及，此处不再赘述。对于"典型性、影响性、示范性"的要求，亦有可商榷之处，正如有学者所言，就受害投资者而言，其合法权益是否值得保护并不因案件是否典型、社会影响是否恶劣而有较大区别；就投服中心而言，其成立初衷是落实维护中小投资者利益的社会职能，而非凭借要案、大案作形象宣传。因此，投服中心选案的积极条件成文化并非协调"诉讼资源的高效配置"与"投资者合法利益的公平保护"二者的适当路径。特别代表人诉讼因激励机制不足而可能难以发动、难以实现其助力"负值诉讼"[2]的预设功能。

3. 权利人范围的先行审查存在缺陷

在证券纠纷特别代表人诉讼程序中有一个核心问题，即权利人的范围如何确定以及法院在这一阶段履行何种职权。证券侵权事实的特殊性在于，受害投资者的范围依赖虚假陈述等证券欺诈行为实施日、揭露日等关键时点的确定，只有在前述时点前后一定期限内买入或者卖出证券的投资者才能成为适格原告提起诉讼[3]。根据《最高人民法院关于证券纠纷代表人诉讼若干问题的规定》[4]，法院在对被诉证券侵权行为进行先行审查的基础上确定权利

---

〔1〕《中证中小投资者服务中心特别代表人诉讼业务规则（试行）》第 16 条至第 20 条。

〔2〕 杨志利："调解与判决的选择——基于当事人经济计算角度"，载《广东商学院学报》2013年第 5 期。

〔3〕 林文学等："《关于证券纠纷代表人诉讼若干问题的规定》的理解与适用"，载《人民司法》2020 年第 28 期。

〔4〕《最高人民法院关于证券纠纷代表人诉讼若干问题的规定》第 6 条、第 32 条、第 35 条。

人范围，对权利人范围有异议的当事人可以向上一级法院提出复议申请。

在发出权利登记公告之前，法院就已经通过阅卷等方式对相应的侵权事实进行先行审查，并据此确定权利人范围。如此制度设计与民事诉讼法所秉持的辩论原则这一基本原则相冲突，其所确立的复议救济机制也无法补正上述理论漏洞。对证券欺诈案件中的被告而言，在后续的实体审理过程中，实质上只剩下被告进行抗辩而非两造相互对抗，人为地造成原被告双方诉讼地位失衡。对证券欺诈案件中的受害投资者而言，进行权利登记时有部分投资者就被法院审前确定的如揭露日等重要时点阻挡在权利人范围之外（也即排除于特别代表人诉讼程序之外），该投资者损失与证券欺诈行为之间因果关系的认定缺乏足够的权威性且难免有剥夺当事人诉讼权利之嫌。有解释认为"在进入实体审理后，如果确有证据证明应当重新划定权利人范围的，人民法院可以根据新查明的事实裁定变更权利登记范围并进行公告。"[1]"在变更公告期内登记的投资者"也要"视为接受已经进行的诉讼程序。"[2]这一解决思路在实践中也可能存在诉讼程序拖延、可操作性较低等问题，未必是可行的选择。

4. 集体行动困境未有效遏制

如前文调查所述，超过半数的中小投资者对于投服中心并不了解。虽然近年来我国证券虚假陈述民事诉讼出现案件数量增多、原告人数激增的状况，提起率也大幅上升，但从宏观角度来看，投资者的诉讼维权参与度仍处于较低水平，投资者"惰性行权"的现象较为普遍，集体行动困境未被有效遏制。

首先，投资者知权不充分。我国证券市场是典型的散户市场，这是我国证券市场的基本情况。知权是行权的前提，而根据投服中心对 A 股中小投资者的调查报告，50%以上的投资者不知道自身有哪些权利可以行使，在遭受证券欺诈时反而自认倒霉。其次，投资者在诉讼行权上保持理性冷漠、缺乏持续性。理性的个人很难采取行动以实现集体利益，因担心诉累以及诉讼结果的不确定性，中小投资者在遭受损失时即使知权，也会因畏难情绪而保持理性沉默，或选择等待其他投资者提起诉讼获得胜诉结果后再进行维权。据

---

〔1〕 林文学等："《关于证券纠纷代表人诉讼若干问题的规定》的理解与适用"，载《人民司法》2020 年第 28 期。

〔2〕 林文学等："《关于证券纠纷代表人诉讼若干问题的规定》的理解与适用"，载《人民司法》2020 年第 28 期。

投服中心调研结果显示，73.5%的投资者在受损后第一反应都是去维权，但实际中大概率会选择放弃，坚持继续维权的仅为 39.56%，坚持到最后并成功的仅为 9.55%〔1〕。该数据与前文笔者问卷调查和实地调研的结果大体一致。最后，投资者委托律师维权的意愿较低。尽管许多专业证券维权律师持续密切地关注上市公司动态，及时发布征集公告，并采取网上委托和风险代理等方式，但鉴于公众对律师的信任度仍有待提高，很多投资者的参与积极性不高〔2〕。由此可见，投资者群体在诉讼维权时仍是一盘散沙，并未形成合力。

三、美国相关制度的研究借鉴

集团诉讼制度起源于英美衡平法下英国的代表诉讼（representative proceeding），即由具有"相同利害关系"的多数人推选诉讼代表人，判决适用于全体被代表人；法院对是否构成集团诉讼享有审查权，对于符合集团诉讼条件的，则颁发集团诉讼令。该制度发展完善于美国，尤其是在 20 世纪美国民权运动和保护消费者运动的促进下〔3〕，其从形式到内容都有了极大的丰富和发展。美国拥有世界上最发达的资本市场，应用集团诉讼制度的广度和深度也远远超越其他国家，包括证券集团诉讼在内的司法保障体系是其资本市场重要的制度基础。

美国证券集体诉讼的诸多制度性优势一直葆有旺盛的制度生命价值，并跃出英美法系的传统界域向大陆法系国家传送和移植〔4〕。毋庸置疑，我国新《证券法》的特别代表人诉讼也受此制度之影响，在结合本国的国情和实际需要的基础上，对美国的证券集团诉讼进行制度改造，从而形成了中国式的证券集团诉讼。我国的特别代表人诉讼制度与美国的集团诉讼制度各有千秋，各自具备相应的特点与功能。集团诉讼在美国的施行依赖于其独特的社会文化和政治经济背景，它在实际运行中虽然也存在着备受诟病的自身缺陷，但

---

〔1〕 "A 股中小投资者知权、行权、维权现状调查报告"，载中国投资者网，https://www.investor.org.cn/investor_interaction/questionnaire/tzzbg/201905/t20190509_365642.shtml，最后访问日期：2021 年 2 月 23 日。

〔2〕 黄辉："中国证券虚假陈述民事赔偿制度：实证分析与政策建议"，载《证券法苑》2013 年第 2 期。

〔3〕 龚珊："我国代表人诉讼制度的现状及完善"，载《法治论坛》2008 年第 3 期。

〔4〕 汤维建："中国式证券集团诉讼研究"，载《法学杂志》2020 年第 12 期。

是其在制度设计上的一些特点也值得引起我们的重视与借鉴。

（一）诉讼启动条件较为宽松

美国《联邦民事诉讼规则》（*Federal Rule of Civil Procedure*）第 23 条（a）款规定，集团诉讼的先决条件是：①当事人人数众多，不可能将全体成员合并诉讼；②当事人构成的集团成员间有共同的法律或事实问题；③当事人代表的请求或抗辩是集团成员中有代表性的请求或抗辩；④当事人代表能够公平和充分地维护集团成员的利益。一个案件必须同时满足以上四个先决条件，联邦法院才可能以集团诉讼受理该案件。案件是否满足这四个条件的证明责任由原告方承担，起诉人应在起诉书中向法院证明诉讼符合上述四个条件。

美国《联邦民事诉讼规则》第 23 条（b）款规定，证明案件满足集团诉讼的"先决条件"后，法院还应审查该诉讼是否必须以集团诉讼处理，即案件是否具备集团诉讼的"维持条件"。

"维持条件"包括三类：①必要的集团诉讼，即案件不得不以集团诉讼审理；②寻求共同保护的集团诉讼，即集团成员共同要求对某一问题作出法律确认，或寻求一项具有普遍效力的禁止令，判决结果对集团成员自动产生影响；③普通的集团诉讼，即对于集团成员涉及的法律和事实问题，共同点占主导，并且，将案件作为集团诉讼处理比其他方式更加公平、有效[1]。绝大部分证券集团诉讼的维持条件属于上述第三类维持条件，是普通的集团诉讼。因此，证券集团诉讼请求最终是否以集团诉讼处理，法官拥有重要的自由裁量权。

可见，在美国式证券集团诉讼中，法院在受理案件时重点关注的是当事人规模是否满足条件、案件是否具备启动群体诉讼的必要性等，并不要求在立案阶段提供能够证明侵权事实存在的证据[2]。与之不同的是，我国在证券群体纠纷中额外增加起诉前置条件将会严重妨碍投资者借助民事诉讼维护权益，将把大量案件拒之门外。由此，有学者提出，为保障当事人的起诉权，"在完善证券纠纷代表人诉讼制度时，建议明文规定取消《通知》（2002 年《最高人民法院关于受理证券市场因虚假陈述引发的民事侵权纠纷案件有关

---

〔1〕 杜要忠："美国证券集团诉讼程序规则及借鉴"，载《证券市场导报》2002 年第 7 期。

〔2〕 唐豪、朱琳："我国证券纠纷代表人诉讼的程序解构及其重塑"，载《南方金融》2021 年第 3 期。

问题的通知》，笔者注）和《规定》（2003 年《最高人民法院关于审理证券市场因虚假陈述引发的民事赔偿案件的若干规定》，笔者注）中设立的前置程序，并且在司法实践中落实这一规定，以期更好地保障投资者合法权益。"[1]

（二）胜诉酬金规则的优劣

胜诉酬金规则在美国证券集团诉讼中发挥着举足轻重的作用，其又称律师风险代理制度，即由集团律师垫付诉讼费用且只有在集团胜诉或达成和解取得收益时才能收取代理费用。鉴于集团律师自行承担败诉后竹篮打水一场空的风险以及持续全面盯市、搜索诉讼目标的成本，律师在胜诉情况下获得的风险代理费相对较高，这极大激励了律师代理该类案件的热情与积极性。在实践中，美国证券集体诉讼提起率极高的一个重要原因就在于证券专业律师通过集体诉讼能获得的利益极为丰厚，他们如秃鹫般寻找证券诉讼的机会[2]，并且为了迅速最大化自己的利益而不惜以牺牲集团成员利益为代价[3]。

传统上英美法系的法官审案时持中而立，多倚仗诉讼双方发挥对抗功能，但在集团诉讼下法院的角色则要积极得多[4]。在胜诉酬金规则所带来的证券集团律师以代理权谋私利等问题逐渐显露出来以后，美国也连续推出多部立法来确立法院对集团诉讼的监督机制，从而防止集团诉讼沦为律师以权谋私的工具。例如，为防止律师进行投机性诉讼，美国 1995 年《私人证券诉讼改革法》对律师收费进行了一定限制，律师收取的费用不得超过赔偿金或者和解金的 30%，具体比例由法院根据案件的实际情况确定。尽管如此，这些强化法院干预的制度在运行中尚未产生显著成效。因此，截至目前，如何平衡胜诉酬金制度带来的优劣仍然是一个艰巨的挑战，如何有效细化和落地法院监督机制也依然任重而道远。

---

[1] 易楚钧、吴学斌："我国证券纠纷代表人诉讼制度的滥觞与完善"，载《南方金融》2020 年第 6 期。

[2] 吕成龙："中美证券市场治理的关键变量比较与法律移植"，载《证券法律评论》2015 年。

[3] John C. Coffee, "Rescuing the Private Attorney General: Why the Model of the Lawyer as Bounty Hunter Is Not Working", *Maryland Law Review*, Vol. 42, 1983, p. 215.

[4] 汤鸣："美国集团诉讼的确认与通知程序"，载《学海》2006 年第 5 期。

四、投服中心参与特别代表人诉讼的制度完善

中国版证券集团诉讼能较好地解决维权人数众多、自行诉讼的专业优势不足和诉讼成本超过维权收益等问题[1]。而以美国集团诉讼作制度借鉴的基础上，可以通过逐步取消立案前置条件及修正选案权等措施保障投资者多元化的诉讼维权。

（一）在长期实践中逐步取消立案前置条件

上文已论及，最高人民法院对立案依据的证据范围进行扩大，表明司法实践中放宽乃至最终取消立案前置条件的措施已经在进行。检索前后几次最高人民法院出台的司法解释文件可发现，其对于前置条件存废的态度多次反复：最高人民法院 2002 年 1 月 15 日发布的《关于受理证券市场因虚假陈述引发的民事侵权纠纷案件有关问题的通知》和 2003 年 1 月 9 日发布的《关于审理证券市场因虚假陈述引发的民事赔偿案件的若干规定》指出，投资者以受到侵害为由提起虚假陈述的证券纠纷诉讼时，应以行政处罚决定或刑事裁判文书为前置条件；而在 2015 年 12 月 24 日，最高人民法院在《关于当前商事审判工作中的若干具体问题》中表明"因虚假陈述、内幕交易和市场操纵行为引发的民事赔偿案件，立案受理时不再以监管部门的行政处罚和生效的刑事判决认定为前置条件"之态度；2020 年 7 月 15 日，最高人民法院发布的《全国法院审理债券纠纷案件座谈会纪要》第 9 条也提出即使欺诈发行、虚假陈述行为未经有关机关行政处罚或者生效刑事裁判文书认定也应当予以受理的主张；但《最高人民法院关于证券纠纷代表人诉讼若干问题的规定》在增加立案初步证据的范围的变通规定下仍考虑保留前置条件，也许有减轻投服中心调查取证压力及便利证券欺诈的认定等之考量。而中国证券监督管理委员会及其指导下的投保机构仍然坚持"狭窄的前置条件要求"，因此投服中心的选案标准与法院放宽前置条件的指引背道而驰。目前投服中心进行特别代表人诉讼还难以避免地受制于中国证券监督管理委员会的行政监督权力，即使原则上并无正当理由坚持更加严格的诉讼前置条件。并且，如前所述，美国证券集团诉讼的启动条件较为宽松，法官对此拥有重要的自由裁量权。故鉴于短期内保留修正后的前置条件仍有其合理性，在未来的长期实践中逐步

---

[1] 顾成博、林可："证券代表人诉讼制度研究"，载《中国物价》2021 年第 2 期。

废止特别代表人诉讼中的前置条件限制是《最高人民法院关于证券纠纷代表人诉讼若干问题的规定》的题中应有之义。

（二） 在竞争机制下修正投服中心选案权

如前文分析的，从证券投资者利益和结果公平的角度看，投服中心不应只将"案件典型重大、社会影响恶劣、具有示范意义"作为选择标准。当前制度体系下，投服中心基于选案权所提起的诉讼可能会"百战百胜"，这也许会在一定程度上导致诉讼机制的失衡。即使出于优化配置有限的诉讼资源及积累前期的试点诉讼经验之考量，也可优先以证券欺诈行为发生的先后顺序或受行政处罚、刑事制裁的时间先后为标准选择案件，同时适当结合诉讼标的额、受害投资者人数等典型性和示范性的具体化因素，既防止那些诉讼时效期限即将届满而欺诈事实不具典型性的证券纠纷案件得不到司法救济，又兼顾投服中心资源有限的客观现实。

投服中心作为目前我国大陆唯一承担特别代表人诉讼的公益机构，其同我国台湾地区的"证券投资人及期货交易人保护中心"一样均存在选择案件过于审慎的问题。从其发布的案件选择标准观察，投服中心基于特殊的身份色彩审慎行权，抱着"宁可少做事、不愿做错事"的心态更倾向于挑选胜诉可能性大而非亟待解决的投资者索赔未果的证券纠纷案件进行起诉，如此并不符合投保机构本身的职责定位[1]。针对此困境，可以逐步支持并引导中国证券投资者保护基金有限责任公司开展特别代表人诉讼，并允许更多高资质投保机构的设立来缓解未来可能愈发突出的"僧多粥少"的现象。比如鉴于特别代表人诉讼的集中管辖法院分处北京、上海、深圳三地的现状，也可以考虑在深圳设立一家投保机构。前述措施带来的合理竞争将会激励投服中心及其他受委托的各投保机构积极提高服务质量，包括作诉讼效率、赔偿率等诉讼效果的比较，从而充分给予适格的受害投资者享受特别代表人诉讼程序的保护。

（三） 解决权利人范围的先行审查难题

在当前试点阶段，投服中心尚可保留有限的选案权——以典型性和示范性理念为指导，并优先处理发生时间在先的或诉讼时效期限即将经过的证券

---

[1] 李佳璐："我国证券集体诉讼的借鉴与完善——以投服中心为视角"，载《科技与金融》2021年第Z1期。

纠纷。而在未来的长期实践中，投服中心与其他投保机构应发挥更积极的作用，及时对受监管措施制裁且符合法定条件的证券欺诈案件启动特别代表人诉讼程序，并借鉴德国的《投资者示范诉讼法》等规则建立证券领域的示范诉讼制度，在特别代表人诉讼和示范诉讼的协同作用下，可以更好地解决证券市场侵权案件的一些典型的、共性的问题。例如，上文提及法院在确定权利人范围时面临先行审理难题，有学者建议可采"示范诉讼+特别代表人诉讼"的解决路径[1]，则法院得以在一个重新构造的"两造诉讼"（"一对一"简化诉讼模式）的框架内对诸如虚假陈述揭露日等证券侵权关键时点这一共通争点作先行审理。法院通过示范诉讼程序作出的"示范判决"中对侵权事实的认定是之后特别代表人诉讼的直接依据。基于此，证券示范判决机制应以德国《投资者示范诉讼法》为镜鉴，保障平行案件原告的知情权与参与权等程序性权利。例如：审理法院应当允许示范诉讼参加人旁听庭审、了解示范案件的审理进程；允许示范诉讼的参加人就法院确定的共通的事实问题和法律问题提交证据及就共通的争议焦点提出抗辩等[2]。且德国实践已经对"示范诉讼机制与'团体诉讼'是否可以并存"给予了肯定回应。

目前，我国在尚无行政程序前置但符合 50 名以上投资者委托的证券纠纷中，通过投服中心与受害投资者聘请的外部律师合作等方式还可以发现公共执法机构尚未发现、处理的证券欺诈行为，即基于投保机构未选之案仍需专业的法律服务之考量，特别代表人诉讼不能由投保机构绝对垄断，外部律师的作用也应纳入维护投资者利益的制度体系中。此外，虽然投服中心从性质上属于公益性机构，但其选案仍可能受利益集团影响，为避免投服中心权力被滥用，其实应着手完善全方位、多主体、持续性的信息披露机制，定期向中国证券监督管理委员会、交易所和公众披露其诉讼进展、财务及运行状况等。在投服中心的官网中，已然可以看到其行权、维权服务的进展情况，在一定程度上实现了向公众披露诉讼能力及其诉讼进展的公示目的。

（四）加强投资者教育，解决集体行动困境

投服中心在完善代表人诉讼维权制度的同时，也应该积极加强自身的宣

---

〔1〕 彭冰："关于证券特别代表人诉讼发动机制的三个问题"，载 https://mp.weixin.qq.com/s/XcD1I5XmeOK3p-rh6WkOfg，最后访问日期：2020 年 11 月 25 日。

〔2〕 王彦明、于淼、王旻昊："中国示范诉讼制度的构建——以证券欺诈民事纠纷的应用为例"，载《社会科学战线》2019 年第 2 期。

传力度以保障该制度的有效落实。首先，应激发投资者自身的"知权、行权、维权意识"，加大在主流财经媒体对这些新政策的推介和解释力度以达到"引入增量、盘活存量"的目的。其次，进一步加大对权益类投教活动的投入与支持力度，投服中心需继续开展"投资者大讲堂"等活动，通过主动宣讲知权、行权、维权案例等，加大对投资者的"三权"教育力度。通过这些组合措施，进一步提升投资者维权的主观意识。最后，应明晰维权路径，解答维权疑问，简化维权流程。维权时间较长和成本高是投资者维权路上的重大障碍，因此有关部门应强化协作配合，畅通流程，从而降低各类成本。例如，在异地诉讼案件举证过程中，实行简化维权资料的公证程序、减少本地公安局开具相关证明的数量等措施。

五、结语

由于我国特别代表人诉讼制度尚处于发展初期，该制度能否破解我国现有代表人诉讼的难题，还有待于实证研究和观察。而且，未来在实际应用过程中，仍需借鉴其他国家和地区的过往经验进行完善。在借鉴经验构建具有中国特色的特别代表人诉讼制度的时候，应重点结合本土文化和政治背景，逐步取消立案前置条件，在竞争机制下修正投服中心选案权、解决权利人范围的先行审查难题、加强投服中心的维权宣传力度。在积累经验、总结得失的过程中，进一步完善和实现证券纠纷代表人诉讼制度的落地，从而有力保障我国资本市场治理水平的提高。

总的来说，证券纠纷具有专业性、多样性、主体利益诉求复杂等特点，单一的司法诉讼模式不能充分满足当事人公平公正、合理并及时解决纠纷的需要，仍然需要建立起多元化的证券纠纷化解机制。在证券纠纷日益增加的现实背景下，应当充分利用《证券法》新增的特别代表人诉讼方式，以最大程度保护投资者利益，维护我国证券市场健康稳定发展。

党的领导与国有企业治理现代化

董　彪　刘文瑾*

国家治理与国有企业治理存在整体与局部的关系，完善国家治理体系和提升国家治理能力需要推进国有企业治理能力现代化。习近平总书记提出的"两个一以贯之"思想强调了党的领导与公司治理在新时期深化国有企业改革中的重要性，为国有企业治理指明了方向。以规则化的方式保障党的领导与公司治理深度融合是贯彻习近平法治思想、深化国有企业改革和加强党的建设的重要内容，也是公司法修改中面临的重点和难点问题。[1]它是扎根于本土的创造性成果，为全球公司治理体系贡献了中国智慧。

一、党的领导与公司治理深度融合的正当性分析

(一) 传统公司治理理论不应成为制度创新的藩篱

公司治理模式深蕴政治、经济和文化因素，被打上社会政策的标签。放之四海而皆准的公司治理模式并不存在，将传统公司治理模式做归一化处理与社会现实相悖。英美与德日的公司治理模式在所有权与控制权的关系、股权分散与集中、中小股东和投资者利益保护等方面也存在差异。

党的领导与公司治理深度融合是具有中国特色的现代公司治理模式，是创造性而非模仿性的探索与创新。在西方公司治理理论和实践中闻所未闻并

[基金项目] 北京市法学会一般项目"首都地区产权保护社会化服务体系研究"（项目编号：BLS [2020] B015)。

* 董彪，男，北京工商大学法学院教授、副院长；刘文瑾，女，北京工商大学法学院硕士研究生。

〔1〕 张文显："习近平法治思想的理论体系"，载《法制与社会发展》2021 年第 1 期；李建伟："国有企业特殊法制在现代公司法制中的生成与安放"，载《中南大学学报（社会科学版)》2017 年第 3 期。

非否定创新的正当理由，我们需要回归实践并保持理论自信和制度自信。国有企业治理中坚持党的领导是旗帜鲜明和毋庸讳言的。

党的领导介入公司治理会导致权力和利益分配的格局发生变化，如何消除利益相关主体的信任危机是党的领导与公司治理深度融合中的难点问题。党的领导融入国有企业治理后行为的确定性以及财产预期的稳定性是国际投资主体和交易主体关注的重点。明确、透明的规则体系有利于国际投资和交易主体形成稳定的财产权预期并消除其担忧和疑虑，有助于形成良好的国有企业国际形象。

（二）国有企业性质的特殊性决定其需要党的领导

国有企业是国民经济的基础，是发展党和国家事业的坚实保障，兼具政治属性和经济属性，在推进技术进步和产业转型、维护社会稳定、改善民生、培养企业社会责任感、推进国家战略以及中华民族伟大复兴等方面具有引领作用。国有企业的政治性特征是在其治理中强化党的领导的正当理由。[1]坚持党的领导是国有企业独有的政治优势，是从光荣传统中凝练出的"根"与"魂"。[2]

二、党的领导与公司治理融合的实践探索模式

（一）党组织与公司权力机构平行运行模式

该模式的基本理论预设是党的领导与公司治理是两套各自独立且封闭的平行运行体系。党的领导体现在思想政治工作中，而公司的运营和管理取决于其权力机构，党的领导与公司治理成为割裂的"两张皮"。这就使得党的领导在国有企业治理中听起来很重要，但做起来可有可无，党建工作被隐形弱化或边缘化。国有企业治理中发挥党的领导的政治优势，不能将"党要管党"曲解为"党只管党"，需要从"党企分离"转向"党企融合"。

（二）党组织覆盖公司权力机构的模式

该模式的基本理论预设是党的领导能够解决国有企业治理中的一切问题。

---

〔1〕 李建伟："国有企业特殊法制在现代公司法制中的生成与安放"，载《中南大学学报（社会科学版）》2017年第3期。

〔2〕 孔宪峰："坚持党的领导、加强党的建设，是国有企业的'根'和'魂'——学习习近平关于加强党对国有企业领导的论述"，载《党的文献》2018年第2期。

该模式是厂长（经理）负责制的变形化，党组织替代厂长（经理）成为国有企业经营管理的主体，追求国有企业各权力机构成员与党委成员的重合度，如党委书记、党委副书记、纪委书记当然地被任命为国有企业的董事长、总经理、监事会主席。在该模式下，国有企业董事会、经理层、监事会有其名而无其实，激励和约束机制未发挥或未充分发挥作用；国有企业治理中就如何实现党的领导要么讳莫如深，要么避而不谈，党组织介入国有企业决策或经营管理的行为具有随意性，公司治理机构之间的关系被打乱，不确定性和混乱随之产生。

（三）党组织内嵌公司治理的模式

该模式的基本理论预设也将公司治理作为一个相对封闭的运行体系，股东会、董事会、监事会、经理层分别行使出资者所有权、决策权、监督权和执行权，党的领导的介入需要有正当理由并且不会导致公司治理机构运行紊乱或无序。在该模式下，党组织是公司权力机构的一种类型或经由股东会、董事会、监事会等公司权力机构参与公司治理。

以董事会为切入点，由党委书记担任董事长，部分党委成员分别担任董事。以监事会为切入点，在监事会中设立与纪律检查委员会对接的"道德建设委员会"，监督董事会和高级管理人员。党委书记任监事会主席，纪委书记任监事会副主席，协同联动并形成监督合力，避免重复监督和监管真空。以经理层为切入点，由党委副书记担任公司总经理。党组织通过董事会下设人事任免、考察、奖惩的委员会或者人力资源部门。

党组织作为公司权力机构参与公司治理，需要与其他利益相关者权力制衡。以公司控制权为分析框架，党组织与董事会、监事会、经理层不存在权力比大小的问题，而要形成协调一致、相辅相成的关系。党组织参与公司治理需要有明确的职责和权限，不能导致公司治理机构之间权力制衡失灵。"叠床架屋"式的公司权力机构难以形成治理合力，反而会减损治理效率，而这并非制度设计的初衷。

（四）外压与内嵌相结合的模式

公司治理分为狭义公司治理和广义公司治理。狭义的公司治理是利益相关主体之间结构化、组织化的契约安排，关注公司治理机构如股东会、董事会、监事会、经理层之间的分工和制衡，侧重技术性。广义的公司治理内容更为丰富，涉及公司运营、管理的各个方面，包括股权结构、融资结构、社会责任等，侧重方向性。广义公司治理适合外压模式，狭义公司治理适合内嵌模式。外压与内嵌相结合的模式兼顾管理思维和治理思维，它是将党组织分别作为外部力量和内部力量，进行党的领导与公司治理深度融合的方式。

三、党的领导与公司治理深度融合的逻辑基点

（一）政治逻辑与商业逻辑的二元划分

党的领导以政治逻辑为主导，坚持党的领导能够保障政治正确性和方向性；公司治理以商业逻辑为主导，国有企业治理结构的科学性影响其市场竞争力。政治逻辑与商业逻辑二元划分下，党的领导与公司治理的侧重点不同：党组织是政治环境和风险判断的主体，而公司治理机构尤其是董事会是商业判断主体，其对商业风险、行业利润、金融风险进行预判。政治逻辑与商业逻辑二元划分框架为党的领导与公司治理未明确事项的剩余权力归属确定了原则：涉及思想、政治领域的归党组织，涉及国有企业运营管理的归公司治理机构，二者兼具的，党组织和公司治理机构按照党组织优先的原则在各自的范围内进行决断。

（二）政治逻辑下党的领导与公司治理的融合

政治逻辑下，国有企业坚持党的领导需要全方位覆盖。党的领导的政治优势体现在国有企业决策、运营、管理、监督的各个环节。政治逻辑下，党的领导与公司治理融合可以通过党员个体参与公司治理和党组织参与公司治理两种形态实现。

一方面，党组织作为公司治理机构的外部主体参与公司治理。党组织是国有企业坚定政治方向的堡垒，其在政治方向引领方面是全方位的，需要将党的政治意图贯穿于公司治理的全过程，培养企业治理文化、提升党员思想认识与信仰。另一方面，国有企业中担任领导职务的人员具有多重身份。从党的领导的角度看，他们是党和国家在经济领域的执行者，负有保障国有资产保值增值的职责；从公司治理的角度看，他们是国有企业的决策者和经营管理者。在国有企业担任领导职务必须兼具较高的思想素质和业务能力，是既懂治国理政，又通晓公司运营管理的复合型人才。在国有企业担任领导职务的党员需要接受党组织的安排和考核。党组织对党的干部进行选拔、考核、监督、惩戒，毋庸置疑。公司治理机构如股东会、董事会、监事会中的党员

自觉按照党的要求履行职责。[1]

（三）商业逻辑下党的领导与公司治理的融合

商业逻辑下，国有企业治理中坚持党的领导需要经由财产权规则实现权力运行。企业运营、管理涉及商业判断的需要在财产权逻辑下设计规则。党组织是国有企业治理的重要参与主体，需要协调党组织与其他公司治理机构之间的关系。党组织不是游离于其他公司治理结构之外的存在，其介入公司治理需要正当理由。问题的实质是"老三会"中的党委会与"新三会"即股东会、董事会、监事会之间的关系协调与相互融通。应避免出现出资人之间、出资人与经营管理者之间权利、义务和责任边界不清的现象。

四、党的领导与公司治理深度融合的路径选择

（一）党的领导通过公司章程融入国有企业治理

党的领导通过公司章程融入国有企业治理是股东意思自治的结果，需要因企制宜。[2]目前，国有企业在公司章程中就党的领导进行记载已经成为通例，但是在具体记载事项上存在差异。[3]导致差异出现的原因主要有两个方面：从客观方面而言，不同类型的国有企业国有股股东的形态和控制权存在差异；从主观方面而言，国有企业之间就党的领导如何通过章程体现在认识上有分歧。

规范国有企业章程需要区分必要记载事项和选择性记载事项：党组织的地位和作用、机构设置、履责范围、议事方式等为必要记载事项；党组织与其他公司治理机构的关系，党组织参与国有企业决策、运营管理以及监督的方式和限度，为选择性记载事项。

（二）党的领导通过法律规定融入国有企业治理

《中共中央、国务院关于深化国有企业改革的指导意见》等中央文件多次明确党的领导在国有企业运营和管理中的重要性。但是，政策的原则性、抽象性与软约束性使得政策的法律化实有必要。党的领导与国有企业治理深度

---

[1] 曹宇："推进党的领导与公司治理有机融合"，载《红旗文稿》2021年第3期。

[2] 陈晓华："国有企业法律规制与政治规制：从竞争到融合"，载《法学评论》2019年第6期。

[3] 姬旭辉："新时代加强党对国有企业领导的理论逻辑与实践路径"，载《理论视野》2020年第7期。

融合从口号化、形式化转变为规则化、制度化，需要通过法律规定的方式将国家政策进行规范化表达，将政策的软约束转变为刚性约束。刚性约束要求通过强制性法律规定的方式明确党组织在公司治理中的地位，在公司治理的过程中不能通过约定方式予以排除或删减。

《中华人民共和国公司法》第19条就党组织在公司开展活动进行了原则性规定。从文义上看，党组织开展活动的范围限于"党的活动"。是否能将该活动范围解释为涵盖党组织参与公司治理的活动存在争议。考虑到立法者尚未考虑党的领导与公司治理融合的背景，从严格意义上而言，该条法律规定只能作为党组织在公司开展组织活动的依据，不能作为党组织参与公司治理的法律依据。

《中华人民共和国公司法》第19条并未为党组织作为国有企业治理机构提供法律依据，从实在法的角度而言，党组织并非法定的国有企业治理机构，只是利益相关者。党的领导与公司治理深度融合需要修改公司法，由法律直接规定党的领导在国有企业治理中的地位、作用，明确党组织在国有企业治理或治理结构中的法律地位，明确党组织参与公司治理的程序和议事规则，明确各类公司治理机构的权责边界、内容以及协调机制，实现各公司治理机构之间的平滑衔接以及多元治理主体协同共治。

（三）区分国有企业类型选择差异化路径

公司法没有对国有企业的概念进行界定，法律、行政法规和政策往往在不同意义上使用这一概念。伴随国有企业改革的不断深入，国有企业出现国有独资企业和混合所有制企业等类型。国有独资企业又分为由单一国有投资主体投资设立的国有企业和由多元国有投资主体投资设立的国有企业两种类型。混合所有制企业多以国有控股公司的形式存在，奉行股权平等原则，不同类型的投资主体按照出资额或股份享有资产受益、重大决策和选择管理者等权利。单一国有投资主体投资设立的国有企业股权形式单一化，为党的领导创造了更好的条件，可以通过章程或法律规定的方式确定党员在董事会、监事会、管理层中的人数比例及任职条件。[1] 无论何种类型的国有企业，都需要通过章程和法律规定两种方式融合党的领导与国有企业治理。相比较而言，国有独资企业偏向于法定主义的调整方式，宜将党的领导与国有企业治

---

[1] 赵旭东："公司法修订中的公司治理制度革新"，载《中国法律评论》2020年第3期。

理融合的内容通过法律规定的方式予以体现，而混合所有制企业偏向于意定主义的调整方式，宜将党的领导与国有企业治理融合的内容通过章程的方式予以固定。

五、党的领导与公司治理深度融合的具体建议

（一）党的领导与公司治理深度融合需要符合权责一致原则

社会公信力的建立有赖于责任机制的建立和完善。作出权力配置的同时需要进行责任配置。党组织对干预公司决策的行为需要承担相应的责任。党组织介入国有企业治理的度需要以责任为基础进行反向推理。公司治理机构及组成成员在行使决策、运营、管理公司的权力时需要承担相应的法律责任。党组织参与公司治理的过程中，违反法律规定或章程约定，给公司、非国有股股东以及其他利益相关主体造成损失的，党组织及相关人员是否需要在党纪党规责任之外承担法律责任？党组织承担法律责任的财产基础是什么？

以权明责、权责一致要求党组织直接干预的职权限定于党内责任覆盖的范围内。国有企业治理中党的领导需要注重度的把握，并非越细越好。党组织无需事必躬亲，不能随意替代其他公司治理机构，不应当事无巨细地指挥国有企业的生产经营以及运营管理。党的领导融入公司治理的有效连接点是董事会和监事会。组织架构上党组织嵌入以董事会为中心，党组织不直接参与国有企业的具体生产经营活动。经理层对董事会负责，形成层层负责的机制。

（二）党组织就重大事项进行决策的权力

国有企业治理中党组织享有"讨论和决定重大事项"的权力。关于重大事项的确定、会前沟通、会议研讨、形成决定、决策情况反馈等缺乏规范流程，在具体实施时缺乏制度性、规则性保障。

"重大事项"是一个边界模糊的概念，其外延的不确定性使得党组织参与决策的范围不明确。考虑到不同国有企业"重大事项"的差异化特征，需要根据国有企业的规模、产业形态在公司章程中通过列举式的方式明确涉及生产经营、资产处置、项目方案、机构调整、职工利益保障的重大决策方案。

党组织作出重大事项决策的权力应当如何根据参与事项的性质进行配置？党组织行使何种权力？党组织对与思想政治相关的事项享有决定权。将党组

织讨论并作出决议作为重大事项提交董事会审议的前置程序，使党组织对偏离政治方向的事项行使否决权。对于与思想政治无关的运营管理事项，党组织不能承担因决策错误而导致的法律责任，因此不宜对国有企业决策事项行使决定权。董事会就运营管理类重大事项进行决策前，需要在党组织会议上通报情况，经党组织讨论、研究并形成意见后向国有企业提出建议。

建立决策前沟通、党组织集体研讨、决策后通报的机制。董事会按照法律规定和章程约定的程序进行决策。董事会作出决策后需要将相关情况通报党组织。如决策意见与党组织集体讨论意见不一致，需要就有关情况进行书面说明。

（三）党管干部原则与公司独立的人事任免权

国有企业治理中既不能弱化党管干部原则，又不能忽视市场经济的需要。党组织在国有企业人员选任过程中坚持党管干部原则能够保障国有企业领导层的政治方向，符合市场经济的需要才能保证国有资产保值增值。"双向进入、交叉任职"是国有企业在实践中探索出的行之有效的将党的领导与公司治理相结合的方案。[1]"双向进入、交叉任职"的结果正义需要程序正义的保障。

党组织建设和人事任命与国有企业机构设置和人事任命是两套不同的运行体系，虽有交叉或重合，但是不能相互替代。公司法对股东会、董事会和监事会等机构的产生以及人员选任进行了规定，形成了相对科学的用人权体系框架。董事会的产生以及董事长的选任、总经理等经营管理者的选任以及经营管理者的用人权都需要经过法律规定和章程约定的程序运行。国有股股东对决策、运营和管理不满意的，可以行使股东权利减少持股比例甚至退出公司。以党组织直接任命的方式替代国有企业自主用人权不符合科学化、现代化的国有企业人事管理制度。由组织考察、政府任免董事、高级管理人员的方式会产生党政直接干预公司事务的现象，破坏国有企业治理机构正常的权力运行状态。

党向国有企业派驻干部需要通过国有出资人按照法律规定的条件和程序实现。国有资产监管机构拟委派或国有投资机构拟推荐的人选需要经党组织考察或由组织推荐；作为国有企业投资主体的国有投资机构将董事人选推荐

---

[1] 曹宇："推进党的领导与公司治理有机融合"，载《红旗文稿》2021年第3期。

给董事会；国有股股东通过股东会、董事会将代表选入公司，影响国有企业决策、运营和管理。这就实现了权力逻辑与权利逻辑、目的正当性与方式正当性的结合。党组织与国有资产管理机构、国有资产管理机构与国有资本投资公司之间的行为属于国有企业治理的外部行为。国有资本投资公司以股东身份提名推荐人选并通过表决程序将其选入董事会，符合公司治理人员选拔的要求。

董事会聘任经理层是否需党组织审议？董事会依据程序选任的结果与党组织意见不一致如何处理？党组织不是商业判断的主体，经营机制市场化要求保障国有企业自主经营权，培育职业经理人，不直接干预经理层的日常工作，不能过度控制进而扭曲生产经营。经理层经由董事会决定，而国有股股东不直接干涉管理层人员的任免、考核和奖惩。党组织成员并不直接领导或进入经理层，但是，具有党员资格的经理层人员需要接受党组织的监督和考核。

英国提高独立董事实效性的方法

——兼论在此影响下日本的相关改革

谢艺甜*

纵观近些年来企业治理的改革动向，大多数国家均将强化董事会内部的监督机能作为改革重点。其具体的做法就是将具有独立性的公司外部人员引入董事会内部，来监督董事会的运营。随着 2001 年中国证券监督管理委员会的《关于在上市公司建立独立董事制度的指导意见》的出台，我国正式引入了独立董事制度。该指导意见中指出，上市公司聘请的独立董事不可担任该公司其他任何职位。上市公司股东以及高管不可影响独立董事做出客观的判断。其后，2005 年修订的《中华人民共和国公司法》明确规定了上市公司必须设立独立董事，2013 年修正的《中华人民共和国公司法》也延续了此规定。实际上，独立董事制度源于英美国家，独立董事在提高英美企业的董事会监督、决策职能中起到了尤为重要的作用。正是希望独立董事的加入能使我国企业董事会的实效性得到提高，我国将其引进并取得了一定进展——我国上市公司中独立董事的人数大多达到了该公司董事会人数的三分之一。但是，因独立董事欠缺独立性、其获取经营信息不对称、职责不明确等原因，部分独立董事遭受严重行政处罚的事件频频发生。所以，我国的独立董事制度仍存在诸多问题，规范并提高独立董事的职能是完善我国上市公司董事会实效性乃至上市公司治理水平的重点之一。

一、英国的企业治理

在企业治理领域，英国一直处于领先地位。作为一个充分尊重商业自由

---

* 谢艺甜，女，日本早稻田大学在读博士，商法方向。

的国度，英国大多使用比硬法（hard law）更为灵活的软法（soft law）对公司治理进行规制。也由于英国始终重视企业治理，尤其是上市公司的企业治理，英国企业在国际投资市场上一直处于优势地位。其制定的《企业治理规则》（*Corporate Governance Code*）更是作为优良的模板被世界各国借鉴。

对于企业治理的方法，存在着将法律、自主规制、惯例等组合起来，以强制法规、行为规范进行限制，只向市场进行必要公示的三种方式。[1]对此，英国采用的是极具灵活性的将上市公司应承担的义务与公司需向市场进行信息公开的义务相结合的方式。英国并不强制所有的公司采取统一的企业治理系统，而是认可了各公司选择更适合自己公司的治理形式。此种灵活性也体现在公司内部机构的设置上，英国的《公司法》除要求股份公司需设立股东大会和董事之外未作任何强制性的规定。关于公司的业务执行、运营组织以及股东大会与业务执行组织之间的权限分配等内容也均是通过英国《企业治理规则》等软法来进行规定的。

英国《企业治理规则》要求上市公司需设立董事会以及独立董事（non-executive director），在董事会内部区分为有经营权的业务执行董事及主要进行监督董事会运营的独立董事。英国的这种业务执行董事与独立董事共同存在于同一董事会的形式被称为一元制董事会（one tier board）。一元制董事会制度的优点是，全体董事共享信息，便于每一位董事了解公司经营状态。并且，由于独立董事大多来源于多种行业和领域，除监督职能之外，独立董事还可以为董事会提供各种有用的信息及不同的观点，从而帮助董事会经营决策。但是，这种业务执行机能与监督机能共存于同一机构中的情况，也容易使董事会陷入自己监督自己，削弱其对业务执行董事的监督作用的困境中。所以，为改善一元制董事会的这种不足，从 19 世纪 90 年代开始，英国的很多民间机构进行了大量调查研究，并就这些研究发表了许多极具影响力的研究报告。这些调查报告书大多强调了英国企业需加强董事会的监督机能、明确独立董事的职责的重要性。并且，在此过程中形成了对上市公司有一定强制力的英国《企业治理规则》。

---

〔1〕 河村贤治：《英国公开会社における取缔役会の机能——统合コード（The Combined Code）を中心に一》，早大法学 76 卷 2 号，2002 年，263 页。

二、独立董事应当具有的职能及所面临的问题

19 世纪 80 年代，在英国的几家引人注目的国际大型公司相继倒闭之后，英国政府委托伦敦几家著名的从事审计和管理规范研究的机构进行调查研究，并在 1992 年形成了《社团法人管理财务概述》，即《凯德伯瑞报告书》（*Cadbury Report*）。该报告书认为，这些企业倒闭的原因主要是：英国会计基准过于宽泛，导致规避会计基准的事件频繁发生；特定人员把持董事会的经营决策，导致董事会丧失其监督机能。同时此报告书也给出了一定的解决建议，在报告书中的"最佳经营准则（The Code of Best Practice）"中倡导了：董事会中应有足够多的有能力的独立董事，以保证他们的意见能在董事会的决策中受到充分的重视。这是"独立董事"的概念首次被提出，此后在董事会改革的过程中与独立董事相关的研究一直处于重要地位。

英国 2018 年最新修订的《企业治理规则》中规定英国的独立董事主要有以下职责：①精查董事会的经营业绩、监督董事会的业绩报告、确保财务信息的真实性；②选任业务执行董事、解除不合格的业务执行董事的职务、确保业务执行董事的薪酬的合理性等。而企业设立独立董事主要是期待其可以起到监督董事会业务执行、制定经营决策和对董事会进行实效性评价（effectiveness evaluation）的作用。

（一）独立董事的监督职能

设立独立董事的最主要目的便是对业务执行董事进行监督，其监督职能主要通过董事会和监察委员会来实现。但是，独立董事并非专职人员，并不参加公司的日常经营，无法准确地获取有用的信息，导致其无法顺利监督董事会的运营。

（二）独立董事的参与公司经营决策职能

近年来对于董事会多样性的要求受到广泛的关注，而董事会的多样性大多是通过选任来自不同身份背景的独立董事来实现的。对于董事会的多样性的要求实际上是希望来自不同身份背景的董事能够为董事会带来新的信息与观点，从而帮助董事会带领公司发现现有经营模式的问题、摆脱固有的经营模式、开发新的领域。这实际上也是要求独立董事积极参加公司的经营战略的制定，多向业务执行董事提问、多为业务执行董事出谋划策。

（三）独立董事的实效性评价职能

近些年来，企业董事会的实效性越来越受到广泛关注，受英国《企业治理规则》的影响，越来越多的上市公司都开始针对董事会进行实效性的评价。董事会的实效性评价是指：对董事会是否履行了其应有的职责、达到了应有的效果进行评价。为保证评价的客观性，与董事会实效性评价相关的调查主要由两方主体来进行：公司内部有独立性的人员——独立董事及专门从事董事会实效性评价的公司外部机构。

三、提高独立董事实效性的相关制度

从上述独立董事被赋予的职能中可以看出独立董事在英国的公司治理当中起到了极为重要的作用。但是，英国也同样面临着其独立董事欠缺独立性、获取经营信息不对称、职责不明确等问题。为了实现独立董事应有的职能、弥补独立董事制度中存在的缺陷，英国又通过《企业治理规则》制定了一系列的规则，使独立董事的职能得到了更好的发挥。

1. 保证董事会构成的平衡

如前文所述，英国采用的是一元制董事会结构，业务执行董事与独立董事共同存在于同一个董事会当中，股东负责选任出合格的董事。股东在选任董事时，当然希望选出可以适当领导企业发展，不会违背股东大会的意愿的董事。所以，为了在同一董事会中形成相互制约的结构，保证董事会的构成人员之间势力的均衡就变得尤为重要。为了实现这种人员上的平衡，英国从《凯德伯瑞报告书》开始就建议将选任董事的提名权归于不兼任 CEO 的董事长或者独立董事。

2. 不兼任 CEO 的董事长的作用

（1）帮助独立董事实现监督职能

为了使董事会的权力不集中于一人之手，英国从《凯德伯瑞报告书》开始就建议在董事会内部应当将董事长与 CEO 的职责进行分离。如果企业决定让董事长兼任 CEO，则需要设立高级的独立董事来监督 CEO 兼董事长。同时，为了实现对业务执行的有效监督，监督者必须与作为监督对象的管理层具有同等程度的力量。所以需要让董事长和 CEO 分离，让董事长统率独立董事，监督 CEO 率领的管理层，且董事长必须具备与 CEO 相当的能力。特别是在实现董事会的监督功能的层面上，独立董事的存在是非常重要的，因此，不兼任 CEO 的董事长应具备能使独立董事顺利执行其监督职权的能力。

但是，为了准确获取并向独立董事传递业务执行管理层的信息，不兼任 CEO 的董事长在被任命后需要紧密参与业务执行管理层的日常工作。这就有可能导致董事长与业务执行管理层的关系变得密切，使不兼任 CEO 的董事长失去其独立性，从而导致该董事长无法继续胜任监督业务执行管理层的工作。为了解决这一问题，英国《希格斯报告书》(*Higgs Report*) 提出应当设立高级独立董事作为独立董事的领导，来监督不兼任 CEO 的董事长，使其处于中立地位。

另外，从独立董事的监督功能来看，其对董事会及业务执行董事的职务执行情况的监督及评价是十分重要的。所以，不兼任 CEO 的董事长除向独立董事提供了解董事会运营情况所必要的信息之外，也负有监督独立董事完成其职责的责任。如此，不兼任 CEO 的董事长与独立董事相互协作，主动或根据独立董事的要求让 CEO 说明业务执行的情况，如有必要可以辞退不合适的 CEO。

（2）提供信息的义务

上文提到了，不兼任 CEO 的董事长应确保独立董事知悉董事会的近况，也应当确保未作为董事会成员的独立董事在履行职务时能够及时获取符合他们要求的信息。为此，不兼任 CEO 的董事长需与管理层保持一定的密切关系。也正因如此，英国的大规模公司中的不兼任 CEO 的董事长大多为专职。为了避免独立董事因远离企业经营，不了解公司的经营状况，无法准确判断自己所需何种信息的情况发生，不兼任 CEO 的董事长除按照独立董事的要求提供信息之外，也可以主动向独立董事提供其本人认为必要的信息。

（3）与管理层互相沟通

上文已经提到，为了准确获取并向独立董事传递业务执行管理层的信息，不兼任 CEO 的董事长需要紧密参与业务执行管理层的日常工作。也正因如此，不兼任 CEO 的董事长也可以起到作为连接董事会中监督者与被监督者的桥梁的作用。所以，不兼任 CEO 的董事长需要注意汇总独立董事的意见，并作为独立董事的发言人，将独立董事的意见传达到业务执行管理层。这其实也体现了英国的企业治理更重视董事会内部的意见交换，独立董事与董事会内部的业务执行董事之间并不是单纯的监督与被监督的关系，而是互相支持、共同有效运营董事会的关系。

（4）保证独立董事的工作时间

虽然独立董事并非专职，但是为完成其职责也应当对其工作时间做出一定的要求。而确认每一个独立董事的兼职情况，控制独立董事的工作所需时间的责任由不兼任 CEO 的董事长承担。这就要求每一个独立董事须向其任职公司的不兼任 CEO 的董事长报告其在其他公司的董事会的兼任情况、工作性质和范围。独立董事在其任职期间必须经常向不兼任 CEO 的董事长报告其在其他公司董事会的兼任情况（包括在该公司的工作时间）。并且，当独立董事在其他公司的职务内容、工作时间发生变动有可能影响在该公司的工作时，应当向不兼任 CEO 的董事长报告具体的情况。不兼任 CEO 的董事长可根据该独立董事的报告内容判断是否变更其在本公司的工作内容或解除其在本公司的职务。

3. 高级独立董事

如上所述，《凯德伯瑞报告书》中指出如果企业决定让董事长兼任 CEO，则需要设立高级的独立董事来监督董事长兼 CEO。随着对董事会的独立性的愈加重视，《汉佩尔报告书》（*Hampel Report*）指出：为了应对董事长与 CEO 的关系过分密切，导致独立董事及股东的意见无法顺利向董事会传达的情况，即使在董事长不兼任 CEO 的公司中，仍需要设置高级的独立董事（如董事会主席代理或报酬委员会的委员长）来完善董事会的监督机能。

不过，必须注意到的是，《汉佩尔报告书》中并未要求高级的独立董事有高于其他独立董事的责任或领导作用，高级的独立董事只具有向董事会传达其他独立董事及股东的意见的作用，除此之外并无其他。此时的高级的独立董事被称为"高级独立董事（senior independent director）"。

对此，此后的《希格斯报告书》支持了《汉佩尔报告书》所提到的，设置高级独立董事是作为应对独立董事及股东无法顺利向董事会传达意见时的替代方案。并且，除此种作用之外，《希格斯报告书》还提出：高级独立董事需担任董事长不出席的独立董事之间的会议的议长。至此，高级独立董事的高于其他独立董事的领导地位才被确立下来。

如此，为了加强董事会的独立性、弥补独立董事无法准确知悉公司经营情况的缺陷，英国设立了与 CEO 势力相当的不兼任 CEO 的董事长。又由于在获取信息的过程当中，不兼任 CEO 的董事长不可避免地要深入管理层当中容易失去客观独立性，英国设立了作为独立董事的领导的高级独立董事作为独立董事的发言人并监督董事长。这一系列的规则均是围绕着提高独立董事的实效性而展开的。

四、在英国《企业治理规则》影响下的日本的改革动向

在经济全球化的背景下，以具有灵活性等优点的软法来规制企业的运营是近些年来企业治理领域的热点问题。与此相比，软法在中国的公司法制领域的应用相对较少。加之，中国商法的相关规定仍有很大空间需要完善，使得经济全球化背景下的中国企业在吸引外资、与优质海外企业竞争等方面并不具有优势。由于通过修改、制定硬法的方式改变现状的过程过于复杂且漫长，制定更为灵活的软法对于当下的中国来说不失为一个可以快速提高我国企业治理水平的办法。

上文提到对于公司治理的方法，英国采用的是极具灵活性的将上市公司应承担的义务与向市场进行信息公开的义务相结合的方式。英国之所以能够建立如此灵活的制度是以其一直以来就有尊重自主规制的传统，且机构投资人在企业治理领域极具话语权为前提的。所以，直接将英国的制度引入中国难免会遇到水土不服的情况。中国的商法制度在设立之初便受到了日本商法及日本公司法的深远影响，尤其在企业治理的核心——组织机构方面，中国也几乎与日本采用了相同的模式。另外，日本与中国相同一直依靠制定强制法规、行为规范来作为企业治理的规范。因后来受英国《企业治理规则》的影响，日本在其强制法的基础上，对企业附加了负有向市场进行信息公开的义务的限制，实现了以强制法规为中心，结合信息公开的企业治理制度。[1]

具体而言，日本于 2015 年广泛借鉴英国《企业治理规则》的内容，制定了日本版《企业治理规则》，使得日本的上市企业的治理规范更加细致且灵活。作为大陆法系国家的日本在引入作为英美法系国家的英国的《企业治理规则》时，做出了大量的适应大陆法系国家的修改，又根据 2015 年日本版《企业治理规则》的实行情况于 2018 年对日本版《企业治理规则》进行了适应性的修改。这些经验均对于我国未来的公司法制建设有重大的意义，值得

---

〔1〕 河村贤治：《英国上场规则における公开会社法——特に取缔役・取缔役会に关して——》，早大法学 76 卷 4 号，2001 年，156 页。

我国加以借鉴。

对于独立董事，日本在 2014 年修改其《公司法》时，就探讨了应当确保上市公司有 1 名以上的独立董事。但是，由于日本的公司本身就设置了有监督职能的监事（会），为了提高监事的独立性还设置了独立监事，所以，有很多意见认为通过修改法律的方式强制公司引入独立董事制度并不妥当。因此对于此次修订案日本法制审议会公司法制部会没有取得一致意见，此项提议便遭到了搁置。但是，由于作为软法的英国《企业治理规则》中规定了上市公司应当设立独立董事，在此影响下，实际上日本的设置了监事会的公司〔1〕的董事会中也普遍设置了独立董事。但是，根据日本《金融商品交易法》第24 条第 1 项规定，需要对其发行的股份提出有价证券报告书的公司必须设置1 名以上的独立董事。在这些影响下，于 2019 年修改的日本公司法中，确立了公开公司〔2〕且为大公司〔3〕的设置了监事会的公司必须设置独立董事的规定（同年修订的日本《公司法》第 327 条之 2）。

此外，2021 年 4 月，日本《机构投资人尽责管理守则》及《企业治理规则》的跟进会议上公布了日本《关于〈企业治理规则〉〈投资者和企业对话指南〉的修订案》。在该修订案中强调了提高董事会功能的必要性，并且特别强调了在选任董事时应考虑构成人员的多样性。面对新冠肺炎疫情影响下的新型经济社会，企业若想实现新的成长，则需要具备不同经验、技能、属性的人员为董事会提供多样视角和价值观。因此，以独立董事为首，通过董事的知识、经验、能力的适当组合来发挥董事会的功能十分必要。同时，为确保董事、经营团队及董事候选人等的多样性，培养人才、完善公司内部环境也非常重要。日本的 2015 年《企业治理规则》于 2018 年进行了第一次修订，并在 2021 年进行了第二次修订。本次修订规定了东京证券交易所的最主要市场（prime market）的上市公司的董事会的三分之一以上须为独立董事。此外，关于董事会的构成，要求兼顾性别、国籍、工作经历、年龄等多样性和

---

〔1〕 按照日本《公司法》规定，以监察机构为分类标准，日本的上市公司主要分为：设置监事会的公司、设置监察等委员会的公司以及设置提名委员会等的公司三类。

〔2〕 未在公司章程中规定在转让公司的全部或者一部分股份时，需要获得股份公司的认可的公司（日本《公司法》第 2 条 5 号）。

〔3〕 会计年度末的资产负债表中资本金达 5 亿日元以上或负债达 200 亿日元以上的公司（日本《公司法》第 2 条 6 号）。

适当的人数规模。

为了促进董事会功能的发挥，该修订案要求进一步提高独立董事在董事会的比例，独立董事需要具备预见企业经营环境的变化，并将其反映在经营战略上的能力。并且还要求独立董事具备能通过对话等方式掌握并认识以机构投资人为主的股东的观点的能力。与英国的《企业治理规则》的规定相同，新的日本版《企业治理规则》还建议公司设置"高级独立董事"，或将独立董事选任为不兼任 CEO 的董事长，从而来提高独立董事的职能。另外，日本的"高级独立董事"的职责也与英国大致相同，其主要负责监督董事会成员的工作、沟通各方成员的意见以及对董事会的实效性进行评价。

五、结语

综上所述，世界各国在引入独立董事制度之后面临的问题大致相同，而英国和导入英国《企业治理规则》制度的日本都在通过软法来解决这些问题。英、日均为提高独立董事的实效性做出了一系列的改革，且均获得了一定成效。然而，对此方面的研究，我国尚未有实质上的进展。所以，我国应当重新检视我国独立董事制度的问题、深入了解其他国家设立独立董事制度的意义，并且结合日本处理软法与硬法之间融合的经验，重新探讨我国独立董事制度的改革方向，进而提高我国企业治理的水平。

经济法理论研究

自由贸易港营商环境便利化的法治引导：国际经验与中国路径

钟文颢　常　健*

一、自由贸易港营商环境便利化：法治基础与引导方向

（一）营商环境：影响市场主体活动的制度安排

营造国际一流的营商环境是我国政府与中央在新时代作出的重要战略部署。党的十八届五中全会提出要形成对外开放新体制，完善法治化、国际化、便利化的营商环境。[1]2017 年 7 月，习近平总书记强调要改善投资和市场环境，营造稳定公平透明、可预期的营商环境。[2]2018 年 11 月，习近平总书记

［基金项目］海南省 2019 年哲学社会科学重大委托课题"中国特色自由贸易港建设法治发展路径研究"，项目编号：HNSK（ZD）19-111；海南省 2019 年哲学社会科学规划课题"中国特色自由贸易港金融开放创新的法律引导与规制研究"，项目编号：HNSK（YB）19-02；海南省高等学校教育教学改革研究重点项目"自由贸易港法治人才培养模式与课程体系研究"，项目编号：Hnjg2021ZD-2；海南大学人文社科国家级重大科研培育项目"加快海南自由贸易港对外开放高地建设的路径选择与法治保障研究"，项目编号：20ZDPY02；海南省优秀人才团队"海南自由贸易港法律创新团队"资助；国家社会科学基金重大项目"中国特色自由贸易港的建设路径及法治保障研究"，项目编号：18ZDA156 阶段性成果。

* 钟文颢，男，现为海南大学法学院博士研究生，主要从事自由贸易港法学、经济法学研究；常健，男，现为海南大学法学院教授、博士生导师，主要从事经济法学、自由贸易港法学研究。

〔1〕 王一鸣："形成对外开放新体制"，载 http://www.xinhuanet.com/politics/2015-11/24/c_ 128463176.htm，最后访问日期：2021 年 8 月 4 日。

〔2〕 "习近平主持召开中央财经领导小组第十六次会议强调 营造稳定公平透明的营商环境 加快建设开放型经济新体制"，载 http://www.xinhuanet.com//2017-07/17/c_ 1121333828.htm，最后访问日期：2021 年 8 月 17 日。

提出要"营造国际一流营商环境"。[1]在国务院颁布的《优化营商环境条例》第2条中，营商环境被定义为："企业等市场主体在市场经济活动中所涉及的体制机制性因素和条件。"营商环境是指影响市场主体活动的各类制度安排，涵盖体制制度、法律规范、程序性规则等。[2]依据世界银行相关方法论，又可将营商环境总结归纳为影响企业营商的十类制度安排[3]，并以此作为指标对各国家（地区）整体的营商环境优劣进行综合评判。

（二）营商环境便利化的关键：减少制度性交易成本

早在2017年，习近平同志便强调："降低市场运行成本，营造稳定公平透明、可预期的营商环境"[4]。市场运行成本是个综合性很强的概念，当前政府着力降低的主要是制度性交易成本，也称"交易成本"或"交易费用"。[5]与此同时，许多学者从不同角度就制度与营商环境的关系发表各自的观点：①企业需求的角度。以马斯洛需求层次理论为逻辑推演前提，可推导出企业亦有其自身需求。[6]如为了满足生存需求而寻求的生产条件（为了达到开工条件需要获取的环评、消防等）与生产要素（《营商环境报告》提及的水电供应、土地审批等）[7]，以及可以理解为企业在生产经营中需要与不同利益主体保持良好关系的"社交需求"。[8]因此，有学者认为着力构建"服务型政府"

---

〔1〕 习近平："共建创新包容的开放型世界经济——在首届中国国际进口博览会开幕式上的主旨演讲"，载 http：//www. gov. cn/gongbao/content/2018/content_ 5343724. htm，最后访问日期：2021年8月17日。

〔2〕 沈荣华："优化营商环境的内涵、现状与思考"，载《行政管理改革》2020年第10期。

〔3〕 即开办企业、办理建筑许可、获得电力、登记财产、获得信贷、保护少数投资者、跨境贸易、缴纳税费、执行合同、办理破产。

〔4〕 "习近平主持召开中央财经领导小组第十六次会议强调 营造稳定公平透明的营商环境 加快建设开放型经济新体制"，载 http：//www. xinhuanet. com//2017－07/17/c_ 1121333828. htm，最后访问日期：2021年8月17日。

〔5〕 所谓"交易成本"或"交易费用"，是制度经济学的核心概念，交易费用的思想在大卫·休谟（David Hume）和亚当·斯密（Adam Smith）相关著作中见其肇端，1937年由科斯在其经典论文《企业的性质》中提出，其原意是"为了进行一项市场交易，有必要发现和谁交易，并告知人们自己愿意交易及交易的条件，交易中进行谈判、讨价还价、拟定契约、实施监督来保障契约的条款得以按要求履行"所发生的费用。这一概念日后被张五常等人发扬光大，概括为"制度运行的费用"。

〔6〕 陈伟伟、张琦："系统优化我国区域营商环境的逻辑框架和思路"，载《改革》2019年第5期。

〔7〕 王琛伟："我国'放管服'改革成效评估体系的构建"，载《改革》2019年第4期。

〔8〕 郝晔、王国海："技术引进中企业利益相关方的博弈分析"，载《财经理论与实践》2008年第5期。

有助于降低企业生产经营的制度性交易成本，为企业提供便利化的营商环境以满足企业需求。[1]②营商制度软环境的角度。有学者通过梳理我国 30 个大城市营商环境数据，分析得出了营商制度软环境与经济发展呈正向关系。[2]③"不确定性、营商环境与企业活力"的角度。地方制度、政策的不确定性将增加企业制度性交易成本并削弱企业的经营活力。市场化、法治化的营商环境将缓解政府与企业间的信息不对等、降低制度性交易成本，从而在制度层面为企业提供保障。[3]④制度环境的角度。营商环境 PEST（Political，Economic，Social，Technological）的核心是制度环境，制度的本质是一种契约。[4]在良好的契约环境中，具有企业违约成本高、违约概率低的比较优势，进而吸引投资与交易。[5]制度环境较差地区的制度改革可显著降低生产成本，从而深化厂商产品的多样性。[6]

综观前述各学者的观点，不难发现学界已从不同视角就营商环境与制度性交易成本的关系进行了深入研究，且普遍认为便利化营商环境的良好与否，与企业所付出制度性交易成本的高低紧密联系。营商环境便利化是一个国家（地区）制度质量高低的客观反映。制度性交易成本是否降低可作为衡量制度质量高低的标准。因此，营商环境便利化的关键便是如何降低企业制度性交易成本。

企业在营商过程中，将产生以下两种制度性交易成本：其一，企业在获取制度的过程中产生的交易成本。制度，无论它是市场的还是非市场的，都可以提供有用的服务。与其他任何服务一样，制度性服务的获得要支付一定的费用，如手续费等。企业获得制度性服务的成本集中体现在其所付出的时

---

〔1〕 陈伟伟、张琦："系统优化我国区域营商环境的逻辑框架和思路"，载《改革》2019 年第 5 期。

〔2〕 董志强、魏下海、汤灿晴："制度软环境与经济发展——基于 30 个大城市营商环境的经验研究"，载《管理世界》2012 年第 4 期。

〔3〕 于文超、梁平汉："不确定性、营商环境与民营企业经营活力"，载《中国工业经济》2019 年第 11 期。

〔4〕 倪外："有为政府、有效市场与营商环境优化研究——以上海为例"，载《上海经济研究》2019 年第 10 期。

〔5〕 Nunn N. , "Relationship-Specificity, Incomplete Contracts and the Pattern of Trade", *Quarterly Journal of Economics*, Vol. 122, No. 2, 2007, pp. 569–600.

〔6〕 Johannes Moenius, Daniel Berkowitz, "Law, Trade, and Development", *Journal of Development Economics*, Vol. 96, No. 2, 2011, pp. 451–460.

间成本，因此世界银行在营商环境评估中，也在多个一级指标项下设立时间、手续等二级指标以评估企业在营商过程中所付出的时间成本。马克思在《政治经济学批判》中明确提出了"真正的节约（经济）＝节约劳动时间＝发展生产力"这样的命题，直接深刻地揭示了时间所具有的经济性内涵。[1]即时间的节约就意味着经济上的节约，反之浪费时间即代表时间价值损失，损失的价值构成了企业的成本。其二，因维持公共制度供给产生的成本。政府是公共制度供给的唯一主体[2]，因此，除时间成本外，企业为保障公共制度的供应，还需向政府缴纳各类税赋以维持其正常运转。

综上，企业在两方面所付出的成本皆属张五常所称的在"鲁滨逊·克鲁索经济"中不可能存在的所有各种各样的成本，即制度性交易成本。营商环境便利化的关键在于减少制度性交易成本，而减少制度性交易成本的思路主要在于：其一，降低企业在营商过程中所付出的时间成本；其二，减轻企业在营商过程中的税负。

（三）自由贸易港营商环境便利化的重心及其法治引导的方向

2017年10月，党的十九大报告提出："赋予自由贸易试验区更大改革自主权，探索建设自由贸易港。"2018年4月13日，习近平主席在庆祝海南建省办经济特区30周年大会上的讲话中提出要支持海南逐步探索、稳步推进中国特色自由贸易港建设。[3]自由贸易港制度创新的本质及其自身逻辑便是要依靠制度创新降低交易成本，并吸引、促使区际乃至国际生产要素向港内涌入与聚集。[4]高级生产要素流入是产业升级的基础，其从溢出效应与竞争效应[5]方面共同推动自由贸易港产业升级与转型，进而解除我国"低端锁定风险"并提升我国在全球价值链中的地位与作用。[6]综合自由贸易港自身的发

---

〔1〕 余绪缨、蔡淑娥主编：《管理会计》，中国财政经济出版社1999年版，第75—78页、第453—463页。

〔2〕 冯俏彬、李贺："降低制度性交易成本：美国税改与中国应对方略"，载《中央财经大学学报》2018年第5期。

〔3〕 习近平："在庆祝海南建省办经济特区30周年大会上的讲话"，载http://www.gov.cn/xinwen/2018-04/13/content_ 5282321.htm，最后访问日期：2021年8月4日。

〔4〕 史本叶、王晓娟："探索建设中国特色自由贸易港——理论解析、经验借鉴与制度体系构建"，载《北京大学学报（哲学社会科学版）》2019年第4期。

〔5〕 竞争效应指自由贸易港开放的环境致使企业、资本的大量涌入，与本土企业形成竞争，并致使本土企业在竞争中实现升级、发展与转型。

〔6〕 张小燕："自贸区建设背景下产业升级机制与策略分析"，载《经济论坛》2020年第10期。

展特点，促使生产要素向港内聚集可围绕以下三个重心进行制度安排，即贸易、投资、税收，这三类制度安排皆可起到吸引生产要素促进产业转型的作用，因而自由贸易港便利化营商环境也应围绕这三类制度安排进行优化。

1. 贸易、投资与税收：自由贸易港降低制度性交易成本的三个重心

（1）贸易的作用

交易便捷是现代商法的基本原则，其核心内容是减少交易手续、降低交易成本。[1]在国际贸易中存在着大量交易成本，如何降低交易成本便是国际贸易扩张的关键。伯特尔·俄林在其所著的《区际贸易与国际贸易》一书中认为，劳动力、土地、资本等自然禀赋是国际贸易产生的条件之一。[2]有学者据此提出天然的深水港口及其所在优越的地理位置亦属于地区自然禀赋，如地处国际航运战略要道的新加坡。[3]优越的地理位置及天然的深水港口一方面有效地降低了该地区国际贸易的货物运输成本，另一方面也有利于提高船舶及货物的流通效率。港内政府为进一步挖掘港口的自然禀赋，通过法治引导出台相关通关便利与监管便利方面的制度，进一步形成制度上的比较优势。凭借以上制度进一步降低港内的制度性交易成本并提升生产要素的流通效率，最终达到推动地方经济发展的目的，这也是早期自由贸易港制度的雏形。而关于贸易便利的优化方向，自由贸易港在制度设计上遵循商法的基本原则，其制度构建的一大目标就是通过降低海关成本而增加贸易。[4]降低海关成本主要可从以下两方面考量：一是在货物的通关方面，通关环境是影响贸易便利化程度的重要因素[5]，港内政府需对船舶、货物的报关、检验检疫及通关等施行便利化的通关措施；二是在通关监管方面，以不影响贸易和国际货运便利化为原则，构建简便、自由、灵活的监管机制。

---

〔1〕《商法学》编写组：《商法学》，高等教育出版社 2019 年版，第 19 页。

〔2〕[瑞典]伯特尔·俄林：《区际贸易与国际贸易》，逯宇铎等译，华夏出版社 2017 年版，第 6—40 页。

〔3〕林锋："上海发展转口贸易的相关要素分析"，载《国际经济合作》2009 年第 5 期。

〔4〕 John J. Da Ponte Jr. , "United States Foreign-Trade Zones：Adapting to Time and Space", *Maritime Lawyer*, Vol. 5, No. 2, 1980, p. 197.

〔5〕 John S. Wilson, Catherine L. Mann, Tsunehiro Otsuki, "Trade Facilitation and Economic Development：A New Approach to Quantifying the Impact", *The World Bank Economic Review*, Vol. 17, No. 3, 2003, pp. 367-389.

（2）投资的作用

投资（Investment）是自由贸易港吸引生产要素并实现港内产业结构转型与升级的有效手段之一。有学者认为，投资便利主要指一国为了便于境外资本流入，对外来投资行为采取的简化投资运营手续、缩短投资流程、改善投资软硬件环境等措施，以达到降低投资者交易成本的目的。[1]根据亚太经济合作组织（APEC）投资便利化的定义，投资便利化是指政府采取的一系列旨在吸引外国投资，并在投资周期的全部阶段上使其管理有效性和效率达到最大化的行动或做法。[2]

（3）税收的作用

我国肇始于20世纪70年代末的市场化改革，其重要的内容在于打破制度的桎梏，促进生产要素的跨区域流动与重组。而作为与改革开放一脉相承的自由贸易港政策，其作用在于如何以海南作为对外开放的"窗口"吸引并促进区际、国际的生产要素在此流动与重组，并最终实现国家的产业升级与经济发展。如前所述，税收是自由贸易港发展中不可忽视的重要内容，其作用主要体现在以下两方面：一是在生产要素聚集方面，税收在政府引导生产要素聚集、提高生产要素配置效率方面发挥着重要作用。[3]二是在产业转型升级方面的实践中，税制调整会通过改变商品的相对价格、企业资源配置等影响企业投资收益效率、投资结构，进而促进产业结构改变。[4]

2. 促进贸易、投资与税收便利化的法治引导方向

首先，贸易便利化的法治引导方向在于：根据1973年《京都公约》（修订版）专项附约四第二章及1992年《欧共体海关法典》对自由贸易区的解释，可知自由贸易港建设的关键在于海关建设，海关建设的共性在于加快货物

---

〔1〕 李轩："中国自贸试验区深化投资便利化制度建设进展及创新路径分析"，载《辽宁大学学报（哲学社会科学版）》2020年第3期。

〔2〕 沈铭辉："APEC投资便利化进程——基于投资便利化行动计划"，载《国际经济合作》2009年第4期。

〔3〕 王鲁宁、胡怡建："我国区间税负差异与生产要素流动的相关性分析"，载《上海财经大学学报》2013年第5期。

〔4〕 陈明艺、庞保庆、王璐璐："减税效应、技术创新与产业转型升级——来自长三角上市公司的经验证据"，载《上海经济研究》2021年第1期。

流通，促进海关便利化。[1]另据《中华人民共和国海南自由贸易港法》第二章（贸易自由便利）除第17条外，全章内容皆在规定货物通关方面的相关监管、便利措施，因而无论是从国际视野抑或国内立法方向，通关便利与监管便利皆是促进贸易便利化的法治引导的方向。其次，投资便利化法治引导的方向在于：《中华人民共和国海南自由贸易港法》的投资便利化规则聚焦于投资主体的准入、投资流程的简化及针对投资者的保护三个方向。《中华人民共和国海南自由贸易港法》第三章（投资自由便利）的第18条、第19条、第20条所规定的是准入前国民待遇、负面清单、放宽外商投资准入等准入方面的内容；第21条规定的则是简化投资流程方面的内容；第22条、第23条、第24条则皆是与保护投资者相关的内容，诸如保护中小投资者、保护投资者的知识产权、保护市场公平竞争等。因此，投资主体的准入、投资流程的简化及针对投资者的保护是自由贸易港投资便利法治引导的三个核心方向。最后，税收便利化法治引导的具体方向在于：《中华人民共和国海南自由贸易港法》第四章（财政税收制度）第27条、第28条、第29条、第30条之规定可知，税收优惠制度与简税制度是我国自由贸易港税收便利化法治引导的方向。

二、著名自由贸易港（区）营商环境便利化法治引导的经验梳理与评析

（一）通关与监管：著名自由贸易港贸易便利化法治引导的经验评析

1. 新加坡法治引导的经验分析

新加坡自由贸易港保持高水准的贸易便利化营商环境的法治引导在于：其一，在通关便利化法治引导的具体措施上，一方面，新加坡自由贸易港施行单一窗口制（"贸易网"即"Trade Net"）。海关、口岸及新加坡其他政府部门通过 Trade Net 管控货物的移动并保障了健康、安全等相关法律的要求，实现了各部门在表格、申请、界面及流程上的统一。Trade Net 实现了贸易商与监管机构间的全天候电子信息数据交换，一个原先需 2—7 天才能获得批准的申请通过 Trade Net 平均只需 10 分钟即可完成。与进出口贸易相关的申报、审查、许可、监管等手续均可通过 Trade Net 进行电子支付。在实现贸易商与

---

〔1〕 王淑敏、冯明成："《贸易便利化协定》与《京都公约》（修订）比较及对中国自由贸易港的启示"，载《大连海事大学学报（社会科学版）》2019 年第 2 期。

运输商便利的同时亦提高了口岸的管理效率。另一方面，新加坡自由贸易港亦注重"单一窗口制"与国际条约的衔接，并通过《建立和实施东盟单一窗口的协定》等国际条约为"单一窗口"制度提供法治保障，以此有效地减少了货物在通关方面的时间成本。其二，在监管便利化法治引导的具体措施上，新加坡自由贸易港通过新加坡《自由贸易园区法》明确除法律明文禁止进口的货物（如烟草、酒等商品）外，其他货物均可自由流入自由贸易港。此举减少了企业在新加坡自由贸易港进行贸易中的不确定性，进而降低了企业的制度性交易成本。

2. 美国对外贸易区法治引导的经验分析

美国对外贸易区发展至今，已成为发达国家中最成功的自由贸易区之一。[1]为促进通关便利化，美国推行以下法治引导举措：①"周报关制"。由2000年修改后的美国"贸易发展法案"确立，即对外贸易区用户可申请对运往区外需要报关的各单货物，集中为一周一次申报。[2]"周报关制"有效地降低了企业的报关费用。在每周报关结算上，按每次货物处理费485美元、平均每周入区20次、每年52周计算，区外企业每年所应支付的货物处理费为50.44万美元。而区内企业按每周结算且上限为485美元，即每年应支付的货物处理费约为2.52万美元；另按每次报关费用125美元、年报关1040次计算，区外企业每年度需支付的关费合计为13万美元，而区内施行"周报关制"的企业每年度所应支付的报关费仅为6500美元。[3]②直通程序制。即对外贸易区企业可对以其名义进口的货物向所在地口岸海关关长申请直通程序。获批的货物无论抵达美国的何处口岸，皆可以保税方式进入对外贸易区，无需事前向抵达口岸的地方海关申报。直通程序使海外货物运入对外贸易区用户的平均运输时长缩短一至两日，有效地减少了企业的时间成本。

在监管便利化的法治引导上：其一，《美国法典》第19卷第81d条明确，对外贸易区需由财政部长派驻海关官员与监管人员，以保护税收，监管入境的外国商品。虽然海关并不需要在对外贸易区处常驻监管，但需在对外贸易区

---

〔1〕 姜作利："美国发展对外贸易区的经验与启示"，载《山东师范大学学报（人文社会科学版）》2014年第2期。

〔2〕 吴蓉："借鉴美国对外贸易区经验推进我国保税区发展"，载《上海商业》2004年第6期。

〔3〕 董岗："纽约—新泽西港务局运营自由贸易区经验及借鉴"，载《水运管理》2013年第9期。

的每一笔货物上签字。[1]其二，在"社会共治方面"，依据相关法律规定，受让人、经营人皆有权对区内货物进行管理，其管理的权力源自委员会依据相关法律规定所做出的权力让渡。《美国法典》第 19 卷第 81b 条第 a 款的委员会准入授权条款规定了受让人制度，受让人通常指一家被授予设立、运营与维持对外贸易区特权的公共公司或私营公司；经委员会审查、批准后，可同时拥有制定货物监管规制等权力。[2]

3. 著名自由贸易港贸易便利化法治引导的经验评析

世界著名自由贸易港贸易便利化法治引导具有如下特性：其一，在通关便利化上积极借鉴国际先进规则，并将其援引为本国（地区）自由贸易港通关便利化制度的法治保障。如新加坡援引《建立和实施东盟单一窗口的协定》作为其"单一窗口制"的法治保障。对标国际先进规则的意义在于有助于减少企业在营商过程中面临的制度对接障碍，降低符合成本（compliance cost）。[3]其二，在监管便利化上，一是施行"负面清单式监管"，即以法律、法规、条例等清单方式载明禁止入港货物及经申报后入港货物，除此之外任何货物皆可入港。此举极大地降低了港内外商事主体在营商过程中的不确定性，进而减少了相应的制度性交易成本。二是构建以海关主管与"社会共治"的监管模式。以美国对外贸易区为例，其通过立法手段，推动了海关监管职权的下沉。通过授权的方式使相关社会主体（受让人、经营人）拥有制定货物监管规制等权力及相应监管权力。[4]海关主管与"社会共治"体系极大地降低了对外贸易区海关监管的压力并提高了区内的通关便利化程度。海关通过全权授权开发管理公司管理货物进出口过程，并运用计算机技术对对外贸易区货物进出口及区内流动进行区域性的动态监管。此举将繁杂的海关手续降至最低，使得海关管理效率成倍提升。如纽约 1 号对外贸易区可利用计算机通过海关联网在一天内办结 240 多家使用者的报关手续；又如迈阿

---

[1] Mary Jane Bolle, Brock R. Williams, "U. S. Foreign-Trade Zones: Background and Issues for Congress", *Congressional Research Service*, 2013, p. 14.

[2] 周阳：《美国对外贸易区法律问题研究》，法律出版社 2015 年版，第 133 页。

[3] 所谓符合成本，是指在投资国与东道国有关投资标准与法规间存在较大差异的前提下，投资者为实现在东道国的投资目标，进而调整自身投资行为以达到东道国的标准与法规之要求，随之产生的成本，而符合成本将阻碍资本的国际流动。李轩："中国自贸试验区深化投资便利化制度建设进展及创新路径分析"，载《辽宁大学学报（哲学社会科学版）》2020 年第 3 期。

[4] 周阳：《美国对外贸易区法律问题研究》，法律出版社 2015 年版，第 133 页。

密32号对外贸易区1994年货物进出口总值达12亿美元,仅需两名海关人员便可办理相关手续。[1]上述举措极大地降低了企业的制度性交易成本。

(二) 准入、简化与保护:著名自由贸易港投资便利化法治引导的经验评析

1. 新加坡自由贸易港法治引导的经验分析

①在投资者准入方面。新加坡自由贸易港内除国防等关乎国家命脉的行业外,政府对外资市场准入几乎不做任何限制,商业、金融、网络、电信等行业全面对外开放。[2]②在投资流程简化方面。新加坡设立了交换网络(EDI),是世界首个用于文件综合处理的全国性电子数据的信息网络体系。通过该网络体系,在投资者的注册流程中,实现了全流程数据化并保证了投资者在24小时内获得相关证照。③在投资者保护方面。新加坡在知识产权保护等方面拥有完善的法规体系。有健全、公正的司法审判体系以及援助企业解决纠纷的有效渠道。新加坡自由贸易港拥有一整套完备且行之有效的知识产权保护法律制度,主要包括《专利法案》《商标法案》《版权法》等成文法。在知识产权方面为投资者提供了全方位的法治保障。

2. 迪拜自由贸易港法治引导的经验分析

①在投资者准入方面。在迪拜自由贸易港内,对外资实施国民待遇并不设股比限制。除涉及石油开采、国家安全、环保等领域外,其他领域的投资者皆可在24小时内完成企业注册。②在投资流程简化方面。以"互联网+园区"模式实现信息、服务和基础设施的共享,推行"自由贸易区倡议",外资企业仅凭一张许可证即可在多个贸易区运营。③在投资者保护方面。通过设立迪拜国际金融中心法院、引入伦敦国际仲裁院等方式建立起多元化的国际商事争端解决机制,为迪拜自由贸易港的可持续发展打牢了法治的根基。

3. 著名自由贸易港投资便利化法治引导的经验评析

世界各先进自由贸易港投资便利化法治引导具有如下特性:其一,在准入方面,尽可能降低准入门槛及注册限制。其二,在投资流程方面,推行极简注册流程制,并进一步将企业获得证照的时间限定为24小时。如新加坡与迪拜皆保证投资者在24小时内获得相应证照。其三,在投资者的保护方面,构建事前立法及事后争端解决机制的投资者保护体系。在事前以成文的商事

---

〔1〕 钟坚:"美国对外贸易区的发展模式及其运行机制",载《特区经济》2000年第6期。

〔2〕 李猛:《中国自贸区法律制度建立与完善研究》,人民出版社2017年版,第181页。

法案、法例、条例组成完备的法治体系为投资者在知识产权、商事活动方面提供健全、完善的法治保障，如新加坡颁布的《商标法案》等。在事后建立多元化商事争端解决机制，以解决企业间的商事争端，如迪拜成立国际金融中心法院等。

（三）税收优惠与简税：著名自由贸易港（区）税收便利化法治引导的经验评析

为了从世界各先进自由贸易港（区）的税收优惠制度、简税制度中汲取对中国探索自由贸易港便利化营商环境的经验，有必要将各先进自由贸易港（区）税收优惠制度、简税制度做一次综合比较与分析。

1. 著名自由贸易港（区）法治引导的经验分析

（1）新加坡自由贸易港税收优惠制度

①除机动车等四类货物外，均免征其余入港货物关税；②对内外资商事主体统一征收17%的所得税；③按11级（最高22%）征收个人所得税；④按7%征收增值税[1]；⑤国际运输服务、进出口相关运输服务等均适用零税率。

（2）迪拜自由贸易港税收优惠制度

①推行零关税制度；②港内外企业在50年内免征所得税，优惠期限届满后可再延长15年；③货物在港内储存、贸易、加工等不征收进口环节的关税与增值税。[2]

（3）韩国自由贸易区税收优惠制度

①在关税方面，对境外企业采取免征或可先征后退；②法人税、所得税，三免两减半（其中马山自由贸易区不计外商投资额，一律五免两减半优惠）；③带入自由贸易区并进行申报的国内货物和入驻企业提供的外国货物或服务施行增值税零税率（免税对象为：从事高新技术企业的外商投资者；投资额达1000万美元以上的制造业外商投资者；投资额达500万美元以上的物流业外商投资者）。[3]

---

［1］黄庆平、李猛："国际竞争性税制经验对中国探索建设自由贸易港的启示"，载《国际贸易》2019年第9期。

［2］陈诚、林志刚、任春杨："探索建设自由贸易港的政策安排与路径分析"，载《国际贸易》2018年第5期。

［3］张云华：《支持海南自由贸易试验区（港）建设的税收制度安排》，中国财政经济出版社2018年版，第107—108页。

（4）日本冲绳自由贸易区税收优惠制度

①所得减税（对象行业：制造、包装、仓储）。区内拥有员工20人以上的企业在其成立的第10年减免所得税35%。②投资减税（对象行业：制造、包装、道路货物运输、批发）。新增超过1000万日元的设备，可按设备的购置金额一定比例从法人税中减扣。③法人事业税减免（对象行业：制造、包装、仓储、道路货物运输、批发）。新增1000万日元的设备时，5年内可免缴部分法人事业税。④减免不动产取得税（对象行业：制造、包装、仓储、道路货物运输、批发）。[1]

2. 著名自由贸易港（区）简税制度

世界著名自由贸易港（区）另一大税制特点体现在简明的税制安排上，税收种类少，如迪拜仅有增值税等六大税种[2]。实践证明，税收制度越简单、越中性、税负越低就越能吸引要素和市场主体的进入。[3]

3. 著名自由贸易港（区）税收便利化法治引导的经验评析

世界著名自由贸易港（区）税收便利化法治引导具有如下特性：这些形成已久的著名自由贸易港（区）之所以被普遍认可，与其卓越的营商环境，特别是它们普遍具备的税制简明和税率偏低的赋税体制是密切相关的。[4]一是施行零关税制。零关税是各自由贸易港（区）的标配，其既降低了境外货物通关的制度性交易成本，也是"境内关外"特点的具体表现。二是低税率。低税率主要体现在增值税、个人所得税、企业所得税的减免上，如迪拜便免征个人所得税、增值税、企业所得税（除外资银行、石油石化公司外）；韩国对已申报的入区国内货物及外国货物、服务均实行零增值税制。三是简税制。简税的功能在于进一步吸引市场要素流入；各自由贸易港（区）秉持简税制，尽可能减少企业制度性交易成本。

---

〔1〕 邬展霞等："世界自由贸易区的产业集聚及其税制模式"，载《税务研究》2014年第9期。

〔2〕 即增值税、关税、销售税、市政税、社会保障税、企业所得税。

〔3〕 冯俏彬："建设海南自由贸易港的相关税收制度解析"，载《税务研究》2020年第9期。

〔4〕 James Wang, Michael c. b. Cheng, "Mature Hub Ports in the Free Trade Environment, the Way Forward from a Global Supply Chain Perspective: An Asian Case", *Maritime Policy & Management*, Vol. 42, No. 5, 2015, pp. 436-458.

三、我国自由贸易港营商环境便利化的法治引导：以对标国际先进规则为视角

(一) 我国自由贸易港贸易便利化的法治引导

1. 通关便利优化的法治引导：对标国际规则

积极对接国际公约、协定、标准，以此推动我国自由贸易港通关便利法治引导的"国际合规性"，以降低外商的"符合成本"。在法治引导的过程中注重对标、借鉴国际性高水平贸易便利化方面的公约，如世界贸易组织的《贸易便利化协定》、世界海关组织的《京都公约》（修订版）及高标准区域贸易协定，即《跨太平洋伙伴关系协定》（*Trans-Pacific Partnership Agreement*，*TPP*）、《北美自由贸易协定》（*North American Free Trade Agreement*，*NAFTA*）。以上公约、贸易协定对我国自由贸易港通关便利优化的法治引导在于：其一，采纳《贸易便利化协定》的规定，可以保障信息时效性和透明度。利用互联网等信息手段及时对外提供、更新进出口、过境程序所需单证信息，以满足进出口企业对通关信息的需求。其二，遵循《京都公约》（修订版）的具体制度，如规定货物申报格式应与联合国单证格式一致、允许企业自我评估等。[1]其三，借鉴 *NAFTA*、*TPP* 相关核心条款。如 *NAFTA*（第五章）的加强国际海关合作理念、*TPP* 的重视中小企业贸易便利化措施、*TPP* 的为中小企业提供加急海关程序等。[2]在国际海关合作方面，应奉行"1+3"对外合作理念[3]，即"一个法律体系"与"三个重点合作方向"。所谓"一个法律体系"，是指以我国在与他国进行海关互助合作时所签署的双边或多边贸易协定为基础，形成的一整套海关间开展合作的法律体系；"三个重点合作方向"则指我国在与他国开展海关合作时，应以信息互换、监管互认和执法互助为重点合作方向。在促进中小企业通关便利化措施方面，鼓励在我国自由贸易港建立国际快件处理中心专门处理中小企业通关货物，探索设立"海外仓"[4]。

---

〔1〕 王淑敏、冯明成："《贸易便利化协定》与《京都公约》（修订）比较及对中国自由贸易港的启示"，载《大连海事大学学报（社会科学版）》2019 年第 2 期。

〔2〕 沈玉昊、康青青："TPP 透视：'海关管理和贸易便利化'议题及其影响"，载《国际经济合作》2015 年第 12 期。

〔3〕 王珉："丝绸之路经济带海关国际合作法律机制的构建"，载《东北亚论坛》2017 年第 6 期。

〔4〕 王淑敏、张丹："TPP 与中国海关法中通关便利化规则之比较"，载《海关与经贸研究》2016 年第 5 期。

2. 监管便利优化的法治引导：货物监管负面清单+协同监管体系

我国自由贸易港监管便利优化的法治引导路径应由货物监管负面清单及协同监管体系构成。其一，制定货物监管负面清单。世界著名自由贸易港（区）在监管上多秉持"一线放开"原则。即除明令禁止入港（区）的货物外，其余货物在其自由贸易港（区）皆可自由流通。我国自由贸易港也应借鉴前述各港（区）做法，以负面清单形式对外公示禁止入港货物及经申报后可入港货物，而非禁止入港货物则可自由流通于我国自由贸易港。由此方能体现"一线放开"的监管原则。其二，构建协同监管体系。以"行业协会内部意见反馈+海关外部监管"机制构建中国自由贸易港协同监管体系。协会的发展需要政府去推动，并依靠其自律自治实现有效配置。[1] 其具体路径如下：首先，海关可颁布关于构建海关部门与行业协会合作关系的规章，作为协同监管体系的法治保障，以此可更有效地发挥行业协会的内部意见反馈作用。其次，构建海关与港内行业协会定期磋商的制度，让海关能迅速了解业内企业的诉求与愿望。最后，海关可委托港内相关行业协会承担事务。如就港内数据统计、行业标准制定等问题进行调研。以相关行业协会出具的调研报告作为海关制定相关部门规章的重要参考。

（二）我国自由贸易港投资便利化的法治引导

1. 外商投资准入优化的法治引导

2019 年颁布的《中华人民共和国外商投资法》（以下简称《外商投资法》）第 4 条确定了我国施行以"准入前国民待遇加负面清单管理"为核心的外商投资准入管理制度。完善外商投资准入管理的路径在于：①发达国家通常将负面清单划分为现行负面清单及未来负面清单。我国目前推行的负面清单多属于现行负面清单，今后可探索未来负面清单以保护我国自由贸易港尚不足以同外资企业竞争的核心产业。②结合我国自由贸易港产业发展进一步精简负面清单内容。目前，上海自由贸易试验区针对本区产业发展方向进一步降低相关产业的投资门槛，如降低外资在上海设立商业、资信调查、融资租赁等子公司的投资门槛。[2] 而我国自由贸易港设立市场准入负面清单时，

---

〔1〕 翟鸿祥主编：《行业协会发展理论与实践》，经济科学出版社 2003 年版，第 30—38 页。

〔2〕 路遥："海南自由贸易港投资法律体制建构研究"，载《上海政法学院学报（法治论丛）》2020 年第 4 期。

亦可吸收上海自由贸易试验区的探索成果，进一步放开医疗、教育、金融、新能源等与我国自由贸易港未来发展方向相适应的投资准入限制。③落实准入前国民待遇。目前我国已通过《外商投资法》将准入前国民待遇的权利赋予外资，但我国还存在内外资法标准不一、国家安全审查机制滞后等问题进而影响外资对准入前国民待遇的权利行使。可借助我国自由贸易港改革自主权，在法治上寻找前述问题的突破口，进而切实、全面落实准入前国民待遇。

2. 投资流程优化的法治引导

其一，改善投资的软件硬件环境。运用大数据、云计算、互联网+等现代化高科技信息技术手段简化投资流程，降低外商投资的交易成本。在数据共享上，一是要便利审批数据在各部门间的互通共享；二是中央政府要注重强化顶层设计，构建国家级—省级—地市级的审批系统，以此实现中央与地方政府、地方间审批数据的互通、共享。[1]其二，深化行政审批改革，强化顶层设计。从行政职权体系分工的合理化方面出发[2]，精简与投资相关的流程并积极对外公开各级政府部门审批事项。要打造阳光型政府，其投资审批全流程均应向所有投资者和社会公开，进一步提升政府透明度和公众参与感。

3. 投资者保护优化的法治引导

法谚有云："无救济即无权利"。缺乏救济机制，东道国的外资准入制度将沦为无法履行的一纸空文。[3]我国的《外商投资法》既是法律，亦是对外资的承诺。因而构建外资准入救济机制既是《外商投资法》的内在要求，亦是我国自由贸易港为适应未来投资环境变化的必然趋势。

第一，应明确外资准入争议的可诉性及诉讼中能否援引国际条约作为抗辩理由。在可诉性的问题上，据我国《行政诉讼法》《行政复议法》等规定，针对具体行政行为，境外法人、自然人可提起相关行政诉讼或申请行政复议；《最高人民法院关于审理国际贸易行政案件若干问题的规定》也明确规定外资可依法提起行政诉讼。[4]我国《外商投资法》《外商投资法实施条例》也规

---

〔1〕 宋林霖、何成祥："大数据技术在行政审批制度改革中的应用分析"，载《上海行政学院学报》2018年第1期。

〔2〕 张定安："关于深化'放管服'改革工作的几点思考"，载《行政管理改革》2016年第7期。

〔3〕 徐树："外资准入国民待遇的救济体系论"，载《环球法律评论》2020年第2期。

〔4〕《最高人民法院关于审理国际贸易行政案件若干问题的规定》第3条规定，自然人、法人或者其他组织认为行政机关有关国际贸易的具体行政行为侵犯其合法权益的，可以向人民法院提起行政诉讼。

定了外资可就行政行为提起行政诉讼，明确外资有权利对于规范性文件申请审查。[1]而在适用国际条约的问题上，我国《外商投资法》第4条第4款规定："中华人民共和国缔结或者参加的国际条约、协定对外国投资者准入待遇有更优惠规定的，可以按照相关规定执行。"虽该条款并未明确外资在诉讼中是否可以援引国际条约作为抗辩依据，但也为未来我国自由贸易港内立法提供了些许参考。综上，未来我国自由贸易港在相关立法中应着重明确外资在诉讼程序中是否可以援引适用我国签订的相关国际条约作为支持其诉求或抗辩的依据。

第二，探索、建立我国自由贸易港内外资纠纷调解制度。美国、欧盟等各发达国家在其与他国缔结的投资条约中均允许当事人寻求调解。如2012年的《美国双边投资协定范本》第23条中明确："如发生投资争端，当事人可通过磋商、谈判及使用第三方程序解决争议。"《欧盟与新加坡双边投资协定》第3.4条规定："投资争议方可随时寻求调解或其他替代性争端解决方式……"因此以调解化解投资纠纷是国际通行手段。但调解也存在当事人对国际公约的认知不足、程序过长、透明度过低、调解结果难以执行等问题。[2]因而构建调解机制应注重如下方面：一是在我国自由贸易港内培养涉外法律人才的同时引进港外优秀的法律专家，以组建一批专事于国际投资纠纷调解的法律人才队伍；二是简化、规范调解程序，明确并规范与调解时限、流程、证据及结果相关的程序；三是积极与国际商事仲裁程序对接，争取在双方调解不成的情形下，双方为调解所准备的相关文书、证据亦能再次用于国际商事仲裁的程序中，并符合国际商事仲裁对于文书、证据的格式要求；四是关于调解协议的可执行性，我国自由贸易港可对标2018年12月通过的《联合国关于调解所产生的国际和解协议公约》（《新加坡调解公约》），该公约可为我国自由贸易港关于投资调解协议的可执行性提供有益的借鉴思路。

---

〔1〕 我国《外商投资法》第26条规定，外国投资者认为行政机关的行政行为侵犯其合法权益的，可以依法申请行政复议、提起行政诉讼；我国《外商投资法实施条例》第26条规定，政府及其有关部门制定涉外商投资的规范性文件，应当按照国务院的规定进行合法性审核。外国投资者、外商投资企业认为行政行为所依据的国务院部门和地方人民政府及其部门制定的规范性文件不合法，在依法对行政行为申请行政复议或者提起行政诉讼时，可以一并请求对该规范性文件进行审查。

〔2〕 UNCTAD, *Investor-State Disputes: Prevention and Alternatives to Arbitration*, UNCTAD Series on International Investment Policies for Development, 2010, pp. 35–39.

（三）我国自由贸易港税收便利化的法治引导

1. 税收优惠制度优化的法治引导：进一步厘清"实质性运营"的概念

税收优惠是世界著名自由贸易港的核心表征。根据《海南自由贸易港建设总体方案》第二部分与第三部分的相关规定与《中华人民共和国海南自由贸易港法》第四章规定可知，我国已初步形成自由贸易港税收优惠法治体系。而税收优惠制度在吸引港外生产要素的同时，若监管不当亦可能对我国自由贸易港造成税基侵蚀，使我国自由贸易港沦为港外资本的"避税天堂"。针对该问题，我国财政部、国家税务总局已发布了《关于海南自由贸易港企业所得税优惠政策的通知》（财税〔2020〕31号）、《关于海南自由贸易港高端紧缺人才个人所得税政策的通知》等文件。针对企业与个人的税收优惠，我国提出了"实质性运营"[1]与"在海南自由贸易港工作"[2]两个限定条件。关于个人所得税优惠部分的限定条件，可结合户籍、留港天数、社保、劳动合同等指标判断。而"实质性运营"则规定得较为模糊，应进一步细化与完善。可参考借鉴国际实践，如英属维尔京群岛和开曼群岛2019年1月1日颁布的《经济实质法》规定，在英属维尔京群岛和开曼群岛，相关企业的活动应满足如下要求：①核心营收活动在本岛（英属维尔京群岛或开曼群岛）进行；②相关营收活动在本岛（英属维尔京群岛或开曼群岛）内接受管理、指导；③考察本岛开展相关营收活动所获得的相关收入水平。[3]结合国际上的实践经验，可通过以下路径对"实质性运营"这一规则进行完善：其一，审查企业是否在我国自由贸易港内实际开展营商活动；其二，审查企业核心业务是否实际在我国自由贸易港开展；其三，审查企业主要工作人员是否在我国自由贸易港内工作生活；其四，经审查后发现企业并未在我国自由贸易港内实质性运营，而仅是借助我国自由贸易港的税收优惠政策避税、逃税的，应对其施以相应的处罚或惩戒。

---

〔1〕财税〔2020〕31号文件把"实质性运营"定义为"企业的实际管理机构设在海南自由贸易港，并对企业生产经营、人员、账务、财产等实施实质性全面管理和控制。"

〔2〕《海南自由贸易港享受个人所得税优惠政策高端紧缺人才清单管理暂行办法》（琼府〔2020〕41号）对"在海南自由贸易港工作"的条件限定为：一个纳税年度内在海南自由贸易港连续缴纳基本养老保险等社会保险6个月以上（须包含本年度12月当月）、有与在海南自由贸易港注册并实质性运营的企业或单位签订1年以上的劳动合同或聘用协议等劳动关系证明材料。

〔3〕蔡伟年、邓依雯："避税天堂修法：英属维尔京群岛和开曼群岛的经济实质探析"，载《国际税收》2019年第6期。

2. 简税制度优化的法治引导: 构建"销售税"的制度

《海南自由贸易港建设总体方案》中规定: "……依法将现行增值税、消费税、车辆购置税、城市维护建设税及教育费附加等税费进行简并, 启动在货物和服务零售环节征收销售税相关工作。"该规定明确了我国自由贸易港应以"销售税"为核心, 探索自由贸易港"简税"方向。我国自由贸易港开征销售税要厘清改革方向。基于法治的视角, 明确销售税改革方向的关键在于确立销售税的制度构建: 其一, 明确征税范围。销售税是增值税等"五税"的简并, 且主要针对的是货物、服务的征收。因此可出台三个正面清单以明确征收范围, 即应税货物正面清单、应税服务正面清单、免税货物与服务正面清单。其二, 构建销售税征管制度。参考境外经验, 生产商、批发商、零售商等商事主体皆需至相关税务部门完成销售税登记并获取相应证照。[1]因此, 海南推行销售税制度后, 对港内的批发、零售、生产等商事主体应严格施行注册登记制度。

---

[1] 张云华、何莹美: "海南自由贸易港销售税的制度设计", 载《税务研究》2020年第9期。

人类命运共同体视角的世界经济法治

黎昭权　袁　正 *

一、"人类命运共同体"的界定

要推动"人类命运共同体"的构建，首先要厘清我国所主张的"人类命运共同体"是什么。国内外学者对"人类命运共同体"的内涵做了多层次多角度的阐释：有学者认为"命运共同体"是一种价值观念。例如，曲星认为，"人类命运共同体""这一全球价值观包含相互依存的国际权力观、共同利益观、可持续发展观和全球治理观。"[1]蔡亮认为"人类命运共同体""是一种以应对人类共同挑战为目的的全球价值观和新共生观"。[2]刘传春认为"人类命运共同体"是中国基于人类共同利益而提出的推动世界各国合作共赢的新理念。[3]有学者指出，"命运共同体"是价值观念与实践的结合。例如，有德国学者从全球治理角度主张"人类命运共同体"是强调各国间平等互助的新型国际秩序新范式。[4]可见，当前"人类命运共同体"是一种价值理念，一种蕴含着全人类共同可持续发展的全球治理观。

有学者从马克思主义的视角作了阐发。李爱敏认为"人类命运共同体"

---

* 黎昭权，男，中山市行政学院讲师、北京师范大学法学院法学博士；袁正，男，清华－天普美国法学硕士项目硕士研究生、中国人民大学民商法学硕士课程班学生。

〔1〕 曲星："人类命运共同体的价值观基础"，载《求是》2013年第4期。

〔2〕 蔡亮："共生国际体系的优化：从和平共处到命运共同体"，载《社会科学》2014年第9期。

〔3〕 刘传春："人类命运共同体内涵的质疑、争鸣与科学认识"，载《毛泽东邓小平理论研究》2015年第11期。

〔4〕 Helga Zepp-LaRouche, "America First, or a Common Destiny for the Future of Mankind?", *Executive Intelligence Review*, Vol. 44, No. 4, 2017, pp. 13–15.

是"具有社会主义性质的国际主义价值理念和具体实践"。[1]康渝生、陈奕诺认为，其是中国共产党提出的人类社会发展新理念，是马克思"真正的共同体"思想在当代中国的实践。[2]田鹏颖、张晋铭指出，"人类命运共同体"思想是对马克思世界历史理论的继承与发展。[3]可见，"人类命运共同体"理念立足于马克思主义。有学者从我国实践出发，认为构建"人类命运共同体"是中国为推进建设社会主义现代化强国、实现国家治理体系和治理能力现代化提出的新思想，是中国对全球治理与国家治理问题的统筹性方案。[4]换言之，"人类命运共同体"是我国国际秩序观的重要体现和发展。

有学者从"共同体"的角度出发，认为"人类命运共同体"是对当前国际社会作为一种共同体的新认识。丛斌指出，"人类命运共同体是基于传统血缘、地缘和文化所形成的人类集合体"。[5]黄德明等人认为"人类命运共同体"是中国共产党在新时代背景和话语体系下对"共同体"概念的重构，强调全人类应共同构成一个同呼吸、共命运的整体；它体现了国际法的人本意识、合作意识和共进意识等价值观，以维护或推进全人类的共同利益为最高宗旨。[6]姜涌认为，全球化时代的"共同体"是基于全球化经济发展而形成的"利益共同体"，经济全球化促使各国利益高度交融，使不同国家成为一个"共同利益"链条上的一环，共享利益、共担风险是经济全球化所带来的"共同体"存在的基本前提。[7]周银珍认为，构建"人类命运共同体"适应全球治理需要，并通过"一带一路"建设促进了政治互信、民心相通和文明互鉴，

---

〔1〕 李爱敏："'人类命运共同体'：理论本质、基本内涵与中国特色"，载《中共福建省委党校学报》2016年第2期。

〔2〕 康渝生、陈奕诺："'人类命运共同体'：马克思'真正的共同体'思想在当代中国的实践"，载《学术交流》2016年第11期。

〔3〕 田鹏颖、张晋铭："人类命运共同体思想对马克思世界历史理论的继承与发展"，载《理论与改革》2017年第4期。

〔4〕 韩致宁："构建人类命运共同体与建设社会主义现代化强国的互动关系研究"，载《学习与探索》2021年第4期。

〔5〕 丛斌："让共同体意识为全面深化改革铸魂"，载《中央社会主义学院学报》2016年第1期。

〔6〕 黄德明、卢卫彬："国际法语境下的'人类命运共同体意识'"，载《中共浙江省委党校学报》2015年第4期。

〔7〕 姜涌："共同体价值观的可能性与现实性"，载《理论学刊》2018年第4期。

引领全球变局，促进了沿途各国共同发展。[1]可见，"人类命运共同体"是一种关于新型国际秩序的价值理念。

近年，法学界也在探讨法治在推动"人类命运共同体"构建中的作用。有学者认为国际共同体是构建"人类命运共同体"的外部社会基础，国际法是构建"人类命运共同体"不可或缺的法律基础和保障。[2]有学者认为"人类命运共同体"是"一带一路"倡议的理念升华和思想总结，实质上是中国对全人类包容性发展的宣言并已通过"一带一路"、亚洲基础设施投资银行建设进行推动，但"人类命运共同体"理念要得到国际社会的认同，有赖于语言宣示后进一步转化为法律理念，形成相应的法律秩序。[3]总而言之，法治是推动"人类命运共同体"构建的重要保障。

诸多学者从哲学、政治学、国际关系学和法学等不同学科角度进行阐释，但对"人类命运共同体"均有着共识："人类命运共同体"是一种关于新型国际秩序的价值理念。"人类命运共同体"作为一种价值理念，是中国国际秩序观的重要集中体现，是中国国际秩序观的具体延伸和发展，是马克思主义中国化的新成果。

此外，习近平同志在十九大报告中提出："坚持和平发展道路，推动构建人类命运共同体。"[4]"构建"一词表明"人类命运共同体"不是单纯的理念，需要付诸实践。它表明中国立足于人类社会发展前沿和国际社会现状，寻求和倡导一个为国际社会所认可的理念。总而言之，"人类命运共同体"以实现世界持久和平和发展为宗旨，推动"人类命运共同体"构建要突破血缘、地缘等分割性因素的影响，以一种整体性思维看待全人类，寻求人类共同体之中的共同纽带，以此来协调人与人、国与国之间的关系。其中的共同纽带，主要集中在世界各国经济与社会的共同发展之上。

---

〔1〕 周银珍："全球变局下中国方案：'人类命运共同体'构建研究"，载《新疆大学学报（哲学·人文社会科学版）》2021 年第 3 期。

〔2〕 宋乐静："人类命运共同体制度化建设的国际法保障及其作用研究"，载《理论月刊》2020 年第 10 期。

〔3〕 袁达松、姚幸阳："命运共同体、'中国方案'与包容性法治"，载《京师法律评论》2017 年。

〔4〕 "习近平提出，坚持和平发展道路，推动构建人类命运共同体"，载 http://news. xinhua-net. com/politics/19cpcnc/2017-10/18/c_ 1121821003. htm，最后访问日期：2017 年 10 月 18 日。

二、促进世界经济包容性发展是"人类命运共同体"的价值目标

促进世界各国共同发展是人类社会的共同追求。马克思、恩格斯认为"一切人的自由发展"是未来社会的基本特征之一。[1]人类的生存和发展，才是人和人类世界面对的最基础、最核心和最根本的问题。[2]当前，促进世界共同发展是联合国的重要宗旨。《关于国际经济合作，特别是恢复发展中国家经济增长和发展的宣言》明确指出，联合国的首要任务之一是"加快不发达国家的经济和社会进步"。联合国可持续发展峰会进一步提出："我们要创建一个每个国家都实现持久、包容和可持续的经济增长和每个人都有体面工作的世界……一个有可持续发展，包括持久的包容性经济增长、社会发展、环境保护和消除贫困与饥饿所需要的民主、良政和法治，并有有利的国内和国际环境的世界。"二十国集团领导人于2017年发表的联合申明中称："我们会继续推动世界目标共同实现，而不是单独行动，并把强劲、可持续、平衡和包容性增长作为我们的首要任务。"[3]无疑，人类社会的共同发展仍是当前国际社会最核心的追求之一，而实现这一目标的关键是实现发达国家与发展中国家的共同发展。

经济全球化促进了国际社会发展理念的变化，从资本主义初期的掠夺式增长，到20世纪中后期的"先增长后分配"模式，再到强调经济普惠发展的亲贫式增长、包容性增长模式，继而上升至包容性发展理念。[4]包容性发展

---

〔1〕 [德]马克思、恩格斯：《共产党宣言》，中共中央编译局译，中央编译出版社2005年版，第46页。

〔2〕 任保平、王新建："论包容性发展理念的生成"，载《马克思主义研究》2012年第11期。

〔3〕 G20 Research Group, "G20 Leaders' Declaration: Shaping an Interconnected World", G20 Information Centre, available at http://www.g20.utoronto.ca/2017/2017-G20-leaders-declaration.html, last visited on 2020-10-18.

〔4〕 20世纪中后期，在众多发展中国家，经济发展过程中所产生的利益并没有自动地逐步分配到社会各个阶层，生产要素的流动促使财富的分配更多惠及富者，最终导致富者更富，穷者更穷。为了让经济增长能更多惠及广大民众尤其是低收入贫困人口，使其更多地分享经济增长的收益，亚洲银行于1999年提出亲贫式增长的概念。强调亲贫式增长能够增加穷人收入，促进公平分配的实现。进入21世纪，经济发展的普惠性已不仅仅局限于收入分配问题，人类福利的其他方面也逐渐受到重视，包容性增长概念应运而生。所谓包容性增长，强调不但要保障弱势群体分享发展利益的权利，还要更加注重提高其参与经济增长过程、获得发展机会的能力，更加注重提高低收入人群的整体福利。王汉林："'包容性发展'的社会学解读"，载《科学·经济·社会》2011年第4期。See Commission on Growth and Development, *The Growth Report: Strategies for Sustained Growth and Inclusive Development*, World Bank Publications, 2008, pp. 1-16.

于 2011 年首次被提出，是我国领导人对包容性增长理念的新发展，现已成为我国乃至国际社会的重大议题。包容性发展不仅是指经济的"增长"，还包括社会、教育、医疗等各个方面的共同发展。有学者指出，包容性发展就是要让全体社会成员都能公平合理地共享发展的权利、机会特别是成果的一种发展，"共享性"是其主要特征。[1]有学者认为包容性发展旨在构建世界各国机会均等、合作共赢的发展模式，注重发展机制的兼容性、发展成果的共享性与发展条件的可持续性。[2]有学者指出，包容性发展的根本目的是让经济发展的成果惠及所有国家、惠及所有人群，在可持续发展中实现经济社会协调发展。[3]习近平总书记提出："消除贫困和饥饿，推动包容和可持续发展，不仅是国际社会的道义责任，也能释放出不可估量的有效需求。"[4]可见，包容性发展包括国内和国际两个层次：在国内层面，它强调一国国内的发展机会平等、发展成果共享以及经济社会的协调、可持续发展；在国际层面，其强调国际社会和国家间机会均等、合作共赢的发展以及发展模式的包容、成果的共享和发展条件的可持续性。

推动世界经济的包容性发展是实现世界包容性发展的关键。如果没有各国基于深度的经济交往所产生并不断增加的共同利益，国际合作就会因缺少利益交汇而陷入龃龉，全球将会陷入经济政治发展愈加不平衡的危险局面。从应对人类共同挑战的视角而言，世界需要进一步健全和完善维护人类安全、和平、发展的国际政治经济新秩序，形成更为合理可行的全球规则和制度。换言之，世界经济的包容性发展是人类的共同利益纽带，是推动"人类命运共同体"构建的核心利益所在。

三、以法治推动世界经济的包容性发展

"人类命运共同体"是中国应对全球化和反全球化冲突所主张的理念。2017 年 2 月，联合国社会发展委员会第 55 届会议协商一致通过"非洲发展新伙伴关系的社会层面"决议，"人类命运共同体"理念首次被写入联合国决议

---

[1] 邱耕田、张荣洁："论包容性发展"，载《学习与探索》2011 年第 1 期。
[2] 张幼文："包容性发展：世界共享繁荣之道"，载《求是》2011 年第 11 期。
[3] 向德平："包容性发展理念对中国社会政策建构的启示"，载《社会科学》2012 年第 1 期。
[4] "习近平：建设包容型世界经济 夯实共赢基础"，载 http://news.xinhuanet.com/world/2016-09/03/c_129268301.htm，最后访问日期：2017 年 10 月 12 日。

中。[1]同年 11 月，中国关于构建 "人类命运共同体" 的理念写入 "防止外空军备竞赛进一步切实措施" 和 "不首先在外空放置武器" 两份安全决议。[2]可见，"人类命运共同体" 倡议已获得国际社会的肯定。然而，这尚不能完全消解国际社会的质疑。

2017 年美国《时代周刊》（TIME）封面文章指出，中国政府相对于美国政府，更具有国际影响力来继续制定管理全球体系的政治和经济规则。[3]确实，目前在主导新型国际秩序构建方面，我国相对于其他国家存在一定优势：在经济发展方面，中国国内生产总值比重占全球第二。[4]在贸易方面，中国已成为世界货物贸易第一出口大国和第二进口大国。[5]在外交方面，中国一直秉承 "求同存异" 的外交方针，搭建与周边国家的友好平台，提出了和平共处五项原则[6]，该原则成为许多国家外交的指导性原则。当前，我国提出了 "一带一路" 倡议、亚洲基础设施投资银行等推动区域和世界经济包容性发展的 "中国方案"，受到世界各国的广泛认可和参与。可见，在某种程度上，我国已具备一定的综合实力以及国际影响力与世界各国共同倡导和推动 "人类命运共同体" 的构建。

为进一步面对国际上的质疑，我国仍应从内部和外部两方面继续努力：一方面，我国要全面深化改革，进一步完善国内政治、经济等制度，提高国

---

〔1〕 " '构建人类命运共同体' 首次写入联合国决议"，载《人民日报海外版》2017 年 2 月 13 日，第 1 版。

〔2〕 " '构建人类命运共同体' 理念再次写入联合国决议"，载《人民日报》2017 年 11 月 3 日，第 21 版。

〔3〕 Ian Bremmer, "How China's Economy Is Poised to Win the Future", *TIME*, November 2, 2017.

〔4〕 根据世界银行 2017 年的数据显示，中国国内生产总值比重占全球第二，仅次于美国。当前，中国国内生产总值稳步增长，上海交通大学上海高级金融学院金融学教授、中国金融研究院副院长钱军认为 20 年内中国经济体量是美国的两倍是大概率事件。

〔5〕 根据《中国的对外贸易》白皮书显示，中国货物进出口总额从 1978 年的 206 亿美元跃升至 2020 年的 32.16 万亿人民币，是世界货物贸易第一出口大国和第二进口大国。从 2017 年一季度中国对外贸易发展数据看，中国的贸易伙伴涵盖全球主要的地区，与东盟国家等 "一带一路" 沿线国家贸易增长快速。参见于佳欣、刘红霞："读懂 2020 中国外贸 '成绩单'"，载 http://www.xinhuanet.com/mrdx/2021-01/15/c_139670524.htm，最后访问日期：2021 年 10 月 12 日。

〔6〕 1953 年周恩来访问印度时提出互相尊重领土主权、互不侵犯、互不干涉内政、平等互惠、和平共处的五项原则，后来在措辞上作了修改，改为：互相尊重主权和领土完整、互不侵犯、互不干涉内政、平等互利、和平共处。该原则后来被许多国家接受，并成为各国外交的指导性原则。陶莹：《和平共处五项原则》，吉林出版集团有限责任公司 2014 年版，第 1—4 页。

际认可度；另一方面，我国要主动提出现实可靠的"方案"。"人类命运共同体"的构建需要规则保障，以向世界表明，中国倡议的新型国际秩序是一种平等、公平、包容而且可行的基于规则的法治新秩序。

四、推动世界经济新秩序的包容性法治进路

如前所述，世界经济的包容性发展是"人类命运共同体"构建的核心利益所在。传统世界经济治理模式是二战后形成的，这一模式虽然促进了战后全球经济增长，但它完全由美国、欧洲等西方发达国家主导，本质上维护的是发达国家的利益，占世界绝大多数的发展中国家只能被动服从少数发达国家的"治理"，这已导致全球财富分配的严重不公。[1]当前的国际冲突表明，唯有构建包容性的世界经济发展模式，才可能促使发展成果由人类共享、促进"人类命运共同体"理念向现实推进。世界经济的包容性发展需要法治发挥作用，而包容性法治是包容性发展的有效制度支撑和保障。

包容性法治的基本含义是：在世界范围内完善市场经济、民主政治、社会管理、公民权利等方面的法制，运用法治思维方式和现代法治理念，统筹世界政治、经济、文化等各方面的包容性发展。[2]从构建"人类命运共同体"的角度来看，包容性法治是促进国际合作与达成广泛共识及制定制度规则的法理基础。包容性法治使得国际合作更加规范、有序，为国际社会寻求和实现普遍共识提供了一个难得的公约数。[3]对此，我国可进一步推动国内及国际的包容性法治体系构建与完善。

在国内层面，在"人类命运共同体"理念下，中国应进一步完善包容性法治体系，以实现习近平总书记所说的法治国家、法治政府和法治社会的一体建设。[4]包容性的法治国家建设，应以包容性发展理念为导向，确立法治先行、民主渐进的改革顶层设计，以法治国家建设夯实经济市场化和政治民主化的制度基础。在法治信仰方面，应鼓励相关学术研究，进一步增强全国

[1] 刘敬东："全球经济治理新模式的法治化路径"，载《法学研究》2012年第4期。
[2] 袁达松："论包容性法治"，载《经济法学评论》2015年第1期。
[3] 袁达松、黎昭权："构建包容性的世界经济发展与环境保护法治框架——以'人类命运共同体'理念为基础"，载《南京师大学报（社会科学版）》2019年第2期。
[4] "依法治国依法执政依法行政共同推进法治国家法治政府法治社会一体建设"，载《人民日报》2013年2月25日，第1版。

人民的法治意识，团结全国各族人民，凝聚推行包容性的法治国家建设的共识；在国家治理方面，确立宪法和法律至高无上的地位，约束"人治"因素，提高法治在国家权力结构中的比重；在经济制度方面，以法治深化市场改革，深化垄断经济改革、财税改革、收入分配改革和社保改革，完善经济基础以及相关法制；在政治制度方面，以法治保障司法改革，健全司法监督、党内党际民主等方面制度，深化行政体制改革，完善相关法制。[1]总之，我国要将法治国家建设作为构建政治经济制度的手段和目标，以宪法之治作为领航标，完善我国包容性的经济、政治法治顶层设计，促使经济可持续包容发展，保障经济成果的共享。

在国际层面，在对待现有世界经济秩序上，既要突破固有理念，又要维护现有成果。世界经济法治应建立在对现有经济治理体系的批判继承上。包括中国在内的新兴国家在现有经济治理体系中确实存在话语权、规则制定权较小的问题，但是这不意味着要对现行体系进行颠覆性重构。发达国家"另起炉灶"的设想一时也难以全盘实现，更不必说经济实力相对较小的新兴国家。另外，现有体系的稳定性也是中国—世界经济格局形成的重要外部因素，维护其主体框架对中国和其他新兴国家均有益处。

对此，在"人类命运共同体"的理念下，我国应在维护现有的全球治理成果基础上，在强调经济主权的同时，奉行促进合作与达成广泛共识的原则，推动全球治理模式的进一步完善。"人类命运共同体"理念要得到世界各国和人们的认同，有赖于语言宣示后进一步向法律理念转化，上升为法律原则，推动搭建相应的法律框架，构筑相应的法律规则，促进形成相应的法律秩序。

五、人类命运共同体理念下的世界包容性法治框架构建

综上所述，在"人类命运共同体"理念下，我国可积极推动世界包容性发展的法治框架构建，并协调相关实体法和程序法的相应建设。毫无疑问，单纯追求形式法治不可能完成建设世界包容性法治框架的任务。若程序不足，形式法治在很多领域都会因为无法实施而目的落空。因此，世界包容性法治框架的构建应从以下两方面着手：

第一，在完善现有国际法律框架的基础上，推动包容性发展的法治框架

---

〔1〕 袁达松："走向包容性的法治国家建设"，载《中国法学》2013年第2期。

构建。在实体法方面，应在现有的国际法律框架上，进一步完善和构建更为公平的立法制度与法律运行机制。构建世界经济法治新秩序要充分凭借国际民主法治合作的趋势，在各国之间凝聚共识，在大方向上促使发展理念向包容性发展转变。同时，通过制定有代表性和权威性的世界经济法则，为全球经济治理的良法善治打下基础。[1]在推动现有规则的革新或制定新型规则的过程中，应尽可能地平衡各国的利益需求，以"共同但有区别的责任"为原则。通过公平的投票机制、平等的协商机制，最大限度地体现各国的共识，在国际立法上让相关利益体充分参与、充分统筹，进而推动相关实体法的制定与完善。

一方面，积极推动现有国际规则的完善。以联合国通过并生效的《各国经济权利和义务宪章》《建立新的国际经济秩序行动纲领》等国际发展法为例，它们的主要特征是实行"双重标准原则"，对发达国家与发展中国家区别对待，以保障国际发展的实质公平。[2]然而，国际发展法不利于发达国家的利益，因此多数发达国家对相关法律采取了消极对待的态度，国际发展法并没有真正落实。毋庸置疑，要实现"全球善治"，"良法"必不可少，但更重要的是保障"良法"的落实。在国内层面，法律的生命和权威重在执行，在国际层面亦然，否则，法律仅是一纸空文。

另一方面，在"人类命运共同体"理念下，应进一步提高联合国、国际货币基金组织等重要性国际组织的中立性，防止其成为美国等国家推行"霸权"主义的工具，保障既有法律的落实。例如，在国际货币基金组织的制度改革层面，应进一步提高发展中国家的投票权，以保障各国在国际重要事项决策中的话语权。并且，应建立更为公平的投票机制、平等的协商机制，以推动相关实体法的制定与完善。事实上，我国已针对国际货币基金组织的固有缺陷提出改革建议，认为国际货币基金组织应加严对滥用国家安全例外的措施纪律，各国应在国际货币基金组织框架下对援引"国家安全例外"条款

---

〔1〕 袁达松、赵雨生："包容开放的世界经济法体系构建"，载郑文科主编：《首都法学论坛》（第16辑），中国政法大学出版社2020年版。

〔2〕 国际发展法以实现国际社会尤其是发展中国家的发展为目的，是调整国家之间有关发展的关系的法律规范的总称。国际发展法通过调整发展中国家同发达国家的贸易关系，完善相关国际援助制度等，调整南北关系，以实现人类社会的共同发展。[南]布拉伊奇：《国际发展法原则》，陶德海等译，中国对外翻译出版公司1989年版，第45—51页。

予以进一步澄清和规范。

第二，推动现有议事规则和纠纷解决机制的革新和完善，构建包容性发展的程序法治框架。在程序法方面，我国应积极推动现有程序法的革新与完善。一方面，我国要推动建立合理的国际议事规则，通过程序上的正义实现多元化利益的协调；另一方面，我国要推动完善区域以及全球范围内的纠纷解决机制，通过公平、合理的纠纷解决机制保障不同国家、群体、个人的合法权益。

首先，我国可在现有的程序法基础上推动建立更合理的议事规则，通过程序上的正义实现多元化利益的协调。哈贝马斯的民主协商理念中最重要的便是交往理论。有效交往行为中重要的一点就是，处于交往活动中的个体的表达必须具有可领会性、真实性、真诚性以及正当性，由此表达才具有有效性，而只有有效的表达才能保障最终协商成果的正当性。要实现世界范围内的经济协同发展，构建合理的议事规则具有关键作用。这些议事规则要能保障各个国家表达的有效性，尤其是弱势国家的发言权，杜绝发达国家垄断话语权，真正实现决策的协商性。在这种公平的议事规则下所达成的成果，才能够让更多的国家更为积极主动地去贯彻执行。

其次，在纠纷解决机制层面，我国可先以区域纠纷解决机制为突破口，分阶段推动世界经济程序法的革新和完善。可利用"一带一路"建设的契机，推动沿线区域纠纷解决机制的革新。其一，在初级阶段应进一步建立、加强与沿线国家以仲裁与仲裁裁决互认、执行为主的纠纷解决机制，尝试设立区域性的仲裁中心并完善相关规则；其二，推动与完善沿线国家的民事判决互认与执行的司法合作体系，推动筹建"一带一路"法院并建立相关规则体系，以实现"一带一路"沿线国家长效司法合作和纠纷解决机制；其三，以"一带一路"纠纷解决机制作为范式，推动世界经济程序法的革新。

六、结语

全球治理的变革需要法治的支撑和保障，首先要基于规则构建理论体系，规范国际行为，维护公平正义，促进达成发展共识。在"人类命运共同体"理念下，世界经济法治应当以实现"全球善治"为目的，坚持人本主义，以平等、公平、公正、包容为原则，以推动世界经济的包容性发展为共同利益纽带，推动国际和国内法治协同发展。总而言之，世界经济的包容性发展是推动"人类命运共同体"构建的利益纽带，包容性法治是包容性发展的有效制度支撑和保障。为推动构建人类命运共同体，我国可进一步推动国内及国际的包容性法治体系构建与完善：在国内层面，努力实现法治国家、法治政府和法治社会一体建设，以法治国家建设夯实经济市场化和政治民主化的制度基础；在国际层面，对于现有世界经济秩序，既要突破固有理念，又要维护现有成果，在强调经济主权的同时，各国应奉行促进合作与达成广泛共识的原则，共同制定世界经济大变局下的包容性法治规则。

全国人大宪法和法律委员会功能与定位的再思考

李昊光　吕廷君*

为了贯彻和落实中共十八大作出的战略部署，加快建设社会主义法治国家的进程，2014 年 10 月，党的第十八届四中全会通过了《中共中央关于全面推进依法治国若干重大问题的决定》，明确提出要"完善以宪法为核心的中国特色社会主义法律体系，加强宪法实施"[1]，着重强调要健全我国的宪法实施和监督制度，标志着我国宪法实施和监督进入了一个新的时期，完善相关实施和监督制度已经提升到了党和国家层面，引起了各方的关注。2018 年 2月，党的十九届三中全会提出了对党和国家的机构进行改革，将全国人大法律委员会更名为全国人大宪法和法律委员会，同时在相关的法律、法规等规范性法律文件中明确规定，全国人大宪法和法律委员会的工作职责为"弘扬宪法精神，增强宪法意识，维护宪法权威，加强宪法实施和监督，推进合宪性审查工作"[2]。根据文件的规定和精神，全国人大宪法和法律委员会将承担起学界呼吁已久而我国法治体系中长期缺位的合宪性审查的功能，我国在合宪性审查制度构建与发展的道路上迈出了重要一步。

不过也要清楚地认识到，目前，我国的合宪性审查制度还处于起步阶段，尽管全国人大宪法和法律委员会逐步开始履行合宪性审查功能，但现有的法律法规等规范性法律文件中对于全国人大宪法和法律委员会定位和功能的设计还不够明确、具体，由全国人大宪法和法律委员会实施合宪性审查的构想从设计到扎实推进，再到落地，还有一定的路程要走。本文以我国现行的法

---

　* 李昊光，男，北京市委党校（北京行政学院）硕士研究生；吕廷君，男，北京市委党校（北京行政学院）教授，教务处处长。

〔1〕 "中共中央关于全面推进依法治国若干重大问题的决定"，载《党建》2014 年第 11 期。

〔2〕 中共中央《深化党和国家机构改革方案》。

制框架下全国人大宪法和法律委员会功能与定位中存在的问题为切入点，分析当下全国人大宪法和法律委员会的功能在实践中的不足及其原因，并提出对我国合宪性审查体制进行完善的可行性建议，旨在为全国人大宪法和法律委员会能够更好地履行合宪性审查职责提供一定的借鉴。

一、全国人大宪法和法律委员会功能和定位的制度设计

自 1983 年 6 月成立全国人大法律委员会以来，该委员会名字发生变化的同时，国家也在不断制定和出台相关法律法规等各类规范性法律文件，其中规定了一系列与该委员会功能和定位相配套的制度设计。学界对全国人大宪法和法律委员会的功能和定位也进行了热烈的讨论。

（一）全国人大宪法和法律委员会的历史沿革

1978 年 12 月，党的十一届三中全会提出了健全社会主义民主和加强社会主义法制的任务，把立法工作提到全国人大及其常委会的重要工作日程中。为了贯彻和落实党的十一届三中全会精神，1979 年 2 月，第五届全国人大常委会第六次会议决定设立全国人大常委会法制委员会，作为全国人大常委会的工作机构。之后，为了更好地推动法制建设，1983 年 6 月，第六届全国人大第一次会议决定成立全国人大法律委员会，作为全国人大下属的专门委员会。同年 9 月，第六届全国人大常委会第二次会议通过决议，全国人大常委会法制委员会的名字改为全国人大常委会法制工作委员会。尽管二者的性质并不相同，但全国人大法律委员会没有单独设立办事机构，全国人大常委会法制工作委员会的办事机构同时也是全国人大法律委员会的办事机构，即通常所说的"一套班子、两块牌子"。

2018 年 2 月，党的十九届三中全会审议通过了《中共中央关于深化党和国家机构改革的决定》（以下简称《决定1》）和《深化党和国家机构改革方案》。该方案提出将全国人大法律委员会更名为全国人大宪法和法律委员会。同年 3 月，第十三届全国人大第一次会议通过了《中华人民共和国宪法修正案》（以下简称《宪法修正案》），全国人大法律委员会正式更名为全国人大宪法和法律委员会。几字之差，反映了全国人大宪法和法律委员会将在继受原先全国人大法律委员会职权和功能的基础上，更多发挥宪法实施和监督的功能，对规范性文件的合宪性审查也将由全国人大宪法和法律委员会进行，

这是我国合宪性审查发展进程的一个重要里程碑。

（二）对全国人大宪法和法律委员会功能和定位的制度设计

在《决定1》全面坚持依法治国原则的指导下，《深化党和国家机构改革方案》明确指出，将全国人大法律委员会更名为全国人大宪法和法律委员会的目的是：弘扬宪法精神，增强宪法意识，维护宪法权威，加强宪法实施和监督，推进合宪性审查工作。从此，从1983年到2018年，成立35年之久的全国人大法律委员会正式更名。显然，在《深化党和国家机构改革方案》对全国人大宪法和法律委员会的定位中，能够落地且最为重要的无疑是合宪性审查：将全国人大宪法和法律委员会作为推进合宪性审查工作的主体，换言之，由全国人大宪法和法律委员会承担合宪性审查的功能。为了与国家机构改革相配套，《宪法修正案》以宪法——国家根本大法——的形式确定了全国人大法律委员会更名为全国人大宪法和法律委员会。

2018年6月，第十三届全国人大常委会第三次会议通过了《全国人民代表大会常务委员会关于全国人民代表大会宪法和法律委员会职责问题的决定》（以下简称《决定2》），对全国人大宪法和法律委员会进行赋权，对全国人大宪法和法律委员会的职责进行了规定。根据《决定2》，全国人大宪法和法律委员会的职责有两个方面：一是承担《中华人民共和国全国人民代表大会组织法》（以下简称《全国人大组织法》）、《中华人民共和国立法法》（以下简称《立法法》）、《中华人民共和国各级人民代表大会常务委员会监督法》（以下简称《各级人大常委会监督法》）、《中华人民共和国全国人民代表大会议事规则》（以下简称《全国人大议事规则》）、《中华人民共和国全国人民代表大会常务委员会议事规则》（以下简称《全国人大常委会议事规则》）五部规范性法律文件中规定的原本由全国人大法律委员会承担的职责。二是在继续承担统一审议法律草案等工作的基础上，增加推动宪法实施、开展宪法解释、推进合宪性审查、加强宪法监督、配合宪法宣传等工作职责[1]。《决定2》在要求全国人大宪法和法律委员会承担职责的同时，同时赋予了其相应的权力：一是继续履行上述五部规范性法律文件中原先由全国人大法律委员会行使的权力，二是行使同一审议法律草案权力的同时，在宪法的实

---

〔1〕 "全国人民代表大会常务委员会关于全国人民代表大会宪法和法律委员会职责问题的决定"，载《中华人民共和国全国人民代表大会常务委员会公报》2018年第4期。

施、解释、监督、宣传与合宪性审查中行使相应的权力。但值得注意的是，具体行使何种权力、如何行使，《宪法修正案》和《决定2》中并没有明确指出。

本文根据上述五部规范性法律文件中有关全国人大宪法和法律委员会功能和定位的规定加以分析。

因为《各级人大常委会监督法》是在2006年通过的，此后一直没有修改，而《立法法》最近一次修正是在2015年，所以两部法律中仍然保留了全国人大法律委员会的表述。但可以预见的是，不久的将来，两部法律会根据《宪法修正案》的内容对其中全国人大法律委员会的表述进行相应的完善。根据《立法法》，全国人大宪法和法律委员会承担的原先由全国人大法律委员会承担的职责有：①听取代表团和专门委员会的审议意见，统一审议法律案，提出审议结果报告并对法律草案进行修改；②根据《立法法》第100条，全国人大专门委员会、常务委员会工作机构在审查、研究中认为行政法规、地方性法规、自治条例和单行条例同宪法或者法律相抵触的，可以向制定机关提出书面审查意见、研究意见，也可以由全国人大法律委员会与有关的专门委员会、常务委员会工作机构召开联合审查会议，要求制定机关到会说明情况，再向制定机关提出书面审查意见，制定机关应当在两个月内研究提出是否修改的意见，并向全国人大法律委员会和有关的专门委员会或者常务委员会工作机构反馈。《立法法》赋予了全国人大宪法和法律委员会对法律草案、行政法规等规范性法律文件进行审查的权力，包括原先由全国人大法律委员会行使的对法律草案统一进行审议的权力，以及认为规范性法律文件与宪法或者法律相抵触时向制定机关提出意见的权力。

《各级人大常委会监督法》有关全国人大宪法和法律委员会职能的规定在第33条：全国人大法律委员会和有关专门委员会经审查认为最高人民法院或者最高人民检察院作出的具体应用法律的解释同法律规定相抵触，而最高人民法院或者最高人民检察院不予修改或者废止的，可以提出要求最高人民法院或者最高人民检察院予以修改、废止的议案，或者提出由全国人大常委会作出法律解释的议案，由委员长会议决定提请常务委员会审议。不难看出，《各级人大常委会监督法》对全国人大宪法和法律委员会职责的规定为其对最高人民法院和最高人民检察院作出的司法解释进行审查进行了赋权。

2021年3月，第十三届全国人大第四次会议通过了《全国人民代表大会关于修改〈中华人民共和国全国人民代表大会组织法〉的决定》，其中，有关全国人大法律委员会的内容相应地修改为了关于全国人大宪法和法律委员会的内容。修改后的《全国人大组织法》第34条规定了全国人大宪法和法律委员会作为专门委员会，受全国人大领导；在全国人大闭会期间，受全国人大常委会领导。同时，该法第39条具体规定了全国人大宪法和法律委员会的职能："宪法和法律委员会承担推动宪法实施、开展宪法解释、推进合宪性审查、加强宪法监督、配合宪法宣传等工作职责……其他专门委员会就有关草案向宪法和法律委员会提出意见。"[1]由此可见，在《全国人大组织法》的相关规定中，全国人大宪法和法律委员会的具体职责是审议相关法律草案和决定草案。

《全国人大议事规则》和《全国人大常委会议事规则》两部规范性法律文件主要规定了全国人大宪法和法律委员会对法律草案进行审议和修改的具体职能，以及审议和修改的规则和程序。

综合来看，上述五部规范性法律文件详细规定的全国人大宪法和法律委员会具体功能如下：一是对法律草案进行审议和修改；二是对行政法规等规范性法律文件是否同宪法或者法律相抵触进行审查；三是对最高人民法院和最高人民检察院作出的法律解释是否同法律规定相抵触进行审查。上述三项功能相对具体，可以落地操作，与全国人大宪法和法律委员会推进合宪性审查工作的功能和定位相符合。对法律草案进行审议和修改体现了事前审查式的合宪性审查，而第二、第三项职能则体现了事后审查式的合宪性审查。尽管上述职能相对具体可行，但目前第二、第三项职能主要由全国人大常委会法制工作委员会承担，尤其是其下属的法规备案审查室承担了绝大部分的对法规、司法解释等的审查工作。上述职能在全国人大宪法和法律委员会日常的权能行使中并不突出，尽管相关法律法规赋予了全国人大宪法和法律委员会相应的职能，但几乎不被全国人大宪法和法律委员会行使。因此，根据我国现行宪法、法律法规等规范性法律文件，有关全国人大宪法和法律委员会功能和定位的设计并不详尽。

（三）学界对全国人大宪法和法律委员会功能和定位的观点及其评析

在我国宪法学界，对合宪性审查制度的研究和争论早已有之，相关的优

---

〔1〕 "中华人民共和国全国人民代表大会组织法"，载《人民日报》2021年3月12日，第5版。

秀研究成果也有很多。在全国人大宪法和法律委员会成立之前，我国学界对于由何种机构进行合宪性审查，即我国合宪性审查采用何种方式，主流大致有三种看法：其一，成立专门的宪法委员会，由宪法委员会履行合宪性审查的相关职能。林来梵教授认为，从宪法政策论的角度，就尽可能存在的类型而言，可设立的宪法委员会有五种方案〔1〕。刘松山教授认为，全国人大可以设立一个专门委员会性质的宪法监督机构，这个委员会是全国人大的工作机构，而不是与全国人大常委会平行的机构〔2〕。其二，设立宪法法院作为专门的司法机关，行使合宪性审查权。季卫东教授提出，既然可以让全国人大宪法和法律委员会进行司法性质的违宪审查，那么还不如干脆设置宪法法院来受理宪法提诉和人权提诉，这样的制度安排会更合理、更顺畅〔3〕。其三，构建复合审查制，实行以专门机关为主、司法机关审查为辅的复合型合宪性审查制度。我国当下和未来合宪性审查采用的模式是第一种，即成立专门的委员会来履行合宪性审查的相关职能。

之所以没有成立一个宪法法院作为我国进行合宪性审查的专门机构，很大一部分原因是，如果要成立一个宪法法院，由其作为一个司法机构来行使合宪性审查的权力，同时接受违反宪法的诉讼请求，就需要对我国当下的司法体制进行比较大的变动，修改一系列法律法规来为宪法法院的成立、组织架构和运行提供制度保障，这对于我国的法治现状来说显然是成本较高的一个选项，也具有很大的挑战性和不确定性。如果前期不能建立一个精准且高效的违宪预先审查立案制度，对诉请是否有违宪的嫌疑提前进行筛选，将导致大量的案件涌入宪法法院。当事人发生起诉无门或者上诉被驳回等诉求没有被满足的情况时，会进行违宪性审查的滥诉，对我国的司法实践造成较大的困扰。当普通法院在审理过程中发现违宪问题移交给宪法法院时，如果没有成熟的衔接程序，将会严重干扰双方的正常司法活动。一言以蔽之，建立宪法法院的构想具有较高的风险。由宪法法院和宪法委员会共同进行合宪性审查的构想，不仅会出现上述风险，还会有宪法法院和宪法委员会分工是否合理、工作衔接是否成熟的制度性挑战。

---

〔1〕 林来梵："合宪性审查的宪法政策论思考"，载《中国宪法年刊》2019 年。
〔2〕 刘松山："健全宪法监督制度之若干设想"，载《法学》2015 年第 4 期。
〔3〕 季卫东："建立违宪审查制度的四个选项"，载《理论视野》2015 年第 6 期。

其实，早在 1982 年宪法起草过程中，对于是否应该有宪法的实施和监督制度，尤其是要不要设立一个宪法委员会，就进行了激烈的讨论。直接负责修宪工作的修宪委员会副主任彭真"说我们可以提两个方案，一个是有宪法委员会的方案，一个是没有宪法委员会的方案"。[1]从内容上看，宪法委员会的方案在宪法起草的时候，就存在与全国人大常委会相比地位孰高孰低的争议，而后来的情况表明，这个地位高低的问题是直接决定宪法委员会能否设立的关键性问题[2]。但是，结合当时我国法制尚不健全，社会主义法治建设刚刚起步的时代背景，根据一系列的文献和资料记载，可以形成的合理推断是：彭真此时已明确表示不赞成设立宪法委员会[3]。

在我国当前的法治大环境下，全国人大宪法和法律委员会在执政党高度重视、反复强调推进合宪性审查的时代背景下设立，成为新时代加强宪法实施和监督的关键细节和重要基础设施[4]。尽管在这之前，对于设立何种机构作为合宪性审查的主体，学界曾有过热烈的讨论，并提出了多种方案，而在所有的方案之中，由全国人大设立专门的宪法委员会，协助全国人大及其常委会监督宪法的实施的方案[5]，受到了学界最多的支持，但我国最终还是选择将全国人大法律委员会更名为全国人大宪法和法律委员会，并赋予与其履行合宪性审查职能的地位相匹配的一系列权力和功能。由全国人大宪法和法律委员会来具体行使合宪性审查的权力，对我国现有的制度框架并没有太大的突破，并且能够继承全国人大法律委员会已有的工作班子和运行架构，作为全国人大的专门机构，政治地位和法律地位是能够相对容易地被各方接受的。总体而言，这是一种相对成本较小，但同时又拥有无限可能的改革方案，迈出了我国合宪性审查体制建设的重要一步，对于推动宪法实施的监督、进行宪法解释、开展合宪性审查具有重大的现实意义[6]。

这在比较法上也并非没有先例。在当今世界，大多数拥有成文或者不成

---

〔1〕 张春生、秦前红、张翔："推进合宪性审查 加强宪法实施监督"，载《中国法律评论》2018年第 4 期。

〔2〕 刘松山："1981 年：胎动而未形的宪法委员会设计"，载《政法论坛》2010 年第 5 期。

〔3〕 刘松山："1981 年：胎动而未形的宪法委员会设计"，载《政法论坛》2010 年第 5 期。

〔4〕 于文豪："宪法和法律委员会合宪性审查职责的展开"，载《中国法学》2018 年第 6 期。

〔5〕 韩大元："关于推进合宪性审查工作的几点思考"，载《法律科学（西北政法大学学报）》2018 年第 2 期。

〔6〕 范进学："2018 年修宪与中国新宪法秩序的重构"，载《法学论坛》2018 年第 3 期。

文宪法的国家都建起了适应各国国情的合宪性审查制度，常见的有三种模式，分别是权力机关模式、普通法院模式和专门机关模式。其中，权力机关模式和专门机关模式无疑对我国的合宪性审查模式具有参考意义。英国就采用了典型的权力机关进行合宪性审查的模式。英国作为一个君主立宪制国家，议会是国家的权力机关，基本上所有的法律都是由议会来监督制定并实行的。由权力机关进行合宪性审查的优点在于所有法律都由议会制定、监督和实施，极大程度地符合立法精神与原则。但也要看到，在这种模式下，法律的制定者和实施者是同一个机关，形成了自己监督自己的局面，变成了极易出现漏洞的自我监督模式。由专门机关来进行宪法实施和监督的模式，以法国的宪法委员会、德国的宪法法院为代表，这种模式是设立专门的机关对宪法的实施进行监督。选择这种模式的原因，则是两个国家的国情各有不同，宪法法院与专门委员会的性质也各不相同。在法国，议会拥有至高无上的权力，为了能够制约议会的权力，就要专门建立一个机构对议会权力的实施进行监督。德国的宪法法院制度的优点在于，宪法法院对规范性法律文件的审查包括事前和事后的双重审查，而且宪法法院也会提前对案件进行筛选，提高了合宪性审查的效率，使合宪性审查制度能够高效运转。

二、全国人大宪法和法律委员会功能和定位问题的分析

尽管现行多部法律法规和相关规范性法律文件都对宪法和法律委员会的功能和定位作了相应规定，全国人大宪法和法律委员会的定位也相对明确，但对其功能如何发挥、具体承担哪些功能和职责的各项规定则过于宽泛。尤其是在我国现行的合宪性审查与合法性审查制度框架中，全国人大宪法和法律委员会甚至出现了明显被边缘化的倾向。

（一）全国人大宪法和法律委员会的功能如何发挥

《中华人民共和国宪法》（以下简称《宪法》）作为我国的根本大法，在我国法治建设的新时期引起了全社会不同行业、不同阶层的高度关注，同时也发挥了更加重要的作用。但在我国当下的司法实践当中，《宪法》的施行还不太全面，没有显现出《宪法》应有的权威性，最重要的原因就是中国还没有建立起行之有效的合宪性审查制度，违反宪法精神、原则、规定等的诸多现象仍然存在，尚未得到有效的纠正。因此，完善我国合宪性审查制度、促

进合宪性审查工作的顺利开展具有重大的意义。

从中共中央印发的《深化党和国家机构改革方案》将全国人大法律委员会更名为全国人大宪法和法律委员会，再到《决定2》，都明确提出了全国人大宪法和法律委员会所要承担的功能就是"推动宪法实施、开展宪法解释、推进合宪性审查、加强宪法监督、配合宪法宣传"。这五项功能综合来说其实就是三项功能，即合宪性审查、宪法解释和宪法宣传。就上述五项功能而言，对于宪法宣传，目前我国最大规模的宪法宣传活动是宪法宣传周，这是由中宣部、司法部、全国普法办三方联合部署的，显然，全国人大宪法和法律委员会目前的宪法宣传只是配合性、辅助性的。当下我国宪法解释的权力根据《宪法》专属于全国人大常委会，全国人大宪法和法律委员会后续要开展合宪性审查与宪法解释，势必要由全国人大常委会对全国人大宪法和法律委员会进行宪法解释权的赋权。因此，全国人大宪法和法律委员会在我国现行的法制框架下，有可能并且主要承担的功能就是合宪性审查。但是有关全国人大宪法和法律委员会各项具体功能如何发挥的规定都过于宽泛，这就使得全国人大宪法和法律委员会很难承担起各项功能，履行其应有的职责。

（二）全国人大宪法和法律委员会的定位须准确

1. 全国人大宪法和法律委员会的定位相对明确

全国人大法律委员会在更名为全国人大宪法和法律委员会后，更加突出"宪法"二字，今后作为我国对各类规范性法律文件等进行合宪性审查的主要审查机构，这也是对全国人大宪法和法律委员会的重新定位。有关机构和学界也都一致认为全国人大宪法和法律委员会将承担合宪性审查的功能，在我国合宪性审查体制中扮演对各类规范性法律文件等是否违宪进行审查的主体的角色。全国人大宪法和法律委员会作为全国人大下属的专门委员会，依附于全国人大常委会，是全国人大常委会行使宪法实施和监督的辅助机构，也是我国具体履行合宪性审查功能的专门机构。因此，全国人大宪法和法律委员会的定位是相对明确的。

2. 对全国人大宪法和法律委员会具体功能和职责的规定过于宽泛

如前所述，《决定2》规定全国人大宪法和法律委员会的功能主要有两个：一是承担《全国人大组织法》等五部规范性法律文件中规定的原先由全国人大法律委员会履行的职责；二是在对法律草案进行统一审议的基础上，履行宪法的实施、解释、监督、宣传以及推进合宪性审查等职责。可见，《决定2》中并没有详细规定全国人大宪法和法律委员会应当发挥合宪性审查的功能。在全国人大宪法和法律委员会官方网站的委员会职责栏目，标注了由《全国人民代表大会宪法和法律委员会工作规则》（以下简称《工作规则》）规定的全国人大宪法和法律委员会的工作职责。《工作规则》第2条中规定的全国人大宪法和法律委员会的10项职责中与合宪性审查有关的为：①第1项，统一审议列入全国人大或者全国人大常委会会议议程的法律案；②第5项，检查监督有关法律和有关法律问题决定的实施情况；③潜在的职责，第10项，法律规定的其他职责或者全国人大会议主席团、全国人大常委会、委员长会议交办的其他事项。官网上对全国人大宪法和法律委员会职责的规定与前述相关规范性法律文件并无太大区别，具体如何检查监督法律与决定的实施情况也没有相关办法和条文。2019年12月，第十三届全国人大常委会第四十四次委员长会议通过了《法规、司法解释备案审查工作办法》（以下简称《工作办法》）。根据《工作办法》第5条，全国人大常委会办公厅负责报送备案的法规、司法解释的接收、登记、分送、存档等工作，全国人大专门委员会、全国人大常委会法制工作委员会负责对报送备案的法规、司法解释的审查研究工作。在整个《工作办法》中，对法规和司法解释进行备案审查的工作主要由全国人大专门委员会和全国人大常委会法制工作委员会承担。全国人大专门委员会当然包括全国人大宪法和法律委员会，但并不具体，并且从现实实施情况来看，备案审查的工作主要由全国人大常委会法制工作委员会及其下属的法规备案审查室承担。

通过上述文件可以发现，《立法法》《工作办法》《工作规则》等规范性法律文件对于全国人大宪法和法律委员会的职责只是简单地概括为推进合宪性审查，但是具体如何审查、审查的程序及对象等具体内容都没有详细的规定，条文的内容过于宽泛。合宪性审查体制的核心是合宪性审查机关，在我国就是全国人大宪法和法律委员会，但我国现有的相关规范性法律文件对于合宪性审查的启动主体资格、程序、对象、效力以及违宪责任等都没有具体的规定，甚至没有一个具体的工作办法，这使得全国人大宪法和法律委员会根本无从开展合宪性审查工作。因此，我们不仅要有一个专门的合宪性审查机构——全国人大宪法和法律委员会，还应该有配套的审查机制、审查技术规范等，才能使全国人大宪法和法律委员会合宪性审查的职能真正"落地"，使我国的合宪性审查制度成为真正行之有效的长效化体制。

（三）全国人大宪法和法律委员会被边缘化的倾向

在我国现行的合宪性审查体制下，合宪性审查和合法性审查存在交叉和重叠，同时全国人大常委会法制工作委员会及其下属的法规备案审查室、宪法室承担了绝大部分的审查职能，全国人大宪法和法律委员会在我国现行合宪性审查体制下有被边缘化的倾向。我国现有的合宪性审查制度下的全国人大宪法和法律委员会的功能和定位，需要进一步发掘和研究，才能更好地通过对各类规范性法律文件进行合宪性审查，让宪法的实施与监督真正发挥作用。

在学理上，备案审查应当包括对规范性法律文件三个方面的审查，分别是合宪性审查、合法性审查和适当性审查。"合宪"，按照字面意思解释就是要符合宪法。确保法制统一，有效地保障公民的基本权利，是建设社会主义法治国家的必然要求，实现这一目标极为重要的是确保法律以及其他规范符合宪法[1]。合宪性审查就是针对国内的法律、行政法规等规范性法律文件，根据宪法的原则、内容、精神等进行审查，判断其是否违背宪法。范进学教授提出，合宪性审查的目的是对一切规范性法律文件是否合乎宪法进行审视与判断，对与宪法的原则、内容或精神相悖的，由合宪性审查机关予以撤销或废止，以维护宪法的至上权威与神圣尊严[2]。2017年10月，习近平总书记在中共十九大报告中明确提出推进合宪性审查工作。此前，我国并没有明确的合宪性审查制度，但我国的司法实践中一直有实质的合法性审查，即依据全国人大及其常委会制定的法律审查对象是否具有合法性，审查对象是否与全国人大及其常委会所制定的法律相悖。

在我国现行的法规备案审查框架下，全国人大宪法和法律委员会的定位应当是承担合宪性审查功能的主体，但是《工作办法》中并没有明确提出全国人大宪法和法律委员会要扮演相应的角色。《工作办法》中唯一单独提到全国人大宪法和法律委员会的是第20条，该条也是审查职责章节中规定了合宪性审查职责的唯一条文："对法规、司法解释及其他有关规范性文件中涉及宪法的问题，宪法和法律委员会、法制工作委员会应当主动进行合宪性审查研

---

〔1〕 秦前红、周航："论我国统一合宪性审查制度的构建"，载《江苏行政学院学报》2019年第4期。

〔2〕 范进学："论《合宪性审查程序法》的制定与起草"，载《苏州大学学报（哲学社会科学版）》2019年第3期。

究，提出书面审查研究意见，并及时反馈制定机关。"《工作办法》中明确规定由全国人大宪法和法律委员会主动对相关规范性法律文件进行合宪性审查。但是具体如何审查，相关工作办法并没有明确、详细、具体地进行规定。而且，由全国人大宪法和法律委员会进行主动审查的设计在目前我国合宪性审查框架下，实施的可行性并不大。尽管《工作办法》规定对法规、司法解释等规范性法律文件主动进行合宪性审查的条文中，全国人大宪法和法律委员会排在全国人大常委会法制工作委员会前面，但是即便是汇报，在形式上也是向全国人大常委会进行汇报，甚至都不需要全国人大宪法和法律委员会的署名。因此也可以说，在我国目前的备案审查体制下，主要是由全国人大常委会法制工作委员会及其下属的法规备案审查室对法规、司法解释等法律效力低于法律的规范性法律文件进行合法性审查。在我国现行的法规备案审查制度下，全国人大常委会法制工作委员会，特别是其下属的法规备案审查室无疑扮演着最主要的角色，占据了绝对重要的地位。

《立法法》规定了全国人大宪法和法律委员会对法律草案的审议和对法规、司法解释等的审查，但是对法律的违宪性审查仅仅局限于法律草案阶段，属于对法律草案合宪性的事前审查。在法规、司法解释出现与其他法律相悖的情况时，全国人大宪法和法律委员会只能通过提出处理意见的方式来推动相关法律的修订或者完善，并没有直接的职权来进行审查。当新的法律与旧的相关规定不一致时，行使裁决权的是全国人大常委会，法规之间新旧规定不一致导致不能确定如何适用时，则要提请国务院裁决。全国人大宪法和法律委员会认为法规、司法解释等与宪法相悖时，也只能由全国人大常委会审议决定是否撤销，这无疑极大地削弱了全国人大宪法和法律委员会在合宪性审查和合法性审查中的地位。同时，值得注意的是，对于法规、司法解释等规范性法律文件的审查，往往是合宪性审查与合法性审查同时进行，彼此并不分开，程序和具体审查方法也没有作出区分。

尤其是自 2017 年以来，全国人大每年都会发布备案审查工作年度报告，《法治中国建设规划（2020—2025 年）》更是明确提出以建立健全备案审查工作年度报告制度为抓手，全面加强备案审查工作。这说明备案审查工作被摆到了更重要的位置，今后将在我国的依法治国法制体系中扮演更为重要的角色。值得注意的是，备案审查工作年度报告全称为《全国人民代表大会常务委员会法制工作委员会关于 20××年备案审查工作情况的报告》，显然，这是由全国人大常委会法制工作委员会主持写作的年度审查总结报告，并且由全国人大常委会法制工作委员会主任向全国人大常委会进行汇报，也暗含了无论是合宪性审查还是合法性审查，都是由全国人大常委会法工委来主导的潜台词。何况，全国人大常委会法制工作委员会进行合宪性审查的情况少之又少。

一言以蔽之，我国合宪性审查与合法性审查之间存在很多交叉和重叠，尤其是两者在审查的对象方面具有严重的交叉和重叠。合宪性审查的程序、方式等都有待完善，这使得我国本就刚刚起步的合宪性审查工作并不突出，在大多数时候都被合法性审查的功能掩盖，并有吸纳甚或抵消合宪性审查的功能的倾向[1]。加上我国现行宪法体制下作为根本法的宪法与全国人大及其常委会制定的法律之间的"抽象与具体"式的二元关系，法律在制度上由于其作为宪法的具体化事实上承担了宪法的绝大部分制度功能[2]。这使得我国目前绝大多数的立法监督中存在的问题都可以通过合法性审查来解决，合宪性审查与合法性审查并没有进行严格的区分，承担我国合宪性审查功能的全国人大宪法和法律委员会也就因此不能很好地履行合宪性审查的职能。

二、合宪性审查应由谁主导？

正如前文所分析的那样，在我国目前的合宪性审查体制中，即使《立法法》《工作办法》等都规定了审查职能，关于全国人大宪法和法律委员会进行审查的职能的规定也有所欠缺。本应承担主要合宪性审查任务的全国人大宪法和法律委员会的角色并不突出，相反，全国人大常委会法制工作委员会作为全国人大常委会的工作机构，包括其下属法规备案审查室和宪法室，却在我国现有的合宪性审查实践中扮演着更加重要的角色。"加强备案审查制度和能力建设，把所有规范性文件纳入备案审查范围，依法撤销和纠正违宪违法的规范性文件"，是党的十八届四中全会对完善人大监督制度作出的重大部署，也使得法规备案审查室的角色日益重要，甚至法规备案审查室在对规范性法律文件进行合法性审查的同时，很大程度上完全承担了合宪性审查的职

---

〔1〕 林来梵："合宪性审查的宪法政策论思考"，载《法律科学（西北政法大学学报）》2018年第2期。

〔2〕 莫纪宏："合宪性审查与合法性审查'制度分工'的几个尺度探寻"，载《备案审查研究》2021年第1期。

能。《工作办法》作为一个工作文件，本身带有政策的特点，规范性法律文件的性质并不是很强，也就不应有特别高的法律效力。全国人大常委会法制工作委员会是全国人大常委会的一个工作机构，《工作办法》的相关规定有将全国人大宪法和法律委员会完全排挤出审查工作的倾向。如前所述，《工作办法》中提及全国人大宪法和法律委员会的条文只有第 20 条，绝大部分的工作都是由全国人大常委会及其工作机构完成的，其实也就是由全国人大常委会法制工作委员会来完成的。《工作办法》掩盖了宪法和法律对全国人大宪法和法律委员会的设计意图，全国人大宪法和法律委员会明显地被边缘化了。

要想建立完备的合宪性审查制度，首先必须确定由谁来担任合宪性审查机关。一直以来，阻碍我国合宪性审查制度发展的首要问题就是无法设立一个专门的合宪性审查机构，导致进行合宪性审查的主体混乱。全国人大宪法和法律委员会的成立，改变了全国人大及其常委会有合宪性审查的职权而无专门机构负责的局面。全国人大宪法和法律委员会作为一个专门的合宪性审查机构，以合宪性审查为核心功能，被赋予了合宪性审查的相关权力，设置专门的内部审查机构，让专业人士作为其组成人员，在合宪性判断中给予专业的咨询，进行的合宪性审查无疑更具有专业性。也正是因为全国人大宪法和法律委员会本身具有的专门化、专业化的特征，反过来可以更好地推动合宪性审查的进行。

三、完善全国人大宪法和法律委员会功能和定位的建议

通过前述对宪法和法律委员会功能和定位的讨论，可以看到当下我国各类规范性法律文件对全国人大宪法和法律委员会的规定存在明显的不足，相关制度设计也未能使全国人大宪法和法律委员会的功能得以良好发挥。以下针对其中存在的具体问题，提出相对可行的方案和建议，以期全国人大宪法和法律委员会的功能和定位能够得到进一步完善。

（一）合宪性审查机构合理分工

推进合宪性审查是一项系统工程，必须找到缺乏实效性的问题所在，明确推进的方向，进行顶层设计，整体推进[1]。作为全国人大下设的专门委员

---

[1]　胡锦光："论推进合宪性审查工作的体系化"，载《法律科学（西北政法大学学报）》2018年第 2 期。

会，全国人大宪法和法律委员会当然地要接受全国人大的领导，而在全国人大休会期间，则要接受全国人大常委会的领导。并且，在立法者看来，我国合宪性审查应当坚持的立场是：宪法监督的职权具有专属性，只有全国人大及其常委会才能行使，也只有全国人大及其常委会的宪法监督行为才具有最高的和终局的效力〔1〕。全国人大宪法和法律委员会并不是一级权力机构，合宪性审查的具体工作由其进行，但其并没有权力直接撤销或者修改规范性法律文件中与宪法相悖的条文，而应当向规范性法律文件的制定部门发出撤销或修改的建议，在其没有撤销或者修改时，再向全国人大及其常委会反映。因此，在我国的合宪性审查体制中，全国人大宪法和法律委员会要扮演好辅助全国人大及其常委会进行合宪性审查和宪法监督的角色。

全国人大常委会法制工作委员会作为全国人大常委会的工作机构，不应再继续承担主要的合宪性审查工作。对于全国人大常委会法制工作委员会下设的、一直以来实际上承担我国合宪性审查和合法性审查双重审查职能的法规备案审查室，目前大致有两种意见：一是将法规备案室一直以来几乎没有履行过的合宪性审查职能剥离出来，完全由全国人大宪法和法律委员会来承担，而法规备案审查室只承担合法性审查的职能，在审查过程中如果发现规范性法律文件存在与宪法相悖的嫌疑，则移交全国人大宪法和法律委员会审查。二是将法规备案审查室直接整体划拨给全国人大宪法和法律委员会，由全国人大宪法和法律委员会承担合宪性审查和合法性审查的双重职能，以实现两项功能的有效衔接〔2〕。本文倾向于第一种，将合宪性审查职能和合法性审查职能更好也更清楚地区别开来，由全国人大宪法和法律委员会专门履行合宪性审查职能，而由全国人大常委会法制工作委员会及其下属的法规备案审查室履行合法性审查的职能，并继续推动对法规、司法解释等规范性法律文件备案和审查制度的完善和发展。如果在合法性审查过程中发现相应规范性法律文件有违宪的嫌疑，则应当交由全国人大宪法和法律委员会来审查。

全国人大常委会法制工作委员会下属的另一个部门——宪法室，作为一

---

〔1〕 于文豪："宪法和法律委员会合宪性审查职责的展开"，载《中国法学》2018 年第 6 期。

〔2〕 韩大元："从法律委员会到宪法和法律委员会：体制与功能的转型"，载《华东政法大学学报》2018 年第 4 期。

个 2018 年 10 月刚成立的部门，其成立的目的是推进宪法实施，让宪法真正从纸面走进现实〔1〕。在全国人大宪法和法律委员会承担起合宪性审查的功能后，宪法室应当将工作重心放到对由全国人大常委会制定的包括法律在内的规范性法律文件草案中是否存在宪法问题进行审议，为全国人大常委会制定的规范性法律文件提供合法性和合宪性支持，即进行事先预防性的审查。同时，《法治中国建设规划（2020—2025 年）》要求拟出台的规范性法律文件和重要政策、重大举措，凡涉及宪法有关规定如何理解、如何适用的，都应当事先经过全国人大常委会合宪性审查〔2〕。宪法室作为全国人大常委会法制工作委员会下属的机构，应当承担为各机构制定规范性法律文件提供合宪性咨询服务的职责。对已经颁布、实施的规范性法律文件进行合宪性审查的职能，则由全国人大宪法和法律委员会来承担。

（二）确立以全国人大宪法和法律委员会为主导的合宪性审查机制

一个国家的法治建设取决于两个方面，一是法治体制的建设，二是全体公民遵守规则的习惯的养成。任何一个长效化的体制机制，都必须随着社会发展和实践情况的变化随时做出相应的调整，合宪性审查体制机制也不例外。但目前，我国对于合宪性审查的程序并没有完备的立法规定，对合宪性审查程序的规定也不全面。鉴于我国已经建立比较成熟和完善的具有中国特色的法规备案审查机制，今后可以继续由全国人大常委会法制工作委员会来主导合法性审查，但应该由全国人大宪法和法律委员会来主导我国的合宪性审查。应突出全国人大宪法和法律委员会在我国合宪性审查体制中的重要位置，从而避免以往合宪性审查功能不彰显、相关职责履行不到位的尴尬局面。

根据相关规范性法律文件对备案审查的规定，我国现行的合宪性审查机制以全国人大常委会工作机构及各专门委员会作为具体审查主体，并配套设置了一系列审查程序。随着宪法的修改，我国合宪性审查的主体发生改变，相应的法律法规也应随之做出修改。但遗憾的是，目前并没有进行相应法律法规的修改或者完善。某一具体的规范性法律文件是否合乎宪法，需交给全国人大宪法和法律委员会进行专门的审查，但在移交的程序等方面也缺少相

---

〔1〕 刘嫚、程姝雯："揭秘全国人大新设宪法室的背后故事"，载《法治与社会》2019 年第 4 期。

〔2〕 沈春耀："通过宪法监督保证宪法实施"，载《中国司法》2018 年第 6 期。

关的法律法规进行规范。应当出台相应的工作办法，构建我国以全国人大宪法和法律委员会为主导的合宪性审查的新秩序，并在这个秩序建立和运转的过程中不断积累经验，逐步完善相关审查程序、对象等内容，逐步建立相对成熟的合宪性审查机制。

（三）完善全国人大宪法和法律委员会功能的落实机制

第一，目前我国备案审查的重心应当放在合法性审查而非合宪性审查，坚持对基本法律不予审查的原则上。从我国法律体系的法律数量看，最庞大的是法规群与规章群，违宪或违法的规范性法律文件多属于行政法规、地方性法规与政府规章等[1]。在做好合法性审查与合宪性审查的同时，要完善二者的衔接机制，确保审查的连贯性和一致性。如果法规、司法解释等规范性法律文件的合法性存在嫌疑，则由法规备案审查室对其进行审查。当然，法规备案审查室对报备的规范性法律文件并不是必须审查，但是有权随时进行审查，如果认为违反了上位法，则有权予以撤销或者由制定机关进行修改。如果合法性审查过程中发现了合宪性的问题，或者合法性审查并没有发现问题，则移交全国人大宪法和法律委员会开展合宪性审查。同时，应当将法律纳入合宪性审查对象的范畴。法律是法规类文件的上位法依据，但不能成为阻隔法规类文件合宪的"屏障"[2]。在全国人大宪法和法律委员会对法律草案进行统一审议的同时，可以对业已颁布生效的法律进行主动合宪性审查。特别是在合法性审查过程中，一旦发现上位法存在合宪性问题，就要履行交由全国人大宪法和法律委员会进行合宪性审查的程序。

第二，全国人大及其常委会要对全国人大宪法和法律委员会进行进一步的赋权。根据《立法法》的相关规定，全国人大常委会有权撤销行政法规等规范性法律文件，但是全国人大宪法和法律委员会并没有被赋予相应的权力。全国人大宪法和法律委员会作为辅助全国人大及其常委会进行合宪性审查的专门委员会，在对规范性法律文件进行合宪性审查后，确认其与宪法相悖时，按照现有程序，应当向全国人大常委会提交书面说明，由全国人大常委会责令相关机构修订或者在相关机构拒不纠正的情况下宣布撤销。在此过程中，

---

[1] 范进学："论我国合宪性审查制度的两大基本原则"，载《上海政法学院学报（法治论丛）》2019年第6期。

[2] 于文豪："宪法和法律委员会合宪性审查职责的展开"，载《中国法学》2018年第6期。

势必要赋予全国人大宪法和法律委员会对宪法的解释权，全国人大宪法和法律委员会才能够对判断是否违宪进行说明。根据《宪法》第 67 条的规定，全国人大常委会行使对宪法的解释权。因此，需要全国人大常委会对全国人大宪法和法律委员会进行授权，赋予其解释宪法的权力，或者建立全国人大常委会听取全国人大宪法和法律委员会对某一规范性文件合宪性审查结果的汇报和说明的机制，再由全国人大常委会统一行使宪法解释权。这也与全国人大常委会赋予全国人大宪法和法律委员会的功能之一——开展宪法解释——相匹配。

第三，全国人大宪法和法律委员会作为我国合宪性审查功能的主要承担机构，直接面临着遵循怎样的法定程序进行合宪性审查的问题[1]。尽管《工作办法》等规范性法律文件已经对合法性审查和合宪性审查作出了相应的规定，但是对于合宪性审查的内容、程序等的规范少之又少，难以支撑以全国人大宪法和法律委员会为主导的合宪性审查制度的运行。因此，有必要制定专门的合宪性审查程序法和宪法解释程序法，使全国人大宪法和法律委员会在履行合宪性审查职能时有法可依、有章可循。但是并不一定非要一步到位，直接制定法律，可以参照《立法法》第 65 条的规定，先出台工作办法等形式的规范性法律文件，进行一段时间的试运行，积累了相关经验、改进了办法的不足后，再制定相应的法律。

第四，仿照全国人大常委会法制工作委员会向全国人大常委会作备案审查工作年度报告的安排，建立由全国人大宪法和法律委员会向全国人大作合宪性审查工作年度报告的机制，集中展现合宪性审查取得的成果，及时总结合宪性审查取得的经验，吸取合宪性审查过程中的教训，并对未来一年合宪性审查工作的规划以及合宪性审查制度的完善与发展进行展望，促进我国合宪性审查体制的完善和发展。当然，也可以由全国人大宪法和法律委员会的负责人向全国人大及其常委会汇报包含合宪性审查和合法性审查的总结报告，使二者能够有效衔接。

无论是将法规备案审查室直接并入全国人大宪法和法律委员会，由全国人大宪法和法律委员会承担合宪性审查和合法性审查的双重职能，还是保留

---

[1] 范进学："论《合宪性审查程序法》的制定与起草"，载《苏州大学学报（哲学社会科学版）》2019 年第 3 期。

全国人大常委会法制工作委员会下属的法规备案审查室，合宪性审查与合法性审查分别单独由全国人大宪法和法律委员会和法规备案审查室进行，都应当配备专业的法律人士来担任具体履行审查职责的人员。也就是通过"掺沙子"的方式，让更多的专业学者和政府业务部门有经验的工作人员以担任专职委员与兼职委员的形式，参与到审查中去。同时，要确保他们在全国人大宪法和法律委员会的审查委员中保持一定的比例，借此提高合宪性审查的专业性、公正性和中立性，保障合宪性审查制度能够在更专业、更合理的层面运行，避免审查的官僚化和形式化。

只有建立统一、规范的社会主义法治体系，才能有效地保障人民的权益，这也是我国社会主义法治国家建设的必然要求和必由之路。为了实现这一目标，需要确保法律、法规等规范性法律文件与宪法相符，而建立行之有效的合宪性审查机制无疑是不可或缺的关键一步和重要制度保障。将全国人大法律委员会更名为全国人大宪法和法律委员会，正是为了落实党的十九大提出的"加强宪法实施和监督，推进合宪性审查工作，维护宪法权威"[1]的要求，既符合深化党和国家机构改革的精神，也符合我国的宪法规范与宪法设计[2]。同时我们也要清楚地看到，尽管全国人大宪法和法律委员会作为辅助全国人大常委会行使合宪性审查权的专门机构、具体承担合宪性审查职能的地位已经确定，但在法律实践中，由于当下我国对全国人大宪法和法律委员会如何进行合宪性审查进行规定和说明的规范性法律文件不够具体和全面，对法规、司法解释等的审查中合法性审查占据了绝大多数，全国人大宪法和法律委员会并未真正履行合宪性审查职责。本文通过分析全国人大宪法和法律委员会功能与定位存在的问题，为进一步完善和发展合宪性审查机制提出了建议，以期全国人大宪法和法律委员会能够在我国合宪性审查体制中发挥与其定位相匹配的功能。

---

〔1〕 习近平："决胜全面建成小康社会 夺取新时代中国特色社会主义伟大胜利——在中国共产党第十九次全国代表大会上的报告"，载《党建》2017 年第 11 期。

〔2〕 范进学："全国人大宪法和法律委员会的功能与使命"，载《华东政法大学学报》2018 年第 4 期。

经贸学苑

WTO 争端解决机制改革中的国际法问题探究

陈婉莹 *

随着经济全球化的发展，世界贸易组织（WTO）作为经贸领域的代表性国际组织之一，在促进贸易自由化的进程上有不可忽视的作用。WTO 争端解决机制以解决成员方间基于 WTO 协定而产生的争端为手段，达到维护多边贸易体系的目标。但在国际经贸发展过程中，WTO 争端解决机制逐渐暴露出弊端，甚至在 2019 年，被誉为"皇冠上的明珠"的上诉机构正式停摆，WTO 争端解决机制正面临前所未有的危机。随着区域贸易协定的发展，WTO 协定的适用既可能被架空，争端解决实体也可能产生越权争议，同时上诉机构的固有弊端及停摆状态，造成 WTO 成员方间争端无法及时得到解决，其争端解决决策规则又蕴含着与国家主权的潜在矛盾，叠加削弱了 WTO 争端解决机制的运行效果。而恢复 WTO 争端解决机制的作用，关键是对其固有弊端的改革和当下困境的解决。为此，本文将着重讨论三个解决思路。首先，需要化解区域贸易协定和 WTO 协定间的冲突，保证 WTO 多边协议对成员方的持续有效性，并且使区域贸易委员会积极履行审查监督职权。其次，不上诉协议、仲裁和多方临时上诉仲裁安排有暂时性，使上诉机构重新运转依旧是 WTO 成员方的共同目标。需要注意，这并不意味着抛弃多方临时上诉仲裁安排，而是可以平行完善其制度构建作为 WTO 争端解决机制的新发展。最后，WTO 争端解决规则中反向协商一致决策规则在实践中既有促进和平解决争端的效果，也会产生与国家主权相冲突的情况。但这种与国家主权间的矛盾是不可化解的，成员方加入 WTO 接受一揽子协议，即在主权与经济目标之间做出了一种平衡的选择。

---

* 陈婉莹，女，首都经济贸易大学研究生，国际法方向。

一、WTO 争端解决机制概述

(一) 关贸总协定争端解决机制

WTO 是基于关税与贸易总协定 (General Agreement on Tariffs and Trade, GATT, 以下简称 "关贸总协定") 而发展起来的, 因此在讨论 WTO 争端解决机制的问题前需要对关贸总协定争端解决机制做一定了解。经济全球化使得国家间的联系日渐紧密, 一国的经贸活动不仅会对本国市场产生影响, 也会引起国际社会的波动。国际上的贸易争端解决, 凭借双边条约、外交手段已不能满足实践中越来越复杂的争端内容、越来越多的争端成员方等问题。此种情况下,《关税与贸易总协定》提供了多方参与的争端解决机制, 其中第 22 条规定了协商机制, 第 23 条规定了缔约国全体的建议权、裁决权。

协商机制是和平解决争端的重要途径之一。马林维尼 (Malinverni) 指出:"争端解决程序的主要目标并不是要决定谁对谁错, 也不是要决定一个国家在争端事项中的国家责任, 而是要使那些甚至是严重的违反行为成为临时的并尽快终止。"[1]尽管发生争端后, 诉诸裁决制度是更加公正、客观的评价行为, 但是早期国际社会有权力倾向趋势, 协商机制下的大国优势更加明显, 因此类似于欧洲共同体这样更具话语权的国家, 通过协商解决争端更易于达成自己的目标。并且从一定程度上来说,《关税与贸易总协定》第 23 条并未对审限作出任何规定, 直至 1966 年通过《关于第 23 条程序的决议》后, 才开始逐渐细化专家组的审议时间, 因此协商机制在某些情况下是相较裁决制度更高效解决违反行为的选择。

《关税与贸易总协定》下的裁决制度是在其存续 40 余年间不断完善的。从初始的第 23 条模糊规范, 经过 1966 年《关于第 23 条程序的决议》、1979 年《关于通知、磋商、争端解决与监督的谅解》、1982 年对上述谅解进行补充的决定、1984 年《就争端解决程序采取行动的决议》、1989 年《关贸总协定争端解决处理的规定及手续的改善》, 包括专家组的设立时限、审议时限和专家组人员要求等方面, 进行了细节补充。专家组的裁决机制在初期起到了预期效果, 据统计, 关贸总协定体系下专家组断案的平均时间为 10 个月, 成

---

[1] 左海聪:"论 GATT/WTO 争端解决机制的性质", 载《法学家》2004 年第 5 期。

功率在 90% 左右。[1]杰克逊评价关贸总协定专家组程序："从工作组到专家小组表明 GATT 朝着更加尊重客观的国际法义务的方向迈出了重要的一步，同时也是朝着摆脱政治上的讨价还价方向迈出了重要的一步。"[2]与协商机制相比，专家组让争端解决由权力取向型逐步转化为规则取向型，同时中立的争端解决平台更好地维护了关贸总协定规定义务的履行。

尽管关贸总协定争端解决机制存在大量缺陷，其依旧是 WTO 争端解决机制的重要基石。WTO《关于争端解决规则与程序的谅解》（*Understanding on Rules and Procedures Governing the Settlement of Disputes*，*DSU*，以下简称《争端解决谅解》）第 3 条第 1 款规定了成员应遵守关贸总协定第 22 条和第 23 条的管理争端原则及进一步的细化内容。WTO 之所以将关贸总协定争端解决机制内容的遵守作为原则性要求保留，首先因为上述关于《关税与贸易总协定》第 23 条的补充协议，是各成员国共同参与后的结果，WTO 继承了关贸总协定的成员在 WTO 争端解决机制初期采取与关贸总协定不矛盾、不冲突的规则，更易被成员方认可及尽快适用。其次，关贸总协定争端解决机制的缺陷不足以掩盖其制度构建方向的正确性。权力取向型到规则取向型的转变，是国际经贸市场发展的必然趋势，关贸总协定争端解决机制在实践中的作用限度，受制于关贸总协定本身临时性、没有专门的争端解决机构和条文的模糊性等，而 WTO 作为国际组织具有专门的争端解决机构，借鉴关贸总协定先前经验的同时，对缺陷进行优化改革，即站在巨人的肩膀上堆砌而上。

（二）WTO 争端解决机制

WTO 争端解决机制是现阶段国际争端解决机构建设中较为成功的范例。拥有 164 个成员国的 WTO，争端解决机制的管辖范围基于《关税与贸易总协定》、《服务贸易总协定》、《与贸易有关的知识产权协定》（*Agreement on Trade-Related Aspects of Intellectual Property Rights*，*TRIPs*，以下简称《知识产权协定》）和《争端解决谅解》附录 1 所列各项协定，基本涵盖了国家间贸易争端的大部分情况。且其上诉机构程序的设定，区别于国际法院、ICSID（国际投资争端解决中心）等其他国际争端解决组织的一审终审，为成员方提供了更加公平的两审制争端解决平台。同时《争端解决谅解》还包含了执行程序

---

〔1〕 毛燕琼："WTO 争端解决机制问题与改革"，华东政法大学 2008 年博士学位论文。

〔2〕 左海聪："论 GATT/WTO 争端解决机制的性质"，载《法学家》2004 年第 5 期。

规则。在关贸总协定历史上，许多案子中缔约方政府经常不合理地拖延实施专家小组报告中所要求的救济措施[1]。尽管《争端解决谅解》并不具有使败诉方履行的强制力，但第21条第6款规定的书面情况报告制度，给予了败诉方一定压力，同时鉴于国家形象，败诉国没有出现过直接表明不履行WTO裁决的情况。这使得WTO争端解决机制更加具有司法性。

WTO贸易自由化的目标是驱动其改革的动力。实现该目标的途径主要有多边谈判和争端解决，然而WTO的多边谈判与争端解决两大功能已遭受严重损害。[2]多哈回合谈判中止，部分成员国实施的贸易限制政策实际上属于WTO规制范畴，区域贸易协定的发展态势明显高于WTO多边制度构建速度，争端解决中的上诉机构由于美国的阻碍已经停摆，贸易自由化发展在疫情下更是放缓了脚步。虽然这并不意味着WTO失去了其继续发展的动力，但正在面临的困境表明了WTO改革的必要性。

就WTO争端解决机制现存主要困境而言，可分为条约适用争议、上诉机构停摆、《争端解决谅解》决策规则矛盾三个方面。首先，成员在加入WTO时必须接受一揽子协议，其自身就构成了一个条约体系。基于最惠国待遇条款，一揽子协议中的要求成了各成员国实施国际贸易行为的最低标准。由于部分国家的战略转变，双边条约及区域贸易协定的发展，WTO的多边体系遭到破坏，最惠国待遇条款成为双边条约与区域贸易协定下的例外。与之相关的案例在实践中也是真实存在的，条约间的适用冲突是WTO争端解决中的一个问题。其次，上诉机构停摆后成立的多方临时上诉仲裁安排，只是暂时性的缓解方法。WTO争端解决实体存在的诸如先例问题、审限问题是WTO实践中积累的结果，在尽快恢复上诉机构的同时解决部分实践与《争端解决谅解》的争议点，有助于WTO争端解决机制的发展。最后，《争端解决谅解》规定的反向协商一致决策规则，初衷在于提供更加公平的争端解决方式，然而履行这种规则反而会产生有关国家主权的冲突结果。WTO争端解决困境需要各成员方对WTO争端解决的决策模式与主权的关系有更加清晰的认识。

---

〔1〕 曹建明、贺小勇编著：《世贸组织基本法律制度讲话》，中国青年出版社2000年版，第105页。

〔2〕 张乃根："关于WTO未来的若干国际法问题"，载《国际法研究》2020年第5期。

综上所述，虽然 WTO 正面临发展的瓶颈期，却不失可视为一次促进争端解决机制改革的机会。但由于 WTO 成员众多，国际贸易情势复杂，争端解决机制潜在漏洞较多，一蹴而就式的改革并不存在，只能在困境中缓慢前进，以促使 WTO 争端解决机制恢复其效用，最终达成促进贸易自由化发展的目标。

二、WTO 争端解决机制现存阻碍

（一）条约适用对争端解决的影响

条约内容是争端裁决的评判标准。在贸易自由化的进程中，国际条约体系构建由早期的单边主义发展至多边主义，但近年来有单边主义抬头之势。WTO 下的一揽子协议等是多边谈判下国家间相互妥协的成果，积极履行条约内容是 WTO 成员方的义务。《关税与贸易总协定》第 24 条第 4 款与《服务贸易总协定》第 5 条对关税联盟和自由贸易区的最惠国待遇条款适用例外，为区域贸易协定的发展提供了良好的条件。从《全面与进步跨太平洋伙伴关系协定》《美墨加协定》及中国参与的《中国-东盟全面经济合作框架协议》《区域全面经济伙伴关系协定》来看，区域贸易协定数量持续增长，参与国家的范围逐渐扩大。尽管 WTO 下设区域贸易委员会审议成员通报的区域贸易协定，但自成立以来，区域贸易委员会未提交一份有关区域贸易协定审议的最终报告。[1]似乎区域贸易协定正逐渐架空 WTO 协议的约束力，最惠国待遇条款反而成为一种例外待遇。

WTO 多边条约依旧是争端解决实体的裁决依据。首先，区域贸易协定并不能突破 WTO 规则。即便 WTO 成员间的区域贸易协定在 WTO 多边体制中具有合法地位，但必须满足 WTO 有关规定的条件和区域贸易委员会的审查和监督。[2]尽管由于诸如区域贸易协定数量过多、规则复杂、包含一定政治因素等多种因素的叠加，区域贸易委员会在实践中并未发挥其作用，但区域贸易协定不能违反 WTO 条约体系是不言而喻的。其次，争端解决实体的裁决依据只能是 WTO 协定。在关贸总协定期间，专家组认为对区域贸易协定的整体审

---

〔1〕 吴敏："全球经济一体化与区域经济一体化的冲突与协调——兼评 GATT/WTO 体制下区域经济一体化的法律制度"，载《华东师范大学学报（哲学社会科学版）》2008 年第 2 期。

〔2〕 陈安主编：《国际经济法论丛》（第 7 卷），法律出版社 2003 年版，第 17 页。

议应按照《关税与贸易总协定》第 24 条的程序进行，而争端解决机制只审查某一具体贸易措施是否合法？[1]这里的 "法" 应理解为 WTO 协定，因为《争端解决谅解》第 1 条第 1 款规定："本谅解的规则和程序应适用于按照本谅解附录 1 所列各项协定的磋商和争端解决规定所提出的争端。" 强调了《争端解决谅解》的管辖范围限于附录 1 所列各项协定，争端解决实体自然只能依据 WTO 协定进行事实审查与法律审查。

但区域贸易协定的发展在一定程度上确实对 WTO 争端解决产生了消极影响。早期区域贸易协定作为最惠国待遇条款的例外，目的在于促进国际贸易发展，多边谈判进程缓慢，区域型的贸易联合是更加快速达成合意的方法。因此从总体上看，区域贸易协定的例外在初期是符合 WTO 总体目标的。随着区域贸易协定数量激增，其构建出的差别待遇似乎违背了 WTO 打破贸易壁垒的方针，甚至构建了贸易自由化的障碍。以《美墨加协定》为例，由于原产地规则挂钩关税标准，其原产地规则的升级，实际上为贸易流动创建了一种非关税壁垒。区域贸易协定虽未打破 WTO 规则，却动摇了作为 WTO 条约体系中基石性存在的最惠国待遇条款的适用。且区域贸易协定的例外，使得争端解决实体与区域贸易委员会产生职权冲突。区域贸易委员会负责监督和审查区域贸易协定是否存在违反 WTO 规则的情况，然而如前所述，其并未发挥预期效用。争端解决实体在裁决过程中，反而可以依据申诉方基于区域贸易协定违反最惠国待遇条款的请求而作出裁决。尽管争端解决实体不能直接审查区域贸易协定是否符合 WTO 规则，但根据区域贸易协定而做出的具体行为，争端解决实体可以给出明确的判断，即事实上审查了区域贸易协定的合法性。此种争端解决实体与区域贸易委员会职权冲突的情况，可能产生败诉方对争端解决实体权限的质疑导致后续的执行困难，也使该区域贸易协定处于一种 "非法" 的尴尬境地。

总之，区域贸易协定的发展，要求建立在 WTO 框架之下。由区域贸易委员会进行审查与监督是对区域贸易协定监管的最好选择，但现实中的区域贸易委员会与争端解决实体职权冲突，影响争端解决实体的越权可能性和裁决作出后的执行问题。因此如何处理好争端解决中的条约适用问题，是 WTO 争

---

[1] 吴敏："全球经济一体化与区域经济一体化的冲突与协调——兼评 GATT/WTO 体制下区域经济一体化的法律制度"，载《华东师范大学学报（哲学社会科学版）》2008 年第 2 期。

端解决机制改革需要考虑的方向。

（二）上诉机构改革需求

随着美国阻碍新上诉机构法官遴选，且 WTO 上诉机构最后一位法官赵宏任期届满，上诉机构正式停摆。从 WTO 解决争端的历史看，上诉机构的独特存在是与关贸总协定时期及其他具有争端解决功能国际组织的重大区别。然而现阶段，由于《争端解决谅解》第 16 条对专家组报告通过进行了限制，即如果争端一方提出上诉，争端解决实体将不审议通过该专家组报告。因此反映在现实中，败诉方只要提出上诉，就能使争端无限搁置至上诉机构恢复，明显不利于成员间和平解决贸易摩擦。WTO 解决争端职能遭受重创。

美国阻碍法官遴选的过程中给出了几点针对上诉机构不满的理由。其一，上诉机构将澄清条约含义的解释转变为一种"先例"模式。《争端解决谅解》第 3 条第 2 款使用了"澄清"一词，且规定争端解决实体的建议和裁决不能增加或减少适用协定所规定的权利和义务，所以争端解决实体具有的是一种解释条约的权力，而解释是否可以作为先例并未作出说明。但 WTO 争端解决上诉机构复审第一起"美国汽油案"，在解释一般例外条款引言时就援引了关贸总协定时期相关专家组报告和编纂的判理作为指导。[1]此后争端解决实体报告中的条约解释，基本都考虑了先前裁决的内容，"先例"模式确实存在。其二，上诉机构的审限经常超过《争端解决谅解》90 天的最长规定。在 2011 年以前，即使 90 天内无法作出裁决，上诉机构也会在征得贸易争端双方同意后，延长审查和最终裁决时限，但此后便随意延长时限，不再遵守 WTO 相关规则。[2]自 2011 年开始，案件上诉的平均时长变为 133 天，并且这个数据仍在上升。[3]此外还有包括争端解决实体越权、法官任命问题等。

多方临时上诉仲裁安排的成立一定程度上提供了上诉机构停摆下的另一种思路。多方临时上诉仲裁安排是中国、欧盟和其他 17 个 WTO 成员共同提出的缓解上诉机构停摆困境的方法，继续维持了 WTO 两审终审的争端解决模

---

〔1〕 张乃根："关于 WTO 未来的若干国际法问题"，载《国际法研究》2020 年第 5 期。

〔2〕 陈凤英、孙立鹏："WTO 改革：美国的角色"，载《国际问题研究》2019 年第 2 期。

〔3〕 李杨、尹紫伊："美国对 WTO 争端解决机制的不满与改革诉求"，载《国际贸易》2020 年第 7 期。

式。但迄今为止，多方临时上诉仲裁安排成员方较少且还未受理任何争端。多方临时上诉仲裁安排是依据《争端解决谅解》第 15 条设计的仲裁程序，尽管《争端解决谅解》未指明仲裁适用阶段，但多方临时上诉仲裁安排的实质在于"依托仲裁，代替上诉"，即争端仍先诉诸专家组，此后可以选择性地诉诸仲裁。但需要注意，多方临时上诉仲裁安排不仅在其名称中包含"临时"一词，其序言更是开宗明义地强调该安排的临时性[1]，因此恢复上诉机构运行仍是重点问题。从此角度考虑，多方临时上诉仲裁安排是上诉机构的替代选择，本身也是仿照《争端解决谅解》作出规则的安排，因此上诉机构中的问题，事实上一定程度被多方临时上诉仲裁安排继承，只不过其表现为仲裁与上诉机构专家组两种模式。

美国的阻碍给 WTO 抛出了一个问题，即这些理由是否仅在滥用其否决权利。答案是否定的，WTO 争端解决机制确实在长期的积累下产生争端解决实体实际行为与《争端解决谅解》规定不完全相符的争议，多方临时上诉仲裁安排的出现也并未对上诉机构产生优化改革的效用。基于争端解决实体的裁决对各个成员国甚至世界贸易发展有重大影响，因此争端解决机制的改革才始终是 WTO 领域广泛关注的重点问题。如何解决这些争议，是否要将美国顾虑作为 WTO 未来改革谈判的重点，以促使更快恢复上诉机构的运行，恢复WTO 和平解决争端的功能，已成为一个世界性的关注焦点。

（三）WTO 争端解决决策规则弊端

在《建立世界贸易组织协定》第 9 条第 1 款，其规定了 WTO 协商一致的决策规则，并在第 3 项强调了"作为争端解决机构而召集的总理事会的决定，其通过应仅根据《争端解决谅解》第 2 条第 4 款之规定"，《争端解决谅解》第 2 条第 4 款事实上与《建立世界贸易组织协定》第 9 条第 1 款的决策机制基本是一样的，只是缺少了《建立世界贸易组织协定》在无法取得一致意见时提供的投票机制。除此之外，《争端解决谅解》第 16 条第 4 款特别规定了专家组报告的通过方式："除非一争端方正式通知争端解决实体其上诉决定，或争端解决实体经协商一致决定不通过该报告"。《争端解决谅解》第 6 条第 1 款是否成立专家组、第 17 条第 14 款是否通过上诉机构报告、第 22 条第 6

---

[1] 石静霞："WTO《多方临时上诉仲裁安排》：基于仲裁的上诉替代"，载《法学研究》2020年第 6 期。

款和第 7 款争端解决实体是否授权中止减让或其他义务，采用的是同专家组报告通过模式相同的表述。

WTO 时代下的协商一致区别于关贸总协定时代的反向协商一致。反向协商一致即如果没有成员正式反对，则视为协商一致，相当于赋予各成员方一票否决权。其他诸如专家组报告通过的协商一致模式进一步要求争端解决实体全体一致决定不通过，才能否决该报告。一方面，反向协商一致提高了WTO 决策的效率，相对于正向协商一致需要全体成员表态，反向协商一致的达成条件明显降低了许多。另一方面，反向协商一致制度能使更为强大的国家利用威胁和施压来赢得反对代表团的反水，因为对这些代表团而言，他们只需要保持沉默，就能让有关的决定"协商一致"地顺利通过。[1]反向协商一致规则的弊端就是造成上诉机构停摆。美国公然反对大法官的遴选，加之WTO 尽管有投票机制，却从未付诸实际，使得无法遴选新任法官，上诉机构不能满足恢复运行的条件。

WTO 之所以重视协商一致而弃投票机制于不顾，可以从 WTO 本身的价值倾向考虑。和平解决国际争端是国际法的基本原则，WTO 作为经贸领域的国际组织，也从各个方面贯彻了这一原则。

首先，WTO 积极强调磋商的运用。磋商与政治实力、经济实力有紧密的联系，虽然此种方式不如争端解决实体更具司法性和公平性，却是更加平和的解决争端模式。关贸总协定机制下强调的正向协商一致就是为了促进各成员国间通过磋商而达成一致意见，WTO 机制下的《争端解决谅解》更是把磋商适用于争端解决的各个阶段，甚至在部分条款中磋商是必要的前置程序。可见 WTO 极其重视通过磋商和平化解争端。其次，《争端解决谅解》反向协商一致能提高解决争端的实效。如前所述，《争端解决谅解》中是否成立专家组、专家组报告和上诉机构报告的通过、是否授权中止减让或其他义务，采用的均是属于更加严格的反向协商一致标准。这赋予以上三种情况几乎畅通无阻的肯定式结论，因为争端方之间，不论何种结果，总是会出现对其有利的一方，而该方是不会行使否决权的，反向协商一致也就保证了争端的有效解决。最后，相较于投票机制，协商更具公平性。投票机制下的最不公平情况，即对立双方仅有一票之差下的妥协。而不管是正向还是反向的协商一致，

---

[1] 曾令良："WTO 法治面临的主要挑战及其应对"，载《法学杂志》2011 年第 9 期。

更加强调协商的过程，通过成员方意见的交换，以期达成一致意见，公平性特征相较凸显。

在传统意义上，WTO 反向协商一致规则似乎是关贸总协定机制的进化成果，现阶段其暴露的缺陷却不容忽视。发达国家与发展中国家政治、经济上的实力差异，使协商双方并不总是平等的。赋予国家一票否决权的本意为促进更加深入的协商，但美国利用此机制阻碍上诉机构法官遴选，外加投票机制的名存实亡，已经严重威胁到了 WTO 的存续。且反向协商一致标准，使争端解决实体报告成为"绝对通过"的裁决，二审后即具有执行力，败诉方不再具有其他救济途径，这便产生了侵害国家主权的争议。因此缓解争端解决决策规则的争议，才显得必要。

综上所述，WTO 争端解决机制的现存阻碍，已是全体 WTO 成员的重点改革研究方向。我们必须重视随着实践发展而诞生的新问题，因为这不仅是对《争端解决谅解》的完善过程，更加影响着 WTO 和平解决争端目标的实现。

三、WTO 争端解决机制改革路径

（一）条约适用冲突化解

区域贸易协定与 WTO 规则的适用冲突，显示出了 WTO 争端解决机制中条约适用问题的改革需要。在缺乏对区域贸易协定有力监管的情况下，所有区域贸易协定缔约方都期望达成彼此间更加有利的贸易待遇，而不必过多考虑非缔约方和整个国际社会的发展需要。这就可能造成区域贸易协定与 WTO 规则间的不和谐，因为区域贸易协定关注的是部分缔约方的利益，而 WTO 规则是全体 WTO 成员的利益维护。由于区域贸易委员会监管失职，最惠国待遇条款受到区域贸易协定的冲击成为一种例外情况，在争端解决中适用何种条约的矛盾及争端解决实体越权的争议逐渐显现。

若强调恢复 WTO 条约的约束力，需要对现有争端解决机制做出改变，规范区域贸易协定审查监管权限归属。区域贸易委员会应积极履行其职责。从 2020 年的区域贸易委员会年度报告可以看出，WTO 成员履行了区域贸易协定的报备义务，区域贸易委员会在 2019 年 10 月 16 日至 2020 年 10 月 15 日，共

收到 12 个新区域贸易协定签订的通知。[1]然而区域贸易委员会成立至今,并未公开审查过任何区域贸易协定。反而是争端解决实体在裁决过程中可基于申诉方的诉求,审查根据区域贸易协定做出的具体行为,美国对此表示属于争端解决实体的越权行为。这种缺乏实质上的审查监管直接导致了部分区域贸易协定与 WTO 条约的冲突,发生争端后,只能由争端解决实体进行事实上的审查,与《争端解决谅解》不符。因此将区域贸易协定的审查监管权归还区域贸易委员会,并且由区域贸易委员会积极履行此种职权,有助于降低区域贸易协定与 WTO 条约的冲突,从根基上解决争端解决中的条约适用问题。

对于争端解决实体越权实质审查区域贸易协定的争议,可分两种情况考虑。当一国基于区域贸易协定所做的行为被争端解决实体视为违反 WTO 规则,则会出现争端解决实体裁决区域贸易协定"违法"的越权情况。根据《争端解决谅解》,争端解决实体无权审查区域贸易协定,因此争端解决实体应在裁决过程中交由区域贸易委员会先行审查。一种情况下,若区域贸易协定确实违反 WTO 规则,则区域贸易委员会裁定案涉区域贸易协定违反 WTO 规则,争端解决实体可直接裁决被申诉方败诉,且由于区域贸易协定"违法",争端解决实体仅依据 WTO 规则即可作出裁决,不会出现越权争议。另一种情况下,若区域贸易协定符合 WTO 规则,但争端解决实体依旧认为被申诉方行为"违法",应按照《争端解决谅解》规则作出裁决。此种情况下,争端解决实体也并未实质上审查区域贸易协定,而仅是裁决被申诉方的行为不符合 WTO 规则和区域贸易协定,其针对的是某国的具体错误行为。可以看出,在争端解决实体越权审查区域贸易协定的解决方案中,区域贸易委员会发挥其职能依旧是关键。

若强调构建区域贸易协定体系,则应注意向 WTO 条约体系的回归。以《知识产权协定》为例,TRIPs-plus 已成为部分发达国家间达成的条约内容。这些 TRIPs-plus 标准主要是由发达国家自《知识产权协定》实施以来所推行的双边或区域贸易协定而体现出来的。[2]虽然就现阶段来说 TRIPs-plus 并不

---

[1] See Martins Kreitus, "Report (2020) of the Committee on Regional Trade Agreements to the General Council", available at https://docs.wto.org/dol2fe/Pages/SS/directdoc.aspx? filename=q:/WT/REG/31.pdf&Open=True, last visited on 2021-8-18.

[2] 杨健:"中美贸易战视阈下知识产权保护'超 TRIPS 标准'发展趋势探究",载《北方法学》2019 年第 6 期。

利于发展中国家的利益，也不利于促进贸易自由，但倘若接受 TRIPs-plus 的成员方逐渐增多，且 TRIPs-plus 标准更加符合未来知识产权保护目标，则由区域贸易协定先行不违反 WTO 规则的情况下进行区域性实验，从而为 WTO 规则未来的改革提供经验，也不失为一种维持 WTO 规则与时俱进的方法。但需要注意，区域贸易协定体系的发展，最终仍要以回归到 WTO 多边体系构建为目标，否则极可能造成 WTO 争端解决中的条约适用冲突，甚至逆全球化的发展趋势。这同样需要在成员方履行报备义务下，区域贸易委员会积极进行审查以保证成员间的区域贸易协定未偏离 WTO 条约体系。

综上，若要缓解 WTO 争端解决中的条约适用问题，一方面要维护 WTO 多边规则对成员的约束力，因此要对区域贸易协定加强审查监管，发挥区域贸易委员会的作用。另一方面，在 WTO 框架下进行的区域贸易协定实验仍可作为日后 WTO 规则优化的路径选择。

（二）上诉机构停摆后的路径选择

虽然上诉机构停摆给 WTO 争端解决机制带来重创，但仍可通过替代性路径缓和"二审"机构缺失的困境。事实上，在称赞 WTO 两审制的独特性与优越性时，我们往往忽略了两审的目的。设立上诉机构只是给争端双方提供了一个复审的机会，上诉是争议双方的权利，可以放弃。[1] 上诉机构提供的审查保障，并不意味着其无可替代，任何争端解决机制的最终目的都是尽快地和平解决双方间的矛盾，以控制利益受损方的损失。因此争端双方签订不上诉协议，即可保证专家组报告顺利通过，尽快让争议事项得到具有法律效力的裁决的约束。

仲裁也能发挥部分替代性作用。从《争端解决谅解》规则看，关于仲裁的第 21 条、第 22 条和第 25 条，整体仲裁制度构建并不完善，表述较为模糊。且仲裁的当事方意思自治、一裁终局、速效性、保密性等仲裁优势及特点并未得到重视和强调；相反，磋商程序及专家组程序等其他争端解决方法却广泛吸收了传统国际仲裁中的诸多优点。[2] 但正如《争端解决谅解》第 25 条强调了仲裁是一种 WTO 争端解决的替代手段，便于解决争端双方已明确界

---

〔1〕 胡加祥："上诉机构'停摆'之后的 WTO 争端解决机制何去何从"，载《国际经贸探索》2020 年第 1 期。

〔2〕 任媛媛："WTO 争端解决机制中的仲裁制度研究"，复旦大学 2012 年博士学位论文。

定的问题，在上诉机构无法运转的情况下，以仲裁来充当二审也是一种路径选择。

多方临时上诉仲裁安排是基于《争端解决谅解》第 25 条的升级版仲裁方法。多方临时上诉仲裁安排细化了《争端解决谅解》的仲裁规则，并且截至 2020 年 7 月底，多方临时上诉仲裁安排加上欧盟成员国后共有 50 个成员。多方安排的意义不仅在于接受上诉仲裁的成员数量增多，更多案件的上诉能够使用这种安排，而且在于上诉仲裁的制度化，让人们看到了另外一个事实上的上诉机制的存在。[1] 多方临时上诉仲裁安排下的仲裁裁决能够像专家组报告、上诉机构报告一样具有执行力，是现阶段 WTO 机制下保证二审模式的可行选择。但多方临时上诉仲裁安排的临时性也是各成员国的共识，上诉机构一旦恢复，多方临时上诉仲裁安排即行终止。因此恢复上诉机构正常运作依旧是全体 WTO 成员的努力目标。尽管多方临时上诉仲裁安排具有临时性，但我们仍应重视多方临时上诉仲裁安排的存在价值。作为对《争端解决谅解》仲裁条款的细化，多方临时上诉仲裁安排可以成为日后《争端解决谅解》仲裁条款改革的经验借鉴。因此在多方临时上诉仲裁安排存续期间，平行发展、完善 WTO 下的仲裁机制，也并非仅是"临时性的"努力。

美国对上诉机构重建的阻碍，给了 WTO 争端解决机制一次加速改革的机会。诸如先例、审限问题，可直接趁此机会作出规范。争端解决实体在解释条约时，尽管在事实上形成一种"先例"模式，但若考虑到《争端解决谅解》第 17 条第 9 款"上诉机构工作程序应由上诉机构经与争端解决实体主席和总干事磋商后制定，并告知各成员供参考"，通过引入法律一致性原则，上诉审议的工作程序将承认争端解决报告具有类似于民法法系意义上的先例价值，美国所指责和担心的普通法系意义上的遵循先例原则将不复存在。[2] 从此种角度出发，既能消除争端解决实体解释条约，并在日后裁决中引用先前解释所带来的关于普通法系先例模式争议的可能性，还能给所涉及的类似情形提供一种大陆法系先例价值参考标准。而审限最长 90 天的规定，在实践中已经被突破。考虑到争端解决逐渐复杂的发展趋势，适当的延长也有助于争端解决实体完全处于《争端解决谅解》的规制下。但美国诟病 90 天的上诉期

---

[1] 杨国华："WTO 上诉仲裁机制的建立"，载《上海对外经贸大学学报》2020 年第 6 期。
[2] 彭岳："WTO 争端解决报告先例价值之争"，载《法学评论》2019 年第 6 期。

过长，违背《争端解决谅解》第 3 条第 3 款中"迅速解决争端"之目的[1]，存在其合理性。较长的上诉期可能成为拖延专家组报告发生效力的工具，适当缩减上诉期限，能够加快争端解决的进程。

上诉机构停摆，可以通过不上诉协议、仲裁、多方临时上诉仲裁安排的方式得到缓解，但在美国的阻碍下，恢复上诉机构的运转依旧是成员国的目标。鉴于美国的阻碍理由并不全是空穴来风，适当考虑美国建议的同时，在 WTO 成员多方协商的基础上进行改革，也许会对整个 WTO 争端解决机制的优化产生加速效果。

（三）WTO 争端解决决策规则改革建议

《争端解决谅解》中仅有反向协商一致的决策规则。不可否认，反向协商一致增强了《争端解决谅解》的司法特性，提供给争端解决实体报告迅速通过的条件。高效的裁决通过保证，利于尽快进入执行程序从而和平解决争端。

然而反向协商一致素来有与国家主权间的争议。国家主权是内政处理之不受外界支配和对外关系之不受外界的支配或干涉。[2]上诉机构报告的通过模式，对于败诉方来说，可能会在其并不满意裁决结果的情况下强行生效，且由于已经"二审"而无法改变。此种情形下，败诉方的主权即在反向协商一致与执行监督的规则框架下受到挑战。

反向协商一致与主权的冲突，是无法避免的。在国际法中，国家主权具有不可侵犯的地位，但任何政府间国际组织的成员权利与该组织的权力均由条约形式的组织基本法加以规定，体现了缔约方作为主权国家的共同意志，尤其在多边国际组织中起主导作用的缔约方意愿。[3]加入 WTO 的成员方，并不仅仅享受了 WTO 规则下贸易自由化带来的利益，还需要通过接受一揽子协议，放弃一部分主权来维护此种模式的延续和发展。若过分强调主权，争端解决实体报告执行将无法得到保障，WTO 规则也成了徒有其表的空壳。这种情况下，主权原则便体现在各国对经济利益的权衡之中，在对自己有利的情况下，选择参加或接受一项条约，就成了主权原则在经济交往中的实

---

〔1〕 龚冠华："简议 WTO 争端解决机制的现代化改革"，载《东南大学学报（哲学社会科学版）》2019 年第 S2 期。

〔2〕 周鲠生：《国际法大纲》，商务印书馆 2017 年版，第 29 页。

〔3〕 张乃根："关于 WTO 未来的若干国际法问题"，载《国际法研究》2020 年第 5 期。

现方式。[1]成员方加入 WTO，就必须遵守《争端解决谅解》下的反向协商一致，赋予 WTO 争端解决机制更强的司法特性，从而保证 WTO 规则下权利义务的实现。

对于二审机制下的上诉机构报告对败诉方的强制约束力，有学者提出创设发回重审权。确实，面对反向协商一致决策机制下上诉机构报告无障碍通过的情况，败诉方接受其约束力是在 WTO 框架下做出的妥协，但这并不意味着反向协商一致是尽善尽美的。根据《争端解决谅解》第 17 条第 6 款，上诉机构仅有针对专家组报告的法律审查权。在仅有法律审查权而无事实审查权时，专家组事实认定上的错误在上诉过程中并不能够得到有效纠正，且反向协商一致决策规则更是让这种错误延续到了执行阶段。因此发回重审权能够适当调和反向协商一致下类似强制执行所带给败诉方的不公正感。

鉴于此，在争端解决范围内的反向协商一致表决机制应该予以保留。WTO 成员方应当在加入 WTO 时进行利弊衡量，正确认识国家主权与 WTO 管辖之间的关系。但可以考虑引入发回重审机制，缓和反向协商一致的弊端。而 WTO 决策中的反向协商一致，由于已经造成上诉机构停摆，为了恢复其运转而启用投票程序不失为一种选择，这样既符合《建立世界贸易组织协定》的要求，也能跨过美国"一票否决权"的阻碍。

四、结语

上文共分三个方面阐述了 WTO 争端解决机制的现存阻碍及改革路径选择。

第一，条约适用对争端解决的影响。由于区域贸易协定的加速发展，WTO 多边规则有被区域贸易协定架空之势，并且引发了部分关于最惠国待遇条款的贸易争端。这样的情形不利于 WTO 构建多边贸易体系目标的实现。为了缓解区域贸易协定给争端解决机制带来的条约适用问题，应当积极发挥区域贸易委员会的审监职能，使区域贸易协定在 WTO 的框架下稳健发展，减少区域贸易协定与 WTO 规则的冲突，以期利用区域贸易协定优势小范围内进行改革试验，为日后 WTO 规则的改革积累经验。

---

〔1〕 蔡剑波："WTO 争端解决机制的'反向协商一致'规则研究"，载《当代法学》2003 年第 1 期。

第二，上诉机构改革需求。由于 WTO 上诉机构停摆，WTO 管辖权下的案件无法得到传统意义上的二审，且一方上诉，案件则会无限期地被搁置，增加了争端解决的成本。除了签订不上诉协议的方式，按照《争端解决谅解》第 25 条的规定选择仲裁或者加入多方临时上诉仲裁安排，就能替代性地保持 WTO 争端解决机制的两审特征。但各成员在选择替代性方法的同时，仍应积极探究恢复上诉机构运行的途径。通过平行发展多方临时上诉仲裁安排，以为优化 WTO 仲裁体制创设经验，也是现阶段 WTO 成员可执行的方向。在美国持续阻拦的情况下，一方面可以考虑针对其先例和审限两方面的阻碍理由作出适当的改革，构建大陆法系的先例参考模式，以及延长最长审限，压缩上诉期限，以提高争端解决实体与《争端解决谅解》的契合。另一方面，可以考虑启用投票机制越过美国的"一票否决权"。

第三，WTO 争端解决决策规则与主权的争议。随着决策机制由关贸总协定正向协商一致到 WTO 反向协商一致，再到《争端解决谅解》的反向协商一致升级版，WTO 争端解决被赋予了更强的司法属性。从整体上看，反向协商一致决策规则使争端解决实体的报告具有可执行性，有助于和平解决国际争端目标的实现，但随之而来的是 WTO 管辖权与国家主权间的冲突。各国应意识到，加入多边框架下的国际组织，享受 WTO 一系列条约带来的贸易便利的同时，就应当接受条约对主权的部分限制，这是主权与经济交往下需要国家做出的平衡选择。但考虑创设发回重审权，能够一定程度上弱化反向协商一致下强制执行给败诉方带来的不公正感。总体来说，争端解决机制下的反向协商一致决策规则应当继续保留。

综上所述，由于近年来 WTO 的争端解决机制在美国的打击下受到重创，其他 WTO 成员方在此种情形下，既要致力于恢复上诉机构运转，又要持续推动 WTO 争端解决机制的改革。疫情带来的冲击，并不能使国际经贸的发展停滞，WTO 作为维护多边贸易体制的国际组织，其争端解决机制的独特地位是无可替代的。WTO 自成立以来，其为贸易争端的和平解决提供的不仅仅是协商谈判的场所，更为争端解决实体报告的有效履行提供了保障。但是，任何事物都在发展中不断前进，WTO 此刻的危机，也可视为加速 WTO 改革的机会。只要全体成员方坚持维护多边框架，WTO 回归正轨即指日可待。

破产重整企业信用修复的制度完善

——以与第三方信用服务机构协同联动为视角

王 晔*

信用修复不仅能够为失信主体提供纠错路径，引导和增强全社会诚信意识，更是完善失信惩戒机制的关键举措、社会信用体系建设的重要制度安排。随着后疫情时代的来临，为了帮助受疫情影响下的企业通过法律上的破产重整程序实现债务重组，完成再建与复苏，针对破产重整企业的信用修复机制逐渐受到广泛关注。然而，尽管实践中"府院联动"机制在较好地平衡行政权与司法权的同时，充分发挥了各行政机关管理职能和人民法院监督职能的优势[1]，但信用问题本身也是不可避免的市场问题，在优化营商环境的大背景下，市场在信用修复中发挥的作用同样应给予重视，应鼓励信用服务业市场化，充分认识第三方信用服务机构在重整企业信用修复机制中的有效中介地位及其在社会信用体系建设中发挥着的承上启下的关键作用。因此，本文结合相关立法与司法实践，拟从与第三方信用服务机构协同联动视角出发粗浅分析破产重整企业信用修复的政策完善。

一、目前我国破产重整信用修复所存在的困境

（一）与第三方协调联动机制尚未完善，修复效率低下

企业信用涉及登记、经营等多类信息及多重相关部门，是需要整合信息综合分析的产物，单一的行政部门无法全面了解和评价企业信用程度，同时

---

* 王晔，女，大家保险公司法务专员，首都经济贸易大学法学硕士。

〔1〕 张世君、高雅丽："论我国破产重整企业纳税信用修复制度之构建"，载《税务研究》2020年第9期。

破产重整企业与常态企业不同，受其性质影响，重整企业信用修复涉及的主体更多，不仅有工商、税务等公共信用征信机构，还有管理人、债权人、新的战略投资者，甚至还需要政府、法院等多主体的介入配合。而目前仅就"信用中国"网站和地方信用门户网站行政处罚信息信用修复机制的通知而言，信用修复的程序多以失信企业向信用主管部门提出修复申请，再由各地市级及省级信用建设牵头部门审核通过后才可撤销公示，而在这初审环节审核退回问题便举不胜举。这样的做法不仅加大了行政责任和行政成本，更给本就急需恢复正常经营的重整企业造成了极大障碍，影响重建的顺利进行及重整制度的运行效率。

（二）市场化退出机制不完善，市场作用不明显

自 2013 年中共中央提出要"健全优胜劣汰市场化退出机制，完善企业破产制度"，完善企业市场化退出机制便成为重点。而在实践中，无论是最高人民法院、海关总署、国家税务总局等部门还是江苏、浙江、山西、湖北、上海、河北等地对责任内的信用修复所做出的探索和规定大多以公权力介入修复为主导，多数信用服务机构能发挥的作用有限。目前公示于"信用中国"网站的信用服务机构也仅有信用修复专题培训与可出具信用报告两项可执行业务，这导致我国多数信用服务机构的处境尴尬，无法在社会信用体系建设中找到准确定位以发挥其专业作用，无法形成可持续的商业模式[1]。重整企业的信用修复实践中信用服务机构的作用更是长期处于被忽略的状态，其作出的结论在信用修复中得不到其他主体的认可。这不仅使得重整企业缺乏修复信息的有效材料，也限制了信用服务机构的业务发展，更阻碍了破产重整企业信用修复的进程。[2]

（三）专业化水平低，数据搜集难度较大

大数据时代的来临使得数据的传播渠道大幅增加，便利了信息堆叠与模块化抓取，但同时也导致大量信息涌入，从而需要专业热技术与人才进行特定方向收集与分析，因此从事信用修复需要在收集数据与信息技术应用等方面有长期的经验积累才能保证业务的质量。信用修复机构以数据为支撑，信用业务的开展以数据为血液组成其企业维持和发展的生命线[3]。面对有特

---

〔1〕 韩家平："第三方机构在信用修复中的定位和作用"，载《中国信用》2019 年第 9 期。

〔2〕 闫海、王天依："论重整企业信用修复的特征、机制与方式"，载《征信》2021 年第 1 期。

〔3〕 户兴磊："我国企业征信机构发展路径探析——美国邓白氏公司的经验及启示"，载《征信》2018 年第 11 期。

殊性质的破产重整企业，仅靠"府院联动"，不具备相关信息的全方位采集能力，无法将服务覆盖全部，同时由于是非专业机构，设备技术等设施并不能完全满足，数据采集人员的专业能力及人数不到位，收集数据的专业水平有限，严重限制了信用报告的出具能力与可信度。同时随着《中华人民共和国个人信息保护法》《中华人民共和国数据安全法》等相关数据保护的法律的出台，机构或人员不专业就不可能在发展方向、服务质量和信息安全等方面符合监管要求，极易出现经营风险，提供的产品和服务也无法满足市场和客户的要求，不可能实现持续发展，而且机构不够专注，就无法一直坚持为破产重整企业提供服务。

二、信用修复过程中第三方中介机构的功能和独有价值

（一）第三方机构法律界定

第三方机构即独立的非政府的第三方的服务机构。信用修复涉及包括国家税务总局、国家市场监督管理总局、法院等多部门信息联通与工作协同，在其中起到串联作用的第三方机构也不应仅限于一种服务功能，而应将其解释为包括信用服务、信用修复和其他有关信用的功能在内的广义的第三方信用服务机构。

（1）信用服务功能

在西方成熟市场经济国家，信用服务机构通常是指以商业化方式为客户（通常是金融和商业授信机构）提供信用信息服务（如企业征信、个人征信、信用评级等）和信用管理服务（如信用保险、商业保理、信用管理咨询、商账催收等）的专业机构，以满足市场多层次多元化的信用风险管理服务需求[1]。而破产重整企业较之常态企业，在重整中所针对的是原有失信行为的消除，在重整成功后则是企业信用的重新记录[2]，即对破产重整后的企业进行的信用信息的重新收集与评价。重整制度的本质是保留原债务企业外壳下所实施的各类经济资源的重组。换句话说，尽管企业的资格等对外并没有什么变化，但重整企业本身已经如同一个新设公司，内部构成等已发生了本质变化[3]。

---

〔1〕 韩家平："第三方机构在信用修复中的定位和作用"，载《中国信用》2019年第9期。

〔2〕 宋玉霞："实施破产重整企业信用修复制度"，载《人民法治》2016年第9期。

〔3〕 张世君、高雅丽："论我国破产重整企业纳税信用修复制度之构建"，载《税务研究》2020年第9期。

因此，第三方机构的服务功能在面对破产重整企业时，更侧重于及时地根据新设企业信用进行评级，并予以公示以帮助重整企业恢复经营管理，焕发生机活力[1]。

（2）信用修复功能

美国《信用修复机构法》所定义的"信用修复机构"是指通过各种方式向客户提供（或表明可提供）服务或咨询，帮助客户改善信用记录、信用历史或评分，并由此获取经济回报的机构[2]。显然，修复机构核心在于其修复功能，即在法律法规的支撑下，借助为信息主体可修复自身信用记录的机会，为其提供重建良好信用等级的途径[3]。而破产重整企业信用修复涉及重整中和重整成功后两个阶段的债务人的信用修复，且不同阶段债务人信用修复的条件不同，重整企业信用修复，尤其是重整上市公司信用修复涉及面广、影响大，在一定情况下还关系到社会公共利益[4]。因此为了保证破产企业重整能够顺利完成，重整后的企业能够生存并且再发展，在对破产重整企业进行信用修复时应当较常规公司的信用修复更加具有针对性及专业性。

（3）有关信用的其他功能

第三方信用修复机构除服务与修复功能外，可发挥自身联动优势，开展相关针对重整企业信用修复的若干工作，如目前现有的信用修复培训功能，即由信用服务机构定期开展信用修复培训，对象不仅限于待重整企业而是扩大到预重整阶段有相关业务需求的企业。例如：信用预警功能，定期向正在进行破产重整的企业预警法院、工商机构等公布的失信被执行人名单动态；信用机构网站公示功能，即专门收集公示法院、工商部门、税务部门、相关信用部门所公示破产重整企业相关信用信息，并对其进行大数据分析，为信用信息使用者提供便利。

---

〔1〕 徐战成：《企业破产中的税收法律问题研究——以课税特区理论为指导》，法律出版社2018年版，第180页。

〔2〕 梁薇薇、陆信宇、黄曦："借鉴美国信用修复经验 建立并规范我国信用修复市场发展"，载《征信》2017年第4期。

〔3〕 荣孝、颜群、振宇："借鉴美国经验完善我国个人信用修复机制"，载《金融时报》2015年4月20日，第12版。

〔4〕 宋玉霞："实施破产重整企业信用修复制度"，载《人民法治》2016年第9期。

（二）设立价值

（1）完善第三方机构协同联动机制

长期以来，协同联动机制一直是寻求平衡的关键问题，从一定意义上讲，能否彻底解决协同联动机制问题，关乎保护水平、深化基础，关乎制定利益、健全举措、增强倾向，是持续增效的重中之重。因此，解决协同联动机制问题，是综合治理之举。社会信用建设归根到底需要依靠法治，而法治的作用发挥要靠相关举措的推进与实施。积极响应多项政策中提及的"鼓励符合条件的第三方信用服务机构向失信市场主体提供信用报告、信用管理咨询等服务"，"建立信用修复协同机制，与第三方信用服务机构加强信用修复信息共享"，增强第三方信用服务机构与各政府部门之间的协同联动，不仅能够减少相关政府部门的书面审查等大量烦琐的审核工作，更便于重整企业有针对性地准备信用重建相关文件，提高重整制度运行效率，加快推进企业复苏。

（2）充分发挥市场作用

为了保障在市场经济体制下有效地调动破产重整企业信用修复的积极性，发挥市场在资源配置中的决定性地位对化解重整债务纠纷、提升社会信用水平至关重要。重整企业的相关信用修复内容更多侧重于"府院联动"，以法院相关判决裁定为基准，调动银行、税务部门、工商部门及相关信用建设部门进行联动信息修复。然而整体以行政为主导的信用修复忽略了市场在其中的作用，以固定化、模式化的修复标准衡量不同情况的重整企业救济效果相对有限[1]。同时由标准制定者执行标准，由裁判者撤销裁判在市场经济迅猛发展、法律意识普及的今天，缺乏必要的社会公信度，给相关部门造成巨大社会压力的同时也容易出现以权谋私的腐败现象，使信用修复流于形式。为了推动供给侧结构性改革、深化市场作用、避免信用修复执行人与审批人的职能重合、杜绝不良行为的发生、维护社会稳定，设立专业化的修复机构，以第三方视角跟踪企业破产的全过程，全面评价企业的信用状况，并帮助重整企业采取措施屏蔽、清除前期的不良信用，代替企业与信贷机构商谈，更有利于为后续信用行为的修复打通渠道[2]，完善符合市场规律的救治和退出机制。

---

〔1〕 徐志明、熊光明："对完善我国信用修复制度的思考"，载《征信》2019 年第 3 期。

〔2〕 刘敏等："破产重整企业金融信用修复问题研究"，载《金融发展研究》2020 年第 10 期。

（3）保障专人专干及数据收集专业度

在大数据时代背景下，扶持专业的第三方信用服务机构，培养相关破产重整企业信用修复的专业人才，更有利于使破产重整企业信用服务机构聚焦信用服务领域，不断加强在人力、物力、财力、信息技术、产品等方面的投入，促进信用修复行业中破产重整企业相关业务的发展、壮大。同时专业的人干专业的事，不仅能够发挥内生动力，推动相关机构及人员良性竞争，不断提升自身业务水平进而推动行业发展，更有利于通过信用中介服务机构实施信用修复，使相关信用建设行政部门专司监督管理职能，"各司其能、方能全能"。

三、构建和完善

（一）规定相关业务内容及范围

第三方信用服务机构在信用修复时的工作内容应包括但不限于从法院、银行、税务部门、工商部门等司法、行政机关获取不良信息记录，形成相应报告，针对报告中的不良信息制定解决方案，还应协助客户与相关部门、机构、企业协商，提升信用评分，引导信用记录向良好状态发展，为消费者争取更多的利益。在信用评级方面，可根据不同服务对象的需求，分专业、分类型地开展个性化评价，如将重整企业债权人人数较少、债权债务关系较为清楚等情况考虑在内，针对待修复信息的类型比例、持续时间、权重及所涉单位等多方因素评定分值。此外，可以根据信用修复标准划定相关参与主体的职责权限与协调机制，如信用修复机构如何在"府院联动"机制下搭建信息沟通桥梁，为重整企业提供提出异议、出示证明、更新信用信息记录等高效服务，降低不良信息带来的负面影响。

破产重整过程涉及程序复杂，人数较多，所涉内容广泛，其中并非所有信息都适合由第三方信用服务机构进行修复。因此应合理设定其业务范围，针对破产重整公司信用修复的机构设置、业务界定、工作流程、责任义务等进行详细规定，并且对于征信中心开展相关业务做出明确的政策指导。在破产重整公司相应整改完成后再次进行信用评估，有所侧重地进行相应评级，如对制造污染的重整企业所涉的环境信用信息着重进行说明、对法定代表人等涉诉情况进行解释等。另外可针对重整企业未来发展趋势进行相应长短期发展能力与获利能力、稳定性等方面进行评级[1]，形成信用报告，并允许公司在报告中进行简短"说明"，为非主观恶意违约的信息主体提供一定的解释空间，供信用报告的阅读者更加客观地分析判断其信用水平。

（二）保障第三方机构必要权限

优化联动机制，促使相关主体与第三方机构的信息联通，着力为第三方信用修复机构创造良好的外部环境。首先应当推动各相关主体信息公开，支持第三方机构依法开展相关征信业务，建立起全面覆盖经济社会各领域、各环节的重整企业信用记录。及时公开并提供渠道查询下载重整企业信用记录，如法院所能提供的相关不良信贷记录、被执行人记录、法定代表人相关涉诉记录、银行方面的借贷记录、工商部门的工商登记、税务方面的税收黑名单等。这些记录若不及时修复删除，或将导致社会信用评价降低，投资者丧失投资信心，或将导致重整企业在后续重整计划中无法贷款，影响其重整计划的实现[2]。

其次，各相关主体、政府部门要率先认可并使用有资质的第三方信用服务机构出具的信用记录和信用报告[3]。第三方机构所出具的信用报告只有被相关机构带头认可才能获得利害关系人的信任，只有社会各界认可，才能发挥其权威性，才有资格和权限为重整企业的下一步修复提供保障，促进信用服务机构业务发展，为重整企业后续经营保驾护航。

（三）提高机构及内部人员业务专业性

在资源有限的情况下，第三方信用修复机构可针对重整企业的业务进行集中处理。破产重整涉及的法律繁多，相关利益关系庞杂，利益主体意见相左，重整协议等具体事项也并非常态企业信用修复所能涉及的。因此如在经济比较发达的城市中，数据共享机制和协调难度较小，将为第三方机构采集信息和提供服务提供更多的便利，从而可着重培养相关机构成为专业破产重整企业信用修复机构；对于地方而言，企业重整规模较小或相关案件较少，

---

[1] 徐广军、倪晓华、肖运香："标普、穆迪、邓白氏企业信用评价指标体系比较研究"，载《浙江金融》2007年第3期。

[2] 潘光林、方飞潮、叶希希："僵尸企业司法处置的温州路径"，载《人民司法（应用）》2016年第16期。

[3] 户兴磊："我国企业征信机构发展路径探析——美国邓白氏公司的经验及启示"，载《征信》2018年第11期。

可与处于领先地位的大型信用修复机构建立信息交换机制，减少信息采集成本，扩大信息采集范围，在信用修复机构中设立重整企业部，内设相关专业人才。

另外，专业化重整信用修复人才可从破产管理人中进行培养。就破产重整企业而言，破产管理人对于其经营财产情况、人员调配情况最为了解，不仅能够争取金融机构和政府部门的信任，而且目前破产管理人在某种程度上已经在履行信用修复的职责，结合美国经验和我国实际，可明确把破产管理人作为破产重整企业的信用修复主体，给予其信用修复所必需的权限及沟通渠道，设定相应的报酬和规则[1]，充分利用人才专业素质，减少人员闲置。

（四）完善行业监管与社会监督

首先将对信用修复机构的监管提升到立法层面，督促其谨慎使用市场主体信息。如美国《信用修复机构法》规定违反者将承担民事责任，赔偿金包括消费者遭受的任何实际损失，或者相当于信用修复机构收取的费用、惩罚性赔偿，以及律师费[2]。因此，为了保证机构及从业人员审慎履职，可以以法律的形式明确信用修复机构禁止行为，如禁止信用修复机构就重整企业的信用价值、信用状况向任何除该重整企业允许的人或机构提供关于其信用情况的不实或误导性陈述；禁止信用修复机构就其提供的服务做出虚假或误导性陈述或存在欺诈、欺骗行为；禁止以无关理由向消费者索要报酬等。

其次，监管部门要加强监管和引导，选择业务水平较高的机构赋予破产重整领域的评级资质，强化破产重整领域评级机构的公信力，为信用评级机构营造公平竞争、优胜劣汰的市场环境[3]。同时通过采取定期与不定期抽检的方式，及时发现问题并纠正，如果存在弄虚作假违背诚信原则的行为，一经发现则永远取消其执行修复的资格，并向社会公示。另外要随时追踪修复信用后的企业动向，包括但不限于经营业绩、税收缴纳，是否存在扰乱市场秩序的行为，是否属于法院公布的失信名单的成员，随时更新最新数据，不断完善监管模式。

最后，信用修复机构要自觉接受各级信用体系建设部门的监管和社会监

---

〔1〕 徐昭、姜弘毅："破产重整企业信用修复的实践与思考"，载《征信》2018年第6期。

〔2〕 荣孝、颜群、振宇："借鉴美国经验完善我国个人信用修复机制"，载《金融时报》2015年4月20日，第12版。

〔3〕 刘敏等："破产重整企业金融信用修复问题研究"，载《金融发展研究》2020年第10期。

督。作为经过严格筛选的信用服务机构，要珍惜自身的信誉，充分利用这次难得的机会，以实际行动树立信用服务行业良好的社会形象，严禁弄虚作假，编造培训记录和信用报告[1]。鼓励成立相关协会组织，由行业协会定期对经营"信用修复"企业的从业人员进行政策法规的培训，必要时进行考核，考核结果作为企业资质的重要内容，使之外部有法律，内部有行规，做到全方面、多角度监管与监督。

四、结语

随着各地对企业信用修复的不断探索，不可否认的是，推动治理能力和治理体系现代化需要依靠社会信用体系建设，应当不断完善和发展治理能力和治理体系现代化。在信用体系建设越来越重要的当口，已经存在巨大信用缺陷的破产企业，在重整过程中如何修复信用，是决定企业能否重整成功的关键因素。信用修复的优与劣，关系到重整企业能否最终重整成功以及其重整成功后的发展情况。充分发挥和利用信用修复制度对重整企业的效能与价值，帮助破产企业重整成功，第三方信用修复机构有着极其重要的现实意义。建立破产重整企业信用修复机制是失信惩戒体系完整化的必然要求，完善第三方信用修复机构的相关政策是信用服务业市场化的关键要素。因此，完善破产重整企业信用修复机制，完善第三方机构的协同联动需要理论界与相关主体的密切关注、共同推进。

---

[1] 韩家平："第三方机构在信用修复中的定位和作用"，载《中国信用》2019年第9期。

我国保险公司市场退出机制法律分析

董　南*

截止到 2020 年 12 月，中国保险行业协会共有会员 339 家，其中：保险集团（控股）公司 13 家、财产保险公司 85 家、人身保险公司 89 家、再保险公司 13 家、资产管理公司 15 家、保险中介机构 62 家、地方保险协会（含中介协会）45 家、保险相关机构 17 家[1]。截止到 2021 年 5 月，我国保险公司总资产达 245 962 亿元，其中财产保险资产总额为 24 896 亿元，人身保险资产总额为 210 947 亿元[2]，我国保险市场已成为金融业三大支柱之一，对国家经济有着不可估量的作用。然而随着保险市场主体、资金的大量涌入，我国保险市场竞争日趋激烈，伴随着各种竞争手段层出不穷，各种违规行为屡见不鲜，由此导致经营风险频频爆发。而且随着保险市场的全面开放，终将会面对某些保险公司出现重大危机难以处置而被淘汰出局的情况，保险公司市场退出成为不可回避的现实问题。然而由于保险公司市场退出法律机制不健全，各法律规范之间亦存在冲突，大量保险公司市场退出将会引发社会恐慌，甚至出现系统性金融风险，如何系统地规制保险公司市场退出问题亟待解决。笔者在梳理相关文献时发现，学者对国外特别是美、日、英等国的保险破产法律制度介绍性内容较多、深入的研究较少，对国内法律规范的总结较多、实证性的检验较少。如张婷指出撤销清算即行政清算和破产清算，二者都是保险公司市场退出方式，但在法律规定上存在缺陷。根据《中华人民共和国企业

---

　　* 董南，男，首都经济贸易大学法学院硕士研究生，研究方向为民商法。

　　〔1〕 数据来源于中国保险行业协会网站，http：//www.iachina.cn/col/col19/index.html，最后访问日期：2021 年 7 月 30 日。

　　〔2〕 参见中国银行保险监督管理委员会网站，http：//www.cbirc.gov.cn/cn/view/pages/tongjishuju/tongjishuju，最后访问日期：2021 年 7 月 30 日。

破产法》（以下简称《企业破产法》）和《中华人民共和国保险法》（以下简称《保险法》）的规定，中国银保监会有直接申请保险公司破产清算的权力，保险公司或者其债权人申请破产，必须经保险监督管理机构同意。然而，规定并未明确保险公司的破产清算程序是否需要设置行政前置程序、是否对保险公司进行撤销[1]。谢琳以问题为导向，指出在金融机构被行政撤销关闭的情况下，曾产生过主管机关主导的清算与法院主导的破产清算并存的问题，以及两次清算之间如何转换和连接问题，探讨了在现行立法没有明确撤销清算与破产清算之间关系的情况下，撤销清算这样一种行政行为能否使保险公司直接退出市场[2]。且安邦保险集团股份有限公司（以下简称"安邦保险集团"）在第一次被接管过程中已经出现《企业破产法》第2条规定的情形，却未引导安邦保险集团进入破产程序，阻碍了破产程序价值的实现。究其原因是保险公司市场退出接管法律制度与破产法律制度无法衔接，保险公司市场退出法律机制不健全。

一、我国保险公司市场退出方式的法律分析

从法律法规的角度上分析，我国保险公司市场退出的方式包括解散、撤销和破产三种方式[3]。对于保险公司市场退出的上述三种规定的具体情形，按照退出者的主体动机标准可以分为主动式退出和被动式退出两大类。主动式退出也称自愿退出，主要是指自愿解散以及债务人自己申请破产清算两种情况；被动式退出也称为强制性退出，包括司法强制解散、行政撤销或者因他人申请而进行的破产清算[4]。

（一）保险公司解散方式的市场退出及程序

《中华人民共和国公司法》（以下简称《公司法》）第180条是关于公司解散原因的规定，其解散情形也应当适用于保险公司[5]。根据保险公司是否

---

[1] 张婷："保险公司破产法律制度"，载《中国金融》2017年第7期。

[2] 谢琳："论保险公司撤销清算"，中国政法大学2014年硕士学位论文。

[3] 《企业破产法》采用广义破产概念，即包括和解、重整和破产清算，此处和下文均采取狭义上的破产概念，仅指破产清算。

[4] 张宗军："中国保险公司市场退出机制研究"，西南财经大学2013年博士学位论文。

[5] 《公司法》第180条规定："公司因下列原因解散：（一）公司章程规定的营业期限届满或者公司章程规定的其他解散事由出现；（二）股东会或者股东大会决议解散；（三）因公司合并或者分立需要解散；（四）依法被吊销营业执照、责令关闭或者被撤销；（五）人民法院依照本法第一百八十二条的规定予以解散。"

自愿解散，可以将其分为自行解散和强制解散两种情况，都会使保险公司法人资格消灭。《公司法》第 180 条第 1 项、第 2 项规定，当"公司宪章"的公司章程约定解散事由出现，保险公司的股东大会可以以决议的方式解散公司，也可以不受解散事由的约束，直接作出解散公司的决议。根据该条第 3 项的规定，保险公司可以因合并或者分立需要而解散。当保险公司吸收合并时，吸收方存续，被吸收方解散；当公司新设合并时，合并各方均解散。当公司分立时，如果原公司存续，则不存在解散问题；如果原公司分立后不再存在，则原公司应解散。根据该条第 4 项，保险公司可以依法被吊销营业执照、责令关闭或者被撤销。这种解散一般属于行政强制解散，即保险公司违反了对其进行规制的法律法规和规章时，为了维护社会秩序，有关事项的主管机关可以作出决定以终止保险公司的主体资格。该条第 5 项赋予了法院解散保险公司的权力，亦有学者称之为司法强制解散。当保险公司经营管理发生严重问题时，不同于社会公共利益的角度，继续存续会使股东利益受到重大损失，人民法院可以根据持有保险公司表决权百分之十以上的股东的请求解散公司。同时《公司法》第 179 条规定，公司解散的，应当依法办理公司注销登记，据此可以认定保险公司市场退出的标志为注销登记。

而《保险法》第 89 条虽然规定了保险公司的三种解散事由，却对经营有人寿保险业务的保险公司予以了特别限制。由于人寿保险合同具有长期性并且兼具部分储蓄性质的特点，通过分立或者合并解散保险公司的，人寿保险合同并不因保险公司的解散而受影响，由分立后的各保险公司依照协议接受人寿保险合同和准备金，或者由合并后的保险公司接受人寿保险合同和准备金。同时如果经营有人寿保险业务的保险公司存在违反法律的行为被相关行政部门撤销的，应当依法解散，并及时成立清算组进行清算，即保险公司以解散方式退出市场的，需要对涉及人寿保险合同的各方法律关系主体进行相应保障。但是《保险法》却未对清算程序作明确的规定，包括清算组的成立、职责以及设置等，这意味着保险公司以解散方式退出市场的清算程序可以由《公司法》予以规制。另外，《保险公司管理规定》第 28 条明确了保险监督管理机构为中国保监会（现为中国银保监会），并应经其批准之后保险公司才可解散[1]；

---

[1] 《保险公司管理规定》第 28 条规定："保险公司依法解散的，应当经中国保监会批准，并报送下列材料一式三份……"

第 29 条规定了保险公司以解散方式退出市场的，其清算工作由中国保监会监督指导，也是对《保险法》中清算工作由谁来主导的解答[1]。

（二）保险公司撤销方式的市场退出及程序

我国《保险法》也对保险公司市场退出方式作出了相应的规定，且《保险法》属于特别法。根据特别法优于普通法的原则，《保险法》有规定的，应当适用《保险法》的规定。

《保险法》第 149 条对保险公司被依法撤销进行了原则性规定[2]。其一，保险公司因违反法律、行政法规，包括违反本法、其他有关法律以及行政法规的规定被吊销经营保险业务许可证，是对保险公司取消经营保险业务资格的一种行政处罚。根据文义解释，保险监督管理机构吊销经营保险业务许可证的，应当依法撤销保险公司的主体资格，导致保险公司法人资格消灭。其二，根据国务院保险监督管理机构的有关规定，保险公司应当具有与其风险和业务规模相适应的资本，确保偿付能力充足率符合规定。保险公司偿付能力低于规定的标准，不予撤销将严重危害保险市场秩序、损害公共利益时，国务院保险监督管理机构也应当终止其经营活动，撤销该公司使其法人资格消灭进而退出市场。

保险公司被撤销进而退出市场的原因是违法经营被吊销经营保险业务许可证，或者偿付能力过低严重危害保险市场秩序、损害公共利益，即从两方面确定保险公司以被撤销的方式退出市场的边界。此处可以明确的概念是被吊销经营保险业务许可证，却未对不予撤销将严重危害保险市场秩序、损害公共利益需达到何种限度作详细具体的规定。但在《保险公司偿付能力管理规定》第 8 条以一种可视的量化标准规定了何为保险公司偿付能力达标[3]，同时在第 26 条规定了中国银保监会对偿付能力不达标的保险公司根据保险公

---

［1］《保险公司管理规定》第 29 条规定："保险公司依法解散的，应当成立清算组，清算工作由中国保监会监督指导。保险公司依法被撤销的，由中国保监会及时组织股东、有关部门以及相关专业人员成立清算组。"

［2］《保险法》第 149 条规定："保险公司因违法经营被依法吊销经营保险业务许可证的，或者偿付能力低于国务院保险监督管理机构规定标准，不予撤销将严重危害保险市场秩序、损害公共利益的，由国务院保险监督管理机构予以撤销并公告，依法及时组织清算组进行清算。"

［3］《保险公司偿付能力管理规定》第 8 条规定："保险公司同时符合以下三项监管要求的，为偿付能力达标公司：（一）核心偿付能力充足率不低于 50%；（二）综合偿付能力充足率不低于 100%；（三）风险综合评级在 B 类及以上。不符合上述任意一项要求的，为偿付能力不达标公司。"

司的风险成因和风险程度采取相应的监管措施，并提出对采取相关措施后保险公司的偿付能力未明显改善或进一步恶化的，中国银保监会可以依法接管保险公司甚至申请破产。然而，在实施新的偿付能力监管指标之后，此处依旧未明确保险公司偿付能力低于何种标准时，保险监督管理机构对保险公司实施最为严格的撤销这样一个具体行政行为。

《金融机构撤销条例》对保险公司以撤销方式退出市场的程序作了较为详细的规定。该条例将对金融机构的撤销权赋予中国人民银行，金融机构自然也包括保险公司。其具体程序为：①中国人民银行制作撤销决定书，且撤销决定书应当向保险公司以及债权人予以公告；②在中国人民银行宣布撤销保险公司之日起，被撤销的保险公司必须停止经营活动，上交保险业务许可证；③清算组由中国人民银行或者其委托的地方人民政府组织成立，并向中国人民银行报告工作，且规定了清算组的组成人员及职责；④债权人90日内向清算组申报债权；⑤清算组清理、核实被撤销的保险公司财产，并制作清算方案；⑥清算组按照法定清偿顺序清偿债务；⑦清算程序结束后，清算组制作清算报告，报中国人民银行确认，并办理注销登记。然而该条例在制定时主要针对的是商业银行金融机构的撤销，保险公司有着不同于商业银行的特点，因此不能完全适用。并且该条例制定时间过早，已不能满足当下现实的需要。

（三）保险公司破产方式的市场退出及程序

我国《企业破产法》中没有具体规定保险公司破产等相关问题，但第2条规定了一般企业的破产界限[1]。保险公司作为企业主体之一，也应当适用于此种条件下的公司破产。具体而言，破产界限包含两种情况：其一，保险公司不能清偿到期债务，并且资产不足以清偿全部债务，即一般意义上的资不抵债；其二，保险公司不能清偿到期债务，并且明显缺乏清偿能力。需要注意的是，保险公司明显缺乏清偿能力不同于一般公司的缺乏清偿能力，有其特别规定。当保险公司满足上述条件之一时，便可以破产方式进行市场退出。同时，《企业破产法》第134条有关于金融机构实施破产特殊事宜的规

---

[1]《企业破产法》第2条规定："企业法人不能清偿到期债务，并且资产不足以清偿全部债务或者明显缺乏清偿能力的，依照本法规定清理债务……"

定，保险公司亦被涵盖其中〔1〕。金融机构包括保险公司的业务有其特殊性，其中的债权债务关系通常比一般的公司企业广泛和复杂，实施破产清算会给社会带来巨大的震荡。本条进一步明确了保险公司可以依法进行破产清算，对那些发生重大经营风险、出现破产原因，应当及时依法进行破产清算的保险公司，国务院金融监督管理机构有权向法院提起破产清算的申请，但未否定债务人即保险公司和债权人享有破产申请权。并且保险公司以破产清算方式退出市场的，国务院可以依据《企业破产法》和其他有关法律的规定制定实施办法，即具体规则交由国务院制定。

《保险法》第 90 条是对保险公司进行破产清算的前置性规定〔2〕。保险公司是企业法人，当其出现《企业破产法》规定的破产原因时，应依据该法的规定进入破产程序，开始进行破产清算。但考虑到保险公司不同于一般的企业法人，具有其特殊性，且其业务属于金融业务，对于市场经济和保单持有者的利益有重大影响，对保险公司的破产应当更加慎重。因此，本条对保险公司破产清算规定了前置程序，即未经国务院保险监督管理机构同意，保险公司不得进入破产清算程序。同时，一般企业法人破产的申请主体包括债务人本身和债权人，基于上述考虑，亦赋予了国务院保险监督管理机构直接向人民法院申请保险公司破产的权力。但依据《保险法》第 148 条的规定〔3〕，国务院保险监督管理机构向法院申请对保险公司的破产清算，需保险公司满足以下条件，即问题保险公司处于整顿、接管期限届满，或者在整顿、接管期间，整顿组或者接管组认为问题保险公司的财产状况已经达到《企业破产法》第 2 条规定的情形，国务院保险监督管理机构才可向法院提出对该保险公司破产清算的申请。这是由于保险公司一旦进入破产清算程序，就会造成

---

〔1〕《企业破产法》第 134 条规定："商业银行、证券公司、保险公司等金融机构有本法第二条规定情形的，国务院金融监督管理机构可以向人民法院提出对该金融机构进行重整或者破产清算的申请。国务院金融监督管理机构依法对出现重大经营风险的金融机构采取接管、托管等措施的，可以向人民法院申请中止以该金融机构为被告或者被执行人的民事诉讼程序或者执行程序。金融机构实施破产的，国务院可以依据本法和其他有关法律的规定制定实施办法。"

〔2〕《保险法》第 90 条规定："保险公司有《中华人民共和国企业破产法》第二条规定情形的，经国务院保险监督管理机构同意，保险公司或者其债权人可以依法向人民法院申请重整、和解或者破产清算；国务院保险监督管理机构也可以依法向人民法院申请对该保险公司进行重整或者破产清算。"

〔3〕《保险法》第 148 条规定："被整顿、被接管的保险公司有《中华人民共和国企业破产法》第二条规定情形的，国务院保险监督管理机构可以依法向人民法院申请对该保险公司进行重整或者破产清算。"

投保人恐慌，严重损害被保险人的利益，甚至危及社会公共利益，引发社会动荡。因此，为尽可能避免保险公司破产清算，《保险法》从制度上提供了一系列的监管程序，亦有学者称之为破产前置监管措施，并对此作如下定义：国家保险监管机构对因重大违法违规或严重经营困难而濒临破产的保险公司采取的，旨在防范化解破产风险的行政强制措施，是相对于保险公司正式进入破产程序之前的一种破产前置程序[1]。但未予以明确的是，保险公司或者其债权人申请破产清算，是否需要设置破产前置监管措施，即破产清算前是否必须先采取整顿、接管措施。

同时，《保险法》第92条是对涉及人寿保险业务的保险公司被依法撤销或依法被宣告破产之后如何进行市场退出的特殊程序规定[2]。在清算和终止保险公司之前，应当将未到期的人寿保险合同转移给其他有资格经营人寿保险业务的保险公司，以保障被保险人、受益人的合法权益。根据本条规定，人寿保险合同的转移方式可分为自愿转让和指定转让。在保险公司因被依法撤销和宣告破产而强制解散的情况下，由解散的保险公司与其他经营有人寿保险业务的保险公司进行协商，签订转让和接受未到期人寿保险合同的协议。如果没有保险公司自愿接受解散的保险公司持有的人寿保险合同，则由国务院保险监督管理机构根据法律规定指定经营有人寿保险业务的保险公司予以接受。同时《保险保障基金管理办法》第24条亦规定，经营有人寿保险业务的保险公司在保险监督管理机构作出撤销决定后或向人民法院提出破产申请前，保单持有人可以将其债权转让给保险保障基金公司，保险保障基金公司进而获得对保险公司的债权。

二、我国保险公司体系化市场退出机制的问题

由上述对法律法规的分析可知，我国保险公司市场退出立法呈现出一种碎片化的状态，诸多保险公司市场退出规则散落在多部法律和部门规章之中。

---

〔1〕 盛建明："保险公司破产前置监管法律分析"，载《中国金融》2020年第8期。
〔2〕《保险法》第92条规定："经营有人寿保险业务的保险公司被依法撤销或者被依法宣告破产的，其持有的人寿保险合同及责任准备金，必须转让给其他经营有人寿保险业务的保险公司；不能同其他保险公司达成转让协议的，由国务院保险监督管理机构指定经营有人寿保险业务的保险公司接受转让。转让或者由国务院保险监督管理机构指定接受转让前款规定的人寿保险合同及责任准备金的，应当维护被保险人、受益人的合法权益。"

由多部法律和部门规章对保险公司市场退出所作出的规定大多属于原则性的规定，可操作性不强。但保险公司市场退出机制应是一个综合体系，包括退出标准、退出方式、退出程序、操作规程、保障机制等[1]。现有保险公司市场退出基本以行政监管为主导，如对安邦保险集团的接管，存在一定的弊端，会导致保险监督管理机构权力过于集中，容易滋生道德风险。

（一）缺乏系统性和可操作性

目前我国保险市场的退出机制并不健全，规范保险公司市场退出的立法规定散见于《公司法》《企业破产法》《保险法》《保险公司管理规定》《金融机构撤销条例》等法律和部门规章中。《保险法》规定了多种保险公司风险化解及市场退出方式，既包括行政性的整顿、接管和撤销，也包括司法性的破产清算和重整，是现阶段保险公司风险处置主要的法律依据。但是，《保险法》的相关规定基本上只停留在概念层面，未明确保险公司处于整顿或破产期间的接管人或管理人的组成人员的资质、程序和职责，并且在接管和破产程序的衔接上，缺乏具体的实施细则。《企业破产法》第 134 条则仅对金融机构的破产问题作出了原则性规定，虽然涵盖了保险公司破产，但是由于其与一般的商事企业在以破产方式退出市场的目标、申请人、处置方式、破产影响方面也存在较大的不同，内容缺乏可操作性，导致保险公司濒临破产时，解决手段仍然主要为行政干预，如对安邦保险集团的接管，并不利于从根本上维护金融体系的安全稳定[2]。同时《企业破产法》又授权国务院可以依据《企业破产法》与其他法律制定实施办法，但由于我国长期以来的分业经营模式，并且鉴于保险业与其他金融机构混业经营趋势愈加明显，仅针对保险公司由国务院制定相关条例难以体现金融制度建设的顶层设计。而其他法规和部门规章中，有的仅有一个或者几个条款，而仅有的条款在不同立法中又难以衔接，无法形成系统的制度。

（二）行政权与司法权失衡

从实践来看，以安邦保险集团退出市场为例。2018 年 2 月 23 日，安邦保险集团出现违反《保险法》规定的经营行为，可能严重危及公司偿付能力，

---

〔1〕 张洪涛、张俊岩："我国保险企业市场退出机制研究"，载《河南社会科学》2006 年第 2 期。

〔2〕 张世君："我国金融机构破产制度的反思与重构"，载《经贸法律评论》2019 年第 1 期。

中国保监会发布公告，依照《保险法》第 144 条规定，决定对安邦保险集团实施接管，接管期限一年，同时公告中发布了《安邦保险集团股份有限公司接管实施办法》。2019 年 2 月 22 日，依照《保险法》第 146 条规定，中国银保监会决定，将安邦保险集团接管期限延长一年。在经过一系列的股权转让处置之后，2020 年 2 月 22 日，中国银保监会发布公告，根据《保险法》第 147 条规定，从安邦保险集团拆分新设的大家保险集团有限责任公司已基本具备正常经营能力，中国银保监会依法结束对安邦保险集团的接管。安邦保险集团于 2020 年 9 月 14 日在其官网发布消息称，公司当日召开股东大会，会议决议解散公司，并成立清算组[1]。从过程和结果上看，安邦保险集团虽然是通过解散的方式退出市场，并不是通过行政撤销和破产清算，但保险监督管理机构在安邦保险集团退出市场中扮演了重要角色，属于一种行政权的运用，而作为司法权代表的人民法院则游离于此次事件之外。一方面是由行政权和司法权和各自固有属性的差异所致，行政权具有主动性，司法权具有被动性。行政权侧重于公共政策的实现，定位为维护社会的安全秩序，在保险业中体现为保障金融业的稳定，防范化解系统性金融风险，带有明显的目的性，而司法权一般处于中立地位，其行使是以维护社会成员个体权利为基础，以公平正义为首要价值取向[2]。另一方面，根据《保险法》第 90 条的规定，无论是保险公司抑或债权人必须要经保险监督管理机构同意才可向人民法院申请司法破产，这就导致保险公司以破产方式退出市场的启动权由保险监督机构掌控，人民法院不能对此形成有效的监管。长此以往，极有可能造成行政权没有法律的约束与制约，行政权与司法权失衡。

三、建立我国保险公司体系化市场退出法律机制

保险公司具有涉众性和普遍性，保险公司的市场退出容易在金融业产生多米诺骨牌效应，造成行业恐慌，进而引发系统性金融风险。由于保险公司市场退出的原因不一，根据其风险性质，需制定多层次的市场退出法律机制。

（一）形成保险公司监管—接管—破产的有序衔接

在规范保险公司市场退出的同时，首先要建立有效的监管机制，监管机

---

[1] 安邦保险集团处置案例是在中国银保监会网站资料收集整理做成的。

[2] 赛铮：“中国保险公司破产重整中行政权与司法权的均衡”，载《财经理论与实践》2016 年第 5 期。

制的不完善将加大对问题保险公司的识别难度以及后续接管乃至破产的成本，不利于保险公司处于危机的早期识别。对出现经营问题的保险公司，保险监督管理机构应加强对问题保险公司的早期干预，如确认保险公司无力偿还债务的标准、通过重组恢复偿债能力的条件以及可以采取的补救措施等，及时采取监管措施，使其摆脱经营困境。对于风险迅速恶化的保险公司，根据不同的风险等级，在保险监督管理机构的监管控制下及时依法公开采取行政接管对问题保险公司进行行政性救助，立足于整顿、重组，使其尽可能恢复正常经营。但对于一些无法救治的保险公司，当法律规定的破产界限出现时，即保险监督管理机构也无法阻止接管的失败，则应及时启动针对保险公司的破产清算程序，逐步引导问题保险公司破产，以实现破产程序的效率价值，保证金融业的健康发展。相对于普通企业来说，保险公司破产的启动程序则要复杂得多，特别是由行政权主导的接管程序转向司法权参与的破产程序，一个是行政处置措施，一个是司法程序，两者在适用法律、工作目标、指导机关、参与机构等方面均存在较大差异，在衔接上可能出现各种法律问题。一方面，应创设接管组与破产管理人工作衔接的规定，在保险公司接管法律制度中，保险监督管理机构有权在保险公司出现破产界限时向人民法院申请破产，人民法院在裁定宣告破产后会依法确定破产管理人。在接管程序转入破产程序后，由于接管组在接管期间已经对保险公司有了全面的了解，无论从保护保单持有人利益的角度还是从节约社会成本、提高效率的角度出发，接管组无疑是最合适的破产管理人[1]。另一方面，需确认接管组行为在破产程序中的效力。接管行为是一种行政行为，是为了维护保险市场秩序，本身具备一定的合理性与合法性，且接管行为是一项专业性较强的工作，这也是司法机关所欠缺的。因此，除因接管组存在严重不合理或者违法行为的情形以外，人民法院应维护接管行为的效力，确保程序衔接之间的稳定性。

（二）以破产制度为核心构建保险公司市场退出机制

如前所述，我国保险公司市场退出乃至金融机构市场退出立法整体滞后，对于保险公司市场退出中的行政权的法律约束极少，导致保险监督管理机构在处理问题保险公司时权力极大，容易造成权力者出于各种目的对权力的滥用。因此，有必要引入司法权加以均衡，使得保险公司的市场退出更加有序

---

[1] 高源："我国保险公司接管法律制度完善研究"，安徽大学 2020 年硕士学位论文。

高效，且具有确定性和终局性，以破产制度为核心的保险公司市场退出机制则可以有效解决上述问题。破产制度创立的动因在于与一种对全体债权人有利而对特定债权人不利的司法程序，并借此保护更为广泛的利益一样，制定有别于普通企业破产程序的保险公司破产特别性程序规定，并在行政权和司法权的相互协调配合下，可以大大降低金融机构包含保险公司倒闭及投保人权益损失的危险，有助于投保人接受采取破产清算的方式处理问题保险公司[1]。在以破产制度为核心的市场退出机制中，有监管当局主导的监管型破产和法院主导的司法型破产，考虑到我国的实际情况，可采取混合型金融机构破产程序，涉及专业性、技术性的事项由金融监管当局来决定，而涉及破产金融机构财产或财产性权利确认、变更和终止的事项则由法院来决定[2]。

　　具体到法律层面上，鉴于金融机构种类繁多，包含保险公司、商业银行、证券公司、信托公司、基金管理公司、金融（控股）公司等，且各金融机构也有不同于其他机构的特点，有学者认为在《企业破产法》设立专章，规定所有金融机构的破产原则及相关制度。但现阶段来看，设立对所有的金融机构都适用的专章，在制定规定时较为困难，在立法技术层面上也会较为烦琐[3]。而如果只将一些规模较大、涉众性较强的金融机构如商业银行、保险公司、证券公司单独列举，忽视其他金融机构既表现出缺乏相关法律的确定性，又会陷入《企业破产法》对一些金融机构的破产只有原则性规定的死循环中。因此，将金融机构破产纳入《企业破产法》范围之中，目前并不适宜。为了适应保险公司等金融机构破产的现实需要，可以根据《企业破产法》第134条规定针对保险公司破产制定实施办法，并且由于各金融机构业务特点不同，同时考虑到目前我国亦处于分业经营、分业监管的体制，从尽快指导实践的需要出发，单独立法较为妥当。《金融机构撤销条例》发布时间较早，已不适应当下社会发展的需要，应当及时清理。针对《企业破产法》对于金融机构破产的规定过于原则性，仅在第134条规定了可以对金融机构进行破产清算，在此基础上，鉴于金融机构破产的特殊性，应细化有关金融机构破产程序启动的规则。对于金融机构皆可适用的破产规则可以由国务院以行政法规的形

---

〔1〕 巫文勇："金融机构破产程序性规则修正研究"，载《山东社会科学》2012 年第 10 期。
〔2〕 张世君："我国金融机构破产制度的反思与重构"，载《经贸法律评论》2019 年第 1 期。
〔3〕 王斐民："金融机构破产综合立法的体系研究"，载《中国政法大学学报》2021 年第 4 期。

式，制定统领各类金融机构的金融机构破产条例。在具体的保险公司破产实施办法里面，明确保险公司的申请破产条件、破产管理人、金融监管机构职权、保险公司破产财产分配等规定。

四、结语

综上所述，我国保险公司市场退出主要规定在《保险法》《企业破产法》《公司法》之中，包括行政主导的整顿、接管措施和撤销方式，亦包括司法主导的破产清算的退出方式。但是《保险法》的相关规定大多只停留在原则概念性的层面，缺乏具体的可行性操作。而《企业破产法》的规定更显原则化，由于其适用于包括保险公司在内的所有企业法人，并未考虑到涉及保险公司实行破产清算的特殊性。同时出于相关国家政策的考量，我国并未出现保险公司以破产清算的方式退出市场，未能发挥破产制度在金融机构市场退出机制上的应有功能。然而我国保险公司的市场退出已有个案，随着金融市场的发展，如何建构常规的、系统的保险公司市场退出法律机制，必将成为日益凸显的法律问题。结合我国保险业的现实状况，要尽快建立和完善我国保险市场退出机制，以使这种退出成本在社会承受能力的范围内得到化解。通过退出机制的建立和完善，可以有效地规范保险市场秩序，从而确保我国保险业的持续快速健康协调发展。

法学教育

新时代法学专业本科课程设置浅析

聂孝红*

　　大学课程如何设置不仅关系到大学生在校将学习什么知识、树立什么样的价值观，更在一定程度上影响着毕业生将来的职业适应能力，关系到培养目标能否实现，所以课程的设置是确保法学专业质量的极其重要的一环。"质量为王，标准先行"，2018年教育部在遵循《国家中长期教育改革和发展规划纲要（2010—2020年）》与《教育部关于全面提高高等教育质量的若干意见》的基础上，发布了《普通高等学校本科专业类教学质量国家标准》。该标准本着坚持、改革、调整、创新的法治人才培养思路，对法学专业培养目标、课程体系、教育教学条件、师资力量等质量体系作出了明确的规定。该标准为我国法学专业教育教学和法学专业建设规范发展提供了制度保障，对于提高我国法学专业本科教育教学质量具有重大意义。[1]但笔者认为上述标准中课程体系的设置创新性尚有提升的空间，课程体系未能够适应社会发展进入新时代的新业态、新经济、新技术、新模式的需求，也不足以支撑该标准中提出的法学专业复合型、实践型人才培养目标，需要进一步完善。

一、新时代复合型人才培养及法学本科课程设置

　　学科建设、学科规划、学科评估、学科知识等是我们经常接触到包含学科的词汇，学科一词充斥于我们日常教育教学和科研工作中。学科是大学在教学活动中授课科目的分类与界定，大学是按学科来组织教育教学工作的。

---

* 聂孝红，男，北京工业大学文法学部副教授，法学博士。
〔1〕 吴岩："《普通高等学校本科专业类教学质量国家标准》有关情况介绍"，载《重庆与世界》2018年第4期。

国务院学位委员会、教育部《学位授予和人才培养学科目录（2011 年）》以研究生的学科为例，分为哲学、经济学、法学、教育学、文学、历史学、理学、工学、农学、医学、军事学、管理学、艺术学 13 个学科门类，111 个一级学科（学术型）以及 47 个专业型学科。学科是人类的活动，是人类在认知活动中思考、归纳、理解、抽象而形成的，是人类经验的积累。[1]学科对于人类知识的体系化具有促进作用，但是在学科所构建的知识体系架构中，各学科之间的知识体系具有相对独立性，就像我们大学教师和科研工作者都会固守自己的学科领域，只有特殊情况下，比如师资缺乏等，才会跨界到其他学科。在传统社会，需要解决的问题相对简单，涉及的学科相对单一，传统社会里这种相对独立的学科体系尚能够满足大学人才培养的需求。但是随着进入 21 世纪新时代，建立在传统学科划分基础上的大学课程设置已逐渐落后。新时代，人类社会跨入了第四次工业革命时期，面临的新问题、新挑战，已超过单一学科能够解决的了，更需要打破学科界限，打破思维隔阂，多学科融合，才能解决新的问题。2018 年 5 月 28 日，在中国科学院第十九次院士大会、中国工程院第十四次院士大会开幕式上，中共中央总书记、国家主席、中央军委主席习近平出席会议并发表重要讲话。总书记称，进入 21 世纪以来，以人工智能、量子信息、移动通信、物联网、区块链为代表的新一代信息技术加速突破应用。世界正在进入以信息产业为主导的经济发展时期。我们要把握数字化、网络化、智能化融合发展的契机，以信息化、智能化为杠杆培育新动能，要突出先导性和支柱性，优先培育和大力发展一批战略性新兴产业集群，构建产业体系新支柱。要推进互联网、大数据、人工智能同实体经济深度融合，做大做强数字经济。总书记这次谈话中所提到的这些领域在大学学科目录和专业目录上都找不到，这些都是新时代涌现出的新领域，这些新兴的领域都是多学科的交叉融合，是经济活动多领域之间的交叉融合，也是自然科学和人文社会科学的交叉与融合，这就是第四次工业革命的特点。[2]著名经济学家、世界经济论坛创始人施瓦布坦言："第四次工业革命正颠覆几乎所有行业，变革将产生极其广泛而深远的影响，将彻底改变整个

---

[1] 阎光才："学科的内涵、分类机制及其依据"，载《大学与学科》2020 年第 1 期。

[2] "西安交大校长王树国：我们需要怎样的大学？（振聋发聩）"，载 https://www.163.com/dy/article/FVDL7U7U05488T2C.html，最后访问日期：2021 年 7 月 3 日。

生产管理和治理体系。供给与需求的直接融合、大学与社会的反向交流，促进了科学进步。"〔1〕为了适应新时代、解决新问题的需求，教育部也在 2021 年新版学科目录中，新增了 14 个交叉学科，以满足复合型人才的需求。

法律是调整社会关系的，社会关系经法律调整即演变为法律关系。基于法律所调整的社会关系的复杂性和广泛性，法律问题的多学科交叉性更为突出，复合型法治人才的培养在新时代更具有紧迫性。中国政法大学原校长黄进教授认为：改革开放以来的法学教育可以分为三个阶段，第一个阶段，从 1977 年或者 1978 年到 1992 年，这是我国法学教育的恢复期；第二个阶段，从 1992 年改革开放新时期到 2012 年党的十八大，这是我国法学教育的快速发展期；第三个阶段，2012 年后中国的法学教育进入了逐渐走向成熟发展的时期，这个阶段办学规模得到了控制，以提高质量为核心的内涵式发展成为法学院追求的目标。〔2〕笔者认为上述第一阶段是我国法学教育的 1.0 阶段，这个阶段为改革开放启动阶段，法治初兴，法治人才培养主要以专业性较为独立的高校法学教师、司法人员、诉讼律师为主，这个阶段相对彼此分离的学科体系尚能够满足人才培养的需求；第二阶段为法学教育的 2.0 阶段，这一阶段法学本科教育以培养司法人员、律师为主，这一阶段法学教育复合性需求已经显现；第三阶段为法学教育 3.0 阶段，这一阶段法学本科教育培养人才职业形态多元化。一方面，随着依法治国的深入，大量法科学生进入政府机构从事政府监管工作；另一方面，商务活动日益增多，而且复杂，非讼律师业务日益增多。另外，为了合法合规、高效经营，企业内部法律服务人员逐年增多，大量具有法律教育背景的人员进入各类公司企业高管的行列。

随着法学教育进入 3.0 时代，法科毕业生无论是在政府监管部门工作，抑或担任企业高管、非讼律师，都需要具备财务、管理、科技等多种知识背景，单一的传统法学学科及其框架内的课程体系已经无法满足法治复合型人才需求了。2018 年教育部发布的法学专业国家标准虽然明确了复合型人才的培养目标，但课程设置仍然局限于传统法学，复合性体现不足。该标准法学人才培养目标主要体现在专业课和通识课的分设上。针对法学本科专业该标

---

〔1〕 "西安交大校长王树国：我们需要怎样的大学？（振聋发聩）"，载 https://www.163.com/dy/article/FVDL7U7U05488T2C.html，最后访问日期：2021 年 7 月 3 日。

〔2〕 徐显明等："改革开放四十年的中国法学教育"，载《中国法律评论》2018 年第 3 期。

准规定：法学专业核心课程采取"10+×"设置模式。"10"指所有法学专业本科生必须完成的10门专业必修课程，"×"指各高校根据办学特色开设的其他专业必修课程，"×"选择设置门数原则上不少于5门。"×"课程的设置虽然初步解决了法学本科专业的特色问题，但"×"课程仍然是法学专业课程。并且由于法学专业整体上还存在着专业课程过多的问题，严重挤占了通识课，通识课也未能很好地承担起复合型人才培养的重任。总而言之，前述标准的课程设置还难以承担起复合型法治人才培养的重任，建议法学专业在适当减少专业课的前提下，增加经济学、管理学、统计学，尤其是要设置科技史以及现代科技概览等必修课。

二、新时代实践型人才培养及法学本科课程设置

霍姆斯大法官有句名言："法律的生命在于经验，而不在于逻辑。"法学专业具有较强的实践性，法律不是写在纸上供人们瞻仰的具文，而是调整社会关系、规范人的行为、维护社会秩序的工具，法学教育"做中学"显得尤为重要。前述法学教育三个阶段的划分中，除1.0阶段，法学本科教育肩负一定的法学教学科研人才培养外，2.0阶段和3.0阶段主要以司法人员、律师、政府监管部门工作者、企业管理人员为培养目标。我们要注意到2.0阶段和3.0阶段我国大学教育已经从精英教育过渡到职业教育，新时代实践实务性人才培养尤为重要，因此法学专业要重在体现法治教育教学的职业性，法学专业必须与法律实践相结合、与法律职业相结合，以适应社会经济发展的需要。2018年法学本科专业国家标准从概述部分开始，在培养目标、课程体系、教师队伍等多个部分，以定性或定量的表述方式，提及法学本科教育要注重强化实践教学、强化案例教学、增加案件模拟训练和法律方法训练环节以及要求实践性强的课程的主讲教师应具有实务工作背景或实务经验等。[1]但笔者认为前述标准的课程设置在法治人才培养的实践性方面仍然存在着一些不足。首先，"10+×"核心课程设置模式，必修课程中理论法学比重过高，导致商法、经济法、国际经济法等实践性较强的课程都沦为了"×"类专业选修课。为更好地培养实践性法治人才，建议法学核心课程必修课中适当减少

---

[1] 马莉："法学本科专业教学质量国家标准的价值与改进意见"，载《内蒙古师范大学学报（教育科学版）》2019年第12期。

理论法学部门，增加实践性、应用性法学部门。其次，实习时间过长，实习效果低，国家标准要求法学专业实习时长不得低于 10 周。笔者认为，学生无论是在公检法实习抑或律所或者公司企业的法务部门实习，一般而言，工作流程书面都可以学到，而且实习工作大都是文件、文书整理，甚至是干一些"打印传真端茶扫地"类的杂活，工作简单而枯燥，实习收获实质上较少，相对于比较紧张的大学四年时间来说，是一种时间上的浪费，因此笔者建议实习时间可适当缩短，应以 5 周—6 周为宜。最后，前述标准虽然规定了各专业应根据专业教学的实际需要，利用模拟法庭、法律诊所、专业实验室、实训基地和校外实习基地，独立设置实验、实训课程，组织专业实习，开展创新创业教育，但是笔者认为这些实践课程的设置未能很好地实现实践课和理论课的融合衔接，存在实践教学与理论教学隔离的问题，达不到实践型人才的培养目标。我们需要清楚实践课的目的是将理论结合于实践，理论和实践相统一，促使学生加深对法治理论的掌握并能够将理论用于实践。但目前的实践教学与理论教学隔离的问题使得学生很难将理论知识运用到实践中，也很难在实践中进一步提升理论功底。因此笔者建议，应加强理论课和实践课的融合，重点是要让学生掌握实践中的理论问题。首先，应多开案例分析课，提炼出每个案例中的理论问题。其次，要设置同步性实践教学课程体系，即配合实践性较强的理论性课程，如刑法、民法、商法的理论课教学，同步设置案例研讨、模拟法庭等课程，相关理论课和实践课由同一教师讲授，并且理论课和实践课时间同步，内容衔接，理论和实践统一教学，理论课教师用"解剖麻雀"方法，利用实践课程挖掘、灌输法治实践中的法学理论问题，这样理论课和实践课融通，举一反三，以便能更好地提高学生的实践能力。